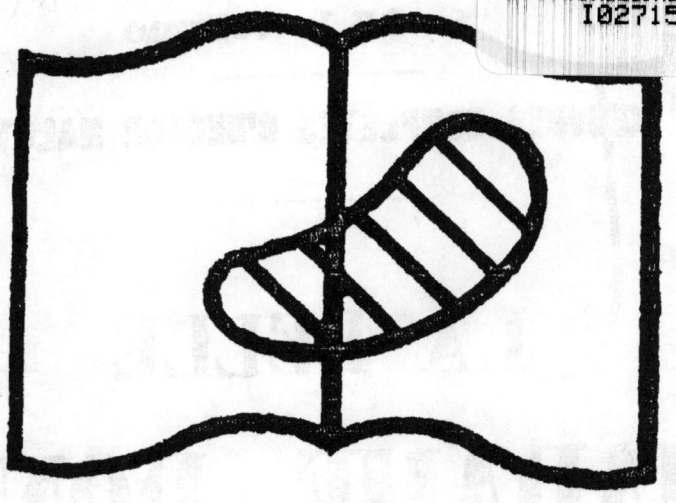

visibilité partielle

VALABLE POUR TOUT OU PARTIE DU DOCUMENT REPRODUIT

1 fr. 25 le volume

ŒUVRES COMPLÈTES D'HECTOR MALOT

LA BELLE MADAME DONIS

PARIS
ERNEST FLAMMARION, ÉDITEUR
26, RUE RACINE, PRÈS L'ODÉON

EN VENTE A LA MÊME LIBRAIRIE

EN COURS DE PUBLICATION
ŒUVRES COMPLÈTES D'HECTOR MALOT
à 1 fr. 25 le volume

Le Lieutenant Bonnet	1 vol.
Suzanne	1 vol.
Miss Clifton	1 vol.
Clotilde Martory	1 vol.
Pompon	1 vol.
Mariohette	2 vol.
Un Curé de Province	1 vol.
Un Miracle	1 vol.
Romain Kalbris	1 vol.
La Fille de la Comédienne	1 vol.
L'Héritage d'Arthur	1 vol.
Le Colonel Chamberlain	1 vol.
La Marquise de Lucillière	1 vol.
Ida et Carmelita	1 vol.
Thérèse	1 vol.
Le Mariage de Juliette	1 vol.
Une Belle-Mère	1 vol.
Séduction	1 vol.
Paulette	1 vol.
Bon Jeune homme	1 vol.
Comte du Pape	1 vol.
Marié par les Prêtres	1 vol.
Cara	1 vol.
Vices Français	1 vol.
Raphaelle	1 vol.
Duchesse d'Arvernes	1 vol.
Corysandre	1 vol.
Anie	1 vol.
Les Millions Honteux	1 vol.
Le docteur Claude	2 vol.
Le Mari de Charlotte	1 vol.
Conscience	1 vol.
Justice	1 vol.
Les Amants	1 vol.
Les Époux	1 vol.
Les Enfants	1 vol.
Les Amours de Jacques	1 vol.

LA BELLE
MADAME DONIS

Ouvrages de HECTOR MALOT

COLLECTION GRAND IN-18 JÉSUS

LES VICTIMES D'AMOUR : LES AMANTS, LES ÉPOUX, LES ENFANTS	3 vol.	SANS FAMILLE	2 vol.
LES AMOURS DE JACQUES	1 —	LE DOCTEUR CLAUDE	1 —
ROMAIN KALBRIS	1 —	LA BOHÈME TAPAGEUSE	3 —
UN BEAU-FRÈRE	1 —	UNE FEMME D'ARGENT	1 —
MADAME OBERNIN	1 —	POMPON	1 —
UNE BONNE AFFAIRE	1 —	SÉDUCTION	1 —
UN CURÉ DE PROVINCE	1 —	LES MILLIONS HONTEUX	1 —
UN MIRACLE	1 —	LA PETITE SŒUR	2 —
SOUVENIRS D'UN BLESSÉ : SUZANNE	1 —	PAULETTE	1 —
SOUVENIRS D'UN BLESSÉ : MISS CLIFTON	1 —	LES BESOIGNEUX	2 —
		MARICHETTE	2 —
		MICHELINE	1 —
LA BELLE MADAME DONIS	1 —	LE SANG BLEU	1 —
CLOTILDE MARTORY	1 —	LE LIEUTENANT BONNET	1 —
UNE BELLE-MÈRE	1 —	BACCARA	1 —
LE MARI DE CHARLOTTE	1 —	ZYTE	1 —
L'HÉRITAGE D'ARTHUR	1 —	VICES FRANÇAIS	1 —
L'AUBERGE DU MONDE : LE COLONEL CHAMBERLAIN, LA MARQUISE DE LUCILLIÈRE	2 —	GHISLAINE	1 —
		CONSCIENCE	1 —
		JUSTICE	1 —
		MARIAGE RICHE	1 —
L'AUBERGE DU MONDE : IDA ET CARMELITA, THÉRÈSE	2 —	MONDAINE	1 —
		MÈRE	1 —
MADAME PRÉTAVOINE	2 —	ANIE	1 —
		COMPLICES	1 —
CARA	1 —	EN FAMILLE	2 —

Mme HECTOR MALOT

FOLIE D'AMOUR.......... 1 vol. | LE PRINCE............ 1 vol.

ÉMILE COLIN — IMPRIMERIE DE LAGNY

LA BELLE

MADAME DONIS

PAR

HECTOR MALOT

PARIS
ERNEST FLAMMARION, ÉDITEUR
26, RUE RACINE, PRÈS L'ODÉON

Tous droits réservés.

LA BELLE MADAME DONIS[1]

I

C'est dans la vie d'une jeune fille un moment décisif, que celui, où faisant acte de volonté sérieuse pour la première fois, elle va se mettre en opposition déclarée avec sa famille.

Ce moment était arrivé pour Marthe Donis : on voulait la marier et l'homme que son père et sa belle-mère acceptaient pour gendre, n'était pas celui qu'elle aimait.

Comment ses parents s'étaient-ils laissés prendre

[1] L'épisode qui précède *la Belle Madame Donis* a pour titre : *Un Mariage sous le second empire.*

par les intrigues du vicomte de Sainte-Austreberthe, elle ne le savait pas au juste et il lui était impossible de deviner par quels sentiers détournés, Sainte-Austreberthe avait cheminé pour approcher son père et sa belle-mère, mais si elle ne pouvait pas suivre un à un les moyens qu'il avait mis en œuvre avec une habileté effrayante, elle voyait clairement le résultat auquel il était arrivé et ce résultat, c'était son mariage arrangé et conclu malgré elle.

Auprès de son père, Sainte-Austreberthe avait sans doute fait agir l'influence politique, et s'appuyant sur la faveur certaine de la cour et du gouvernement, disposant du préfet qui n'était entre ses mains qu'un instrument docile, il avait gagné M. Donis en lui assurant la députation, puis par des cajoleries, des roueries, l'adresse, le mensonge, l'hypocrisie, il avait achevé de le circonvenir et de le dominer.

Chez sa belle-mère, c'étaient les mêmes moyens qui très-probablement avaient agi. Pourquoi madame Donis n'aurait-elle pas été sensible a l'ambition ? Bordeaux l'ennuyait, elle avait dû se laisser toucher par la perspective d'aller vivre à Paris. Avec la grande fortune de M. Donis, il y avait pour une femme comme elle, belle, intelligente et orgueilleuse, un rôle à jouer dans le monde parisien ; son mari, député demain, pouvait être ministre un jour ; si ce miroir magique avait été adroitement manœuvré devant ses yeux par Sainte-Austreberthe, il l'avait certainement éblouie et entraînée.

En tout cas, que ce fussent ces raisons ou bien que c'en fussent d'autres qu'elle ne connaissait pas, peu importait, le fait grave c'était que la demande en mariage de Sainte-Austreberthe eut été approuvée.

C'était là le terrible et l'effrayant.

Ce qui rendait cette situation plus douloureuse encore, et ce qui pour beaucoup contribuait à augmenter le trouble d'idées et l'angoisse de Marthe, c'était l'absence de Philippe Heyrem.

Philippe à Bordeaux, elle eût pris courage, car elle l'eût averti du danger qui menaçait leur amour, et il fût venu à son aide, il l'eût soutenue, conseillée, guidée.

Alors que son père lui avait parlé des projets de Sainte-Austreberthe et de sa demande en mariage, elle avait voulu lui avouer la vérité. Le premier mot qui lui était venu aux lèvres, avait été : « J'aime Philippe, je ne peux pas être la femme de M. de Sainte-Austreberthe ; » et si elle n'avait point obéi à cette inspiration, c'avait été pour respecter la volonté de son amant. Elle avait confiance en lui, il connaissait la vie et le monde qu'elle même connaissait si peu, elle avait la foi en son amant, elle avait imposé silence à sa propre conscience et renfermé le secret que Philippe lui avait demandé de garder.

Ce furent pour elle des jours cruels que ceux qui s'écoulèrent lentement à la suite de cet entretien avec son père : elle était désorientée, sans direction, sans boussole après le coup de foudre qui s'était abattu sur elle.

Que faire ? se défendre. Mais comment, et que dire ?

Enfin, après avoir longtemps cherché et hésité, elle se décida à prévenir Philippe pour qu'il revînt d'Espagne. Sainte-Austreberthe, appuyé par M. et madame Donis, allait arriver d'un jour à l'autre à Château-Pignon, il allait parler, que devrait-elle répondre ? Cette réponse, c'était à Philippe de la dicter

Cette résolution prise, elle ne se laissa pas arrêter par l'embarras d'écrire pour la première fois à celui qu'elle aimait. Quelques mots suffisaient d'ailleurs :

« Revenez en toute hâte, nous sommes menacés par celui que vous redoutiez... »

Et bravement elle mit son nom « Marthe Donis » au-dessous de ces deux lignes.

Mais cette lettre écrite, tout n'était pas fini, il fallait la jeter à la poste, et c'était là pour elle une difficulté assez délicate à résoudre, car il n'était pas d'usage au château qu'elle portât elle-même ses lettres à la boîte.

Elle annonça à sa belle-mère qu'elle partait pour une promenade sur la Gironde et ayant fait chauffer la *Mésange*, elle alla jusqu'à Blaye où elle descendit à terre, et put ainsi mettre sa lettre à la poste sans éveiller les soupçons.

Alors elle attendit avec un peu plus de calme : décidée à engager la lutte, elle savait qu'elle ne serait pas seule à la soutenir.

Mais les jours succédèrent aux jours, sans que Philippe revînt, et bientôt l'inquiétude la reprit, d'autant plus vive et plus cruelle qu'elle succédait à un moment d'espérance. Pourquoi n'arrivait-il pas ? Ou bien la lettre ne lui était pas parvenue, ou bien il était malade. C'est-à-dire que dans l'un comme dans l'autre cas, elle n'avait pas de secours à attendre, et le moment approchait où il allait falloir se prononcer formellement. Chaque matin elle se disait : « C'est pour aujourd'hui, » et le soir elle se disait : « C'est pour demain. »

Enfin, ce demain si souvent retardé arriva, et à la façon dont son père l'embrassa en rentrant un soir au château, elle sentit qu'elle devait se préparer.

En effet, M. Donis, profitant d'un moment où madame Donis les avait quittés pour donner un ordre, lui annonça qu'il avait reçu sur Sainte-Austreberthe les renseignements qu'il avait demandés, et que ces renseignements étaient tels, qu'il avait invité celui-ci à venir passer la journée du lendemain à Château-Pignon.

— Je compte que tu te conduiras avec lui en personne raisonnable, dit-il, et non en enfant.

— Les sentiments que m'inspire M. de Sainte-Austreberthe n'ont pas changé.

— C'est pour qu'ils changent que je l'ai précisément invité ; tu me parleras de lui quand tu auras appris à le connaître.

— Mais, mon bon père...

— Je n'entendrai rien avant que tu saches ce que tu dis. Nous aurons aussi demain Philippe Heyrem : il arrive d'Espagne, je l'ai vu au moment où je montais en voiture.

Philippe ! Philippe à Bordeaux ! elle oublia presque Sainte-Austreberthe.

Lequel arriverait, le lendemain, le premier à

Château-Pignon? La question pour Marthe était poignante.

Aussi, dès le matin, se posta-t-elle à sa fenêtre, explorant la route de Bordeaux avec une lorgnette. Si elle n'espérait pas reconnaître les personnes, elle était certaine de ne pas se tromper à la vue de l'équipage. Sainte-Austreberthe arriverait dans la calèche préfectorale ; Philippe, comme à son ordinaire, dans une modeste voiture de louage. Bien des fois son cœur battit, car bien des fois des petits nuages de poussière s'élevèrent sur la route, indiquant l'approche d'une voiture, mais ces voitures, continuant leur route vers Pressac, ne tournèrent point au chemin qui se détache de la grande route pour venir au château. Enfin, vers dix heures et demie, une voiture qui roulait rapidement prit ce chemin : c'était un panier, traîné par un seul cheval et conduit par un cocher en chapeau de paille. Philippe arrivait le premier.

Marthe n'avait pas l'intention de l'attendre tranquillement dans le salon. Elle descendit vivement dans le jardin, et, prenant par le sentier qui coupe à travers les pelouses, elle alla se placer à l'un des tournants de la route, de manière à arrêter la voiture au passage.

En l'apercevant, Philippe sauta à terre, et, ayant

renvoyé son cocher à Pressac, il courut à elle.

— Vous êtes ici, dit-il, chère Marthe ? cela encore après votre lettre ; que vous êtes bonne !

— Vous l'avez reçue, ma lettre ?

— La voici, dit-il en la lui tendant.

Mais elle ne la prit pas.

— Elle est à vous, dit-elle.

— C'est il y a trois jours seulement que je l'ai reçue ; on a couru après moi dans la montagne, je suis parti aussitôt, et j'ai voyagé sans m'arrêter une minute. Que se passe-t-il ?

— Parlons en marchant.

— Alors, marchons doucement.

— Aussi doucement que vous voudrez ; croyez bien que vous ne pouvez avoir plus de bonheur à être avec moi que je n'en ai à être avec vous ; j'ai passé, en vous attendant, par des angoisses que vous ne connaissez pas.

Alors elle lui raconta les événements qui s'étaient accomplis depuis son départ : la demande de Sainte-Austreberthe et l'entretien qu'elle avait eu avec son père.

— Vous n'avez pas dit que nous nous aimions ?

— Je le voulais, mais je n'ai point osé. Je n'avais point oublié vos paroles ; elles ont retenu l'aveu qui vingt fois est venu sur mes lèvres. Ai-je eu tort ?

— Peut-être eût-il mieux valu dire la vérité. Mais j'avoue que je n'en sais rien. Si M. Donis s'en était fâché, nous aurions été séparés, tandis que nous sommes deux maintenant pour lutter, et nous lutterons. Il n'y a qu'à faire connaître M. de Sainte-Austreberthe à M. Donis.

— Mais mon père le connaît ; il a demandé sur lui des renseignements qui ont été favorables. M. de Sainte-Austreberthe doit venir passer la journée d'aujourd'hui avec nous ; il reviendra demain peut-être, après-demain, tous les jours.

— M. Donis a été trompé.

— Que savez-vous sur M. de Sainte-Austreberthe ?

— C'est un aventurier vivant d'intrigues, de jeu et peut-être de pire encore.

— Vous savez que mon père n'écoute pas les « peut-être, » mais les faits certains et précis.

— Nous chercherons, nous trouverons. M. de Sainte-Austreberthe a une réputation détestable, et il est impossible que cette réputation ne soit pas basée sur des faits. Son père ne vaut pas mieux que lui ; il a cent fois déshonoré son nom dans des affaires scandaleuses, sa main est dans toutes les grandes voleries qui se sont organisées depuis douze ou quinze ans. C'est le type du chevalier d'indus-

1.

trie, et il faut le gouvernement que nous avons pour qu'il soit général.

— Votre haine contre le gouvernement ne vous trompe-t-elle pas ? Si M. de Sainte-Austreberthe était dans un autre parti, aurait-il les mêmes défauts à vos yeux?

— Je ne dis pas que tous ceux qui dirigent ce parti sont des gredins ; mais je soutiens que les gredins se tournent volontiers vers ce parti, parce qu'ils savent trouver avec lui des facilités de s'enrichir qu'ils ne rencontreraient pas avec un autre gouvernement. C'est là le cas du général de Sainte-Austreberthe, qui s'est attaché à l'Empire, parce que l'Empire lui offrait les moyens de satisfaire commodément ses appétits et ses besoins.

— Enfin, quoi qu'il en puisse être, il y a pour le moment un fait qui nous menace et contre lequel il faut nous défendre tout de suite. D'une minute à l'autre, M. de Sainte-Austreberthe peut arriver? Que faire ?

Philippe fit un geste que Marthe arrêta.

— Si je vous ai parlé en toute franchise, dit-elle, c'est que je vous ai jugé assez sage pour ne pas vous laisser emporter par la colère. Pour moi, pour notre amour, il ne doit rien se passer entre M. de Sainte-Austreberthe et vous. Apprenez sur M. de

Sainte-Austreberthe tout ce que vous pourrez, prouvez à mon père que c'est un misérable : cela sera parfait. Mais il me semble que c'est tout ce que vous pouvez faire pour me défendre. Si quelqu'un doit parler à M. de Sainte-Austreberthe, c'est moi, moi seule; et je lui parlerai aujourd'hui même.

— Vous, Marthe, devant moi?

— Oui, devant vous, et c'est parce que vous serez là que j'aurai la force de le faire. Si vous souffrez de voir M. de Sainte-Austreberthe près de moi, soyez persuadé que je ne souffrirai pas moins que vous d'être obligée de le supporter. Mais je crois qu'il faut que je lui parle. Il faut qu'il sache que je ne l'aimerai jamais; qu'il ne m'épousera jamais. Cela, je veux le lui dire et je le lui dirai. Si j'attendais votre retour avec tant d'angoisse, ce n'était pas parce que je manquais de courage pour me défendre, mais c'était parce que je ne savais pas comment me défendre; je ne savais pas ce que je pouvais dire et ce que je devais cacher. Maintenant, que je n'ai plus peur de faire quelque chose contre votre volonté, laissez-moi agir pour moi, tandis que de votre côté vous agirez vous-même.

Si lentement qu'ils eussent marché, ils étaient arrivés au bout du chemin, c'est-à-dire sur l'esplanade qui s'étend devant le château. On pouvait les voir, peut-être même pouvait-on les entendre

— Quoi qu'il arrive, dit-elle en baissant la voix, je veux vous répéter en ce moment ce que je vous ai dit la dernière fois que nous nous sommes vus dans le kiosque : je ne serai jamais la femme d'un autre que vous, et je vous aimerai toujours, toujours. Voici ma belle-mère, allez la saluer et soyez aimable avec elle. Que personne ne puisse se douter que vous savez que M. de Sainte-Austreberthe a demandé ma main. — Puis, haussant la voix : — Ainsi, vous êtes venu de Madrid en vingt-quatre heures?

II

Sainte-Austreberthe n'arriva à Château-Pignon que quelques minutes après onze heures.

Bien qu'il n'eût pas, comme Philippe, passé la nuit dans l'insomnie, brûlé par la fièvre et l'impatience, il s'était levé tard, et le temps qu'il avait dû donner à son valet de chambre, pour être arrangé à son gré, l'avait fait partir après l'heure convenue : il avait fallu discuter le pantalon qu'il choisirait, puis après le pantalon le gilet, la cravate, le vêtement, et tout cela l'avait mis en retard. Il avait compté que les chevaux du préfet regagneraient le temps perdu et le feraient arriver pour le déjeuner; mais il avait compté sans la chaleur, qui ce matin-là était pesante.

Quand il entra dans le salon, tout le monde était réuni; on l'attendait depuis dix minutes déjà pour se mettre à table, au grand mécontentement de

M. Donis, qui n'admettait pas plus l'inexactitude pour un déjeuner que pour une échéance.

Lorsque Sainte-Austreberthe aperçut Philippe assis auprès de Marthe, il éprouva un mouvement de surprise désagréable ; il croyait que l'ingénieur était toujours en Espagne, et sa présence au château, dans cette journée, dérangeait ses plans. Cependant il ne laissa rien paraître de ce qui se passait en lui, et il accomplit ses salutations en souriant. Lorsqu'il arriva devant M. de Mériolle, il lui serra la main avec une chaleur qui disait à tous : « Celui-là est mon ami intime, voyez comme je suis heureux de le rencontrer ici. » Avec Philippe, il se tint sur la réserve, mais tout en ayant cependant pour lui la politesse qu'il devait à un ami de la maison. Roide et fier comme s'il s'était fait nommer grand d'Espagne pendant son voyage, Philippe reçut ces politesses avec un parfait dédain.

— Il faut que vous sachiez, mon cher Heyrem, dit M. Donis, que pendant votre absence il s'est passé quelque chose de très-important, de très-heureux pour nous. Grâce aux démarches de M. de Sainte-Austreberthe, qui a fait un voyage à Paris, grâce à son influence, notre projet va être mis à exécution.

— Va? dit Philippe.

— Il n'y a pas à douter, la question a fait un pas considérable. Si vous aviez lu le *Journal officiel*, qui a publié une note à ce sujet, vous verriez que nous touchons enfin à une solution. Mais on ne lit pas l'*Officiel* en Espagne.

— En Espagne comme en Angleterre, comme en Allemagne, comme en Russie, comme partout, on ne lit pas les journaux du gouvernement français ; on sait de quelle façon ils sont faits et la foi qu'il faut avoir en eux.

— Enfin, dit M. Donis qui ne voulait pas laisser s'engager une discussion politique, l'idée que nous avons tant à cœur tous deux est en bonne voie. Et c'est à M. de Sainte-Austreberthe que nous le devons. Ce que nous n'aurions pas pu obtenir dans plusieurs années, il l'a obtenu en quelques heures.

Une insolence vint sur les lèvres de Philippe, mais un regard de Marthe l'arrêta. En même temps madame Donis s'avança et tendit la main à Sainte-Austreberthe pour passer dans la salle à manger et mettre ainsi fin à un incident qui commençait à devenir gênant pour tout le monde, M. de Mériolle seul excepté. Inconscient de ce qui se passait et se disait autour de lui, M. de Mériolle n'avait d'yeux que pour Sainte-Austreberthe, et depuis que le vicomte était entré, il restait saisi d'admiration. Sans doute il avait de terribles griefs contre lui, mais ils ne l'empêchaient pas de lui rendre justice. Quel pantalon! quel gilet! quelle cravate! Canaille, oui, il l'était, mais, bon Dieu, qu'il s'habillait bien! Le dernier bouton de son gilet, comme il était posé, et puis la dernière mèche de sa raie, quelle merveille! Les passions peuvent agiter le monde, les drames bouleverser les familles : le beau est le beau et partout il conserve ses droits.

Pour employer la journée on devait faire une promenade sur la *Mésange* ; mais, pendant le déjeuner, le temps qui le matin, avait été beau quoique lourd, se mit à l'orage; de gros nuages noirs et cuivrés arrivèrent de l'Océan d'où ils paraissaient s'élever en tourbillons comme du foyer d'un immense incendie ; des rafales passèrent dans les arbres, apportant une fraîcheur salée mêlée au parfum aromatique des pins, et sous leur impulsion, la Gironde commença à se couvrir de vagues moutonnantes, qui de loin donnèrent à sa surface l'aspect d'une mer agitée.

Devant ces menaces d'une tempête imminente, il n'eût pas été prudent de sortir. Alors M. Donis s'ingénia à trouver des distractions pour faire passer le temps à ses invités. Heureusement le château était bien fourni en jeux de toute sorte : billard, crocket, tir et vingt autres.

On décida qu'on commencerait par le tir, et madame Donis ainsi que Marthe tirèrent elles-mêmes quelques balles. Alors, après les premiers coups, on en vint naturellement à parler de bons tireurs. Le temps était passé où M. de Mériolle avait pour unique souci de faire briller les qualités de Sainte-Austreberthe ; cependant, comme il n'avait encore rien trouvé à dire au vicomte depuis le déjeuner et qu'une pareille réserve pouvait paraître étrange, il lui demanda tout à coup si ce qu'on disait de sa force au pistolet était exact.

Sainte-Austreberthe répondit modestement qu'il tirait comme tout le monde ou au moins comme ceux qui savent tirer; mais il fit cette réponse de telle sorte qu'il était évident, au contraire, qu'il était un tireur de premier ordre.

— Allons, dit M. Donis, il faut nous montrer ce que vous appelez tirer comme tout le monde, monsieur le vicomte.

— Volontiers, si cela peut vous être agréable. Que voulez-vous?

— Mais ce que vous voudrez, dit madame Donis.

— Alors je demanderai à M. Heyrem de vouloir bien nous tracer avec la craie une circonférence sur la plaque. Je regrette de ne pouvoir pas faire cela moi-même; mais je n'ai jamais pioché le tableau noir, et je suis moins maladroit avec un pistolet qu'avec un morceau de craie.

— Allons, Heyrem, dit M. Donis, vous qui êtes fort en x.

Lorsque la circonférence fut tracée, Sainte-Austreberthe prit vingt balles et commença à tirer : il en plaça dix-neuf sur le cercle de craie, à égale distance les unes des autres, exactement comme s'il eût tracé la circonférence avec son pistolet, et la vingtième, il la logea au centre du cercle, là où se fût trouvé la pointe du compas, si ce cercle avait été dessiné avec un instrument.

— Voilà qui est magnifique, s'écria M. Donis; n'est-ce pas que c'est prodigieux? Mes compliments, monsieur le vicomte. D'avance je vous adresse mes excuses pour le cas où je vous offenserais; vous savez, je refuse de me battre avec vous.

—Je ne me suis jamais battu, dit Sainte-Austreberthe en regardant M. de Mériolle en face : on sait généralement dans le monde comment je tire le pistolet, et cela refroidit ceux qui seraient disposés à me chercher querelle; comme, de mon côté, j'ai horreur des querelles, je n'en cherche pas moi-même.

— Avec cette supériorité, dit Philippe, ce serait un assassinat.

— D'autant mieux, répliqua Sainte-Austreberthe, que bien tirer est une habitude du corps, indépendante pour ainsi dire de la volonté. Je suis certain que si je me trouvais en face d'un adversaire, mon pistolet tomberait de lui-même en joue, et que je tuerais cet adversaire comme je casse cette poupée, sans y faire attention.

Parlant ainsi, il avait abaissé son pistolet, et sans viser, tout en discourant simplement, il avait pressé la gâchette, et la poupée était tombée en morceaux.

Le temps s'étant légèrement éclairci, et la pluie ne menaçant plus de tomber d'un moment à l'autre, on fit une promenade dans les jardins. M. Donis, qui marchait en tête avec Sainte-Austreberthe, eût voulu avoir Marthe avec lui ; mais celle-ci s'échappait toujours et revenait à l'arrière-garde rejoindre Philippe. Seulement ils ne se trouvaient jamais en tête-à-tête, car madame Donis, qui d'ordinaire prenait M. de Mériolle pour compagnon de promenade, semblait ce jour-là ne pas vouloir rester seule avec lui. Sans cesse elle appelait Philippe en tiers, comme M. Donis appelait Marthe.

La lourdeur de l'atmosphère et la chaleur orageuse abrégèrent la promenade ; on revint au château et l'on s'installa devant la verandah. Alors Marthe se trouvant seule une minute avec Philippe, lui dit que le moment était arrivé pour elle de parler à Sainte-Austreberthe.

— Je ne sais pas attendre et il m'est impossible de rester sous cette impression. Tenez vous là, je vais l'emmener dans l'allée des platanes; ne nous perdez pas des yeux.

Il voulut la retenir, lui faire des objections; mais elle ne l'écouta pas et les choses se passèrent comme elle avait dit. Elle s'approcha de Sainte-Austreberthe, et parlant du paysage, du fleuve et des fleurs, elle l'emmena doucement vers cette allée de platanes qui se trouve à droite du château et forme là perpendiculairement, à l'alignement de la façade, un magnifique couvert de verdure et de fraîcheur.

Lorsqu'ils se furent éloignés d'une centaine de mètres, elle changea brusquement de conversation; on ne pouvait plus les entendre, mais on pouvait toujours les voir, de même qu'elle voyait Philippe assis devant la verandah, — ce qu'elle voulait.

— Monsieur le vicomte, dit-elle d'une voix que l'émotion rendait vibrante, je vous demande la permission d'aborder avec vous un entretien qui m'est pénible, mais que je crois nécessaire.

Sainte-Austreberthe croyait que Marthe était une petite fille, sans grand caractère ; il fut surpris de la résolution et du calme qui se montraient dans son regard. Sans répondre, il s'inclina, curieux de savoir ce que pouvait être cet entretien ainsi annoncé.

— Mon père, continua-t-elle, m'a dit que vous nous faisiez le grand honneur de demander ma main ; je dois vous déclarer que je ne suis pas disposée à me marier en ce moment.

— Alors, mademoiselle, j'attendrai.

— Je dois vous dire encore que je suis certaine de ne pas changer de sentiment.

Ceci devenait assez grave, mais Sainte-Austreberthe ne se laissa pas troubler.

— Mademoiselle, dit-il avec une grande douceur dans la voix et dans le regard, j'ai demandé votre main à M. votre père, parce que je vous aime...

— Monsieur ! s'écria-t-elle en reculant vivement.

— Mon Dieu ! mademoiselle, il faut bien, puisque vous avez désiré cet entretien, que l'un et l'autre nous soyons francs, et vous me permettrez de vous dire que si je vous parle de mon amour, c'est que vous m'y obligez ; d'ailleurs, je puis le faire sans blesser les convenances.

— Mais non sans me blesser moi-même.

— Je puis le faire, continua-t-il, puisque j'y suis autorisé par M. votre père. Il a bien voulu accueillir ma demande après l'avoir scrupuleusement examinée, et hier en m'invitant à passer la journée ici, il m'a dit que je n'avais plus maintenant qu'à obtenir votre consentement.

— Et c'est ce consentement que je ne puis vous donner.

— Je comprends que vous me parliez ainsi, et un autre langage m'étonnerait dans votre bouche; vous ne me connaissez pas.

— La question de personne n'est pour rien dans mon refus.

— Mon amour-propre vous remercie de cette raison que vous voulez bien me donner; mais elle est pour moi inutile. D'ailleurs je trouve que la question de personne doit être au contraire déterminante, et voilà pourquoi je vous prie de ne pas trouver mauvais si je continue à user de la permission que M. Donis a bien voulu m'accorder. Le temps est un grand maître, et c'est sur lui que je compte pour vous amener à d'autres sentiments.

— Mon cœur ne change jamais.

— Votre cœur, il me semble, n'a rien à voir dans ce que vous me dites aujourd'hui, puisque vous ne me connaissez pas. Cela ne pourrait être que si on l'avait prévenu contre moi, et alors je vous demanderais de ne pas céder à cette prévention sans m'avoir entendu.

— Je vous assure que je parle spontanément.

Sainte-Austreberthe eut un sourire qui fit perdre à Marthe le calme qu'elle voulait garder; d'ailleurs elle sentait que ce n'était pas elle qui dirigeait cet entretien, comme elle l'avait espéré, et elle avait hâte d'en finir.

— Il me semble, dit-elle, qu'un cœur peut être guidé par un autre sentiment que la prévention.

— Sans aucun doute; ainsi il peut l'être contre un amour par un autre amour. Mais cela, je ne le croirai jamais d'une jeune fille telle que vous, qui pour moi êtes un modèle de pureté; et d'ailleurs, si, par impossible, cela était, ce serait un terrible malheur pour nous. Je ne vous céderais point à un rival. J'ai encore du sang de mes ancêtres dans les veines, et s'il fallait vous conquérir ou vous défendre avec ce sang, je le ferais, soyez-en persuadée. Mais voici la pluie qui frappe les feuilles, ne serait-il pas bon de rentrer? Nous reprendrons cet entretien, au reste, quand vous voudrez.

III

Pendant que Marthe et Sainte-Austreberthe s'entretenaient en marchant sous les platanes, M. Donis et Philippe, qui les suivaient du regard, passaient par des émotions bien différentes.

Tout entier à la satisfaction que cette promenade lui causait, M. Donis, riant et parlant haut, se montrait l'homme le plus heureux du monde.

Philippe, au contraire, en proie à l'angoisse et à la colère, s'enfonçait les ongles dans les chairs, et se cramponnait fortement aux barreaux de la chaise de fer sur laquelle il était assis.

Aux premières gouttes de pluie, il se leva vivement :

— Il faut aller prévenir mademoiselle Marthe, dit-il.

— Croyez-vous qu'ils n'entendent pas la pluie sur le feuillage? dit M. Donis en le retenant.

Déjà ils revenaient, Marthe la première, en courant; Sainte-Austreberthe plus posément, comme il convenait à un homme qui n'a peur ni de la pluie ni de l'orage.

M. Donis alla au-devant de sa fille, et la prenant dans ses bras pour l'embrasser :

— C'est bien, dit-il à voix basse; ce que tu as fait là est d'une bonne fille. Tu m'as compris.

Elle leva les yeux sur lui pour le détromper et se défendre d'avoir voulu faire quelque chose qui pût être agréable à Sainte-Austreberthe, mais la réflexion l'empêcha de céder à ce mouvement instinctif. Son père n'était plus, comme il l'avait été jusqu'à ce jour, le confident de ses pensées; elle ne pouvait plus parler avec franchise, elle ne pouvait plus tout oser.

— Je vais changer de robe, dit-elle.

Elle était à peine mouillée; mais, dans ce changement de toilette, elle trouvait un prétexte pour rester seule pendant quelques minutes.

Cependant elle ne voulut pas s'éloigner sans dire un mot à Philippe pour le rassurer; elle se dirigea de son côté, comptant sur un heureux hasard pour lui glisser quelques paroles. Mais, au même moment, Sainte-Austreberthe arrivait, et elle s'arrêta, n'osant pas aller plus loin. Elle sentait ses yeux sur elle et elle en était encore paralysée. Alors, pour échapper à cette influence, elle tourna le dos au vicomte et elle put ainsi lancer à Philippe un long regard, dans lequel elle mit assez de tendresse pour que celui-ci, furieux, fût instantanément réconforté : ce ne fut qu'un éclair, mais un de ces éclairs éblouissants qui illuminent la nuit la plus noire. Philippe, qui dans son trouble, voulait tuer Sainte-Austreberthe et se laissait entraîner par l'emportement d'une colère folle, ne pensa plus qu'à rire de lui.

Seule dans sa chambre, Marthe put réfléchir à ce qui venait de se passer ; mais, malgré l'effort qu'elle fit pour se dégager des paroles qui l'avaient enveloppée comme un filet habilement lancé, elle resta embarrassée sous ses plis.

Avec la bonne foi de la jeunesse, elle avait cru que pour obliger Sainte-Austreberthe à renoncer à sa demande, il n'y avait qu'à lui dire qu'elle ne l'aimait pas. Sans doute cela était assez difficile à formuler, et la démarche était pénible pour elle ; mais enfin il fallait la faire, si désagréable qu'elle pût être. Et pendant toute la journée elle s'était affermie dans sa résolution : elle dirait ceci et puis encore cela ; alors le vicomte serait bien forcé de comprendre qu'il n'avait qu'à se retirer. On n'épouse pas une jeune fille malgré elle ; on ne s'obstine pas à la poursuivre, après qu'elle vous a dit qu'elle ne veut pas de vous. Au moins c'était ainsi qu'elle avait compris les choses, et elles lui avaient paru si naturelles, arrangées de cette façon, qu'une fois sa résolution prise, elle avait été impatiente de la mettre à exécution. Les regards heureux que Sainte-Austreberthe attachait sur elle l'exaspéraient, tandis que la mélancolie de Philippe l'agaçait. A l'un elle avait envie de dire que sa tendresse devait attendre pour se montrer ; à l'autre, que sa tristesse était trop prompte. Quand elle aurait parlé, leurs sentiments changeraient : la tristesse de l'un serait remplacée par la tendresse, la tendresse de l'autre par la tristesse. Et comme M. de Sainte-Austreberthe ne lui inspirait aucun intérêt, elle s'était fait une joie de ce petit coup de théâtre. Elle trouvait son plan prodigieusement bien combiné, et elle était fière d'avance du résultat qu'il devait infailliblement amener.

Grande avait été sa surprise de voir qu'elle ne pouvait pas l'exécuter ce plan, et qu'il lui était impossible de débiter avec calme le petit discours qu'elle avait préparé.

Ce n'était point ainsi qu'elle avait compté que les choses se passeraient ; elle parlerait, Sainte-Austreberthe écouterait, et quand elle se tairait, il n'aurait plus qu'à s'en aller. Rien n'était plus simple.

Non-seulement elle n'avait pas pu parler ou, en tout cas, elle n'avait pas pu dire ce qu'elle voulait dire, mais encore elle avait dû écouter, et ce qu'elle avait entendu la jetait dans l'inquiétude et l'épouvante.

Pourquoi donc M. de Sainte-Austreberthe n'avait-il pas voulu lui laisser la liberté de s'expliquer franchement? pourquoi lui avait-il fermé la bouche, comme s'il avait peur d'entendre ce qu'elle avait à dire?

Il y avait là pour elle quelque chose d'inexplicable. N'avait-il pas tout intérêt à savoir ce qui se passait en elle, et quels étaient ses sentiments? Puisqu'il voulait devenir son mari, ne devait-il pas chercher toutes les occasions de l'étudier et de la connaître? Au lieu de les chercher, ces occasions, il les fuyait, et quand elles se présentaient, il les repoussait.

Car elle ne pouvait pas se tromper sur la direction qui avait été donnée à cet entretien par Sainte-Austreberthe : du commencement à la fin, l'unique souci de celui-ci avait été de l'empêcher de parler.

Il voulait donc l'épouser quand même et malgré tout. Alors il ne l'aimait pas, et ce n'était pas son cœur qu'il désirait; c'était sa fortune.

S'il en était ainsi, et tout semblait le prouver, c'était bien l'homme que Philippe redoutait : capable de tout pour réussir.

Dans son esprit inexpérimenté, ces conséquences ne s'étaient pas présentées avec cette netteté et cet enchaînement. Elle n'avait pas marché sûrement de déduction en déduction; mais s'égarant tantôt d'un côté, tantôt de l'autre, elle s'était souvent perdue dans des profondeurs pour elle insondables, et elle avait eu grande peine à retrouver un fil conducteur au milieu de ces détours de conscience qui se révélaient à elle pour la première fois.

Mais lorsqu'elle était arrivée à cette conclusion que Sainte-Austreberthe voulait l'épouser à tout prix, elle avait été prise d'épouvante, car elle avait alors compris ses dernières paroles, qui tout d'abord lui avaient paru assez embrouillées.

Elles n'étaient que trop claires maintenant, ces paroles, que trop précises dans leur obscurité voulue. S'il trouvait un rival devant lui, il le tuerait. Et, dans la bouche d'un homme qui tirait le pistolet comme lui, ce mot menaçant avait une terrible portée.

Savait-il que Philippe était ce rival? Maintenant la question était là.

Mais, malgré l'ardeur fiévreuse qu'elle mit à la sonder, il lui fut impossible de la résoudre. Elle se perdait dans le dédale des inductions par lesquelles elle devait passer pour éclaircir ce point, et elle n'arrivait qu'à se donner le sentiment désespérant de son impuissance et de son inexpérience; il y avait là évidemment des choses qu'elle ne connaissait pas, et qui n'étaient ni de son âge ni de son monde.

Lesquelles?

Elle était fine, et la vie quotidienne avec une belle-mère qu'elle craignait, avait aiguisé encore cette finesse native. Bien souvent, par une sorte d'instinct féminin, elle avait deviné des choses qu'elle ne comprenait pas. Mais, précisément pour cela, elle ne pouvait pas se laisser emporter par des illusions qui eussent été tout-puissantes sur une nature moins délicate.

Lorsqu'elle eut reconnu qu'elle était devant une porte fermée et sans moyens de l'ouvrir, elle ne s'obstina point à rester devant cette porte, en attendant l'aide du hasard ou du temps.

Que Sainte-Austreberthe sût ou ne sût pas que Philippe était son rival, lui parut être une question secondaire. La principale était que Philippe ne restât point exposé à ses menaces le jour où cette rivalité serait connue, ou bien le jour où elle éclaterait.

C'était là l'essentiel, et c'était de cela, de cela seul qu'elle devait se préoccuper pour le moment. Le reste viendrait plus tard. Avant tout elle devait sauver Philippe.

Aussitôt qu'elle se fut arrêtée à cette idée, elle s'habilla à la hâte et descendit de sa chambre.

Mais, pendant son absence, l'orage s'était déclaré; on avait quitté la verandah pour se réfugier dans le salon. Au moment où elle entra dans cette pièce, un formidable coup de tonnerre secoua le château du faîte aux fondations.

— Je croyais que tu étais restée cachée dans ta chambre, dit M. Donis; puis, se tournant vers Sainte-Austreberthe, il voulut expliquer ces paroles.

— Il faut que vous sachiez, continua-t-il, que cette enfant a été renversée par la foudre quand elle n'avait que trois ans, et que depuis cette époque l'orage produit sur elle un effet extraordinaire. Elle qui habituellement n'a peur de rien, tremble pendant l'orage comme une feuille, et longtemps avant qu'on n'entende le tonnerre, on la voit pâlir.

Sans pâlir et sans trembler elle vint se placer derrière Philippe, qui, le visage collé contre une fenêtre, paraissait suivre attentivement la marche des nuages qui passaient sur la Gironde, denses et noirs, éclairés sur leur contours curvilignes par le mince sillon des éclairs.

— Pourquoi donc l'éclair suit-il toujours une ligne courbe ou brisée? dit-elle comme si elle voulait se faire expliquer les phénomènes de l'électricité.

— Parce que l'électricité suit toujours la ligne qui offre le moins de résistance à sa transmission, répondit Philippe surpris de cette question. Alors...

A ce moment un nouveau coup de tonnerre ébranla les vitres de ses roulements.

— Il faut, dit Marthe sans se laisser émouvoir et profitant de ce bruit assourdissant, que vous partiez pour Paris immédiatement et que vous obteniez sur M. de Sainte-Austreberthe tous les renseignements que vous pourrez.

Les roulements s'étaient éloignés, Marthe fit signe à Philippe de continuer sa démonstration scientifique.

— Les décharges comprimant l'air, l'électricité cherche la partie où l'air est le moins condensé; alors elle dévie de la ligne droite pour suivre une ligne capricieuse, droite ou brisée. Vous comprenez ?

— Parfaitement.

Ces paroles étaient échangées à haute voix, et elles arrivaient jusqu'à M. Donis et à Sainte-Ausberthe, qui étaient assis au milieu du salon.

Un coup de tonnerre retentit, et, pendant que ses roulements et son retentissement se prolongeaient, les deux amants reprirent leur entretien intime.

— Je n'ai rien obtenu, dit Marthe ; c'est bien l'homme que vous redoutiez.

— Et vous voulez que je parte, que je vous laisse livrée à son entreprise, que j'aille à Paris pendant qu'il reste ici !

— Je veux que vous fassiez ce que je ne peux pas faire, que vous me défendiez à Paris, pendant que je me défendrai ici.

Un intervalle de silence les interrompit et les obligea à reprendre leur conférence météorologique.

— L'éclair que vous venez de voir, continua Philippe, et dont la forme approchait de celle d'une sphère, est un phénomène qui n'a pas été encore expliqué.

Et il continua ainsi assez longtemps, jusqu'au

moment où une nouvelle détonation les isola.

— Au moins m'écrirez-vous? demanda Philippe.

— Je vous en prie, ne me demandez pas cela. Je vous promets que si je suis menacée, vous recevrez un mot. Ecrivez-moi votre adresse, vous me la donnerez avant ce soir. Partez demain.

— Je partirai.

A ce moment Sainte-Austreberthe s'avança.

— Il me semble que mademoiselle supporte bien cet orage, dit-il.

— C'est qu'il y a orage et orage, dit Philippe, venant au secours de Marthe, selon que l'électricité aérienne est positive ou négative.

Devant une démonstration qui avait l'apparence scientifique, Sainte-Austreberthe n'osa pas insister. D'ailleurs Marthe, que l'énergie avait soutenue jusque-là, s'était laissée tomber dans un fauteuil, et, n'ayant plus rien à dire, elle s'était abandonnée aux mouvements nerveux qui l'oppressaient.

IV

C'était beaucoup pour Marthe d'avoir pu envoyer Philippe à Paris, mais ce n'était pas tout, et elle comprenait très-bien qu'elle avait seulement gagné du temps. Le danger avait été éloigné, il n'avait pas été supprimé.

Quand Philippe reviendrait, il se trouverait de nouveau en présence de Sainte-Austreberthe, et alors celui-ci pourrait mettre ses menaces à exécution tout aussi bien qu'en ce moment même.

Ce qu'il fallait, c'était qu'avant ce retour, Sainte-Austreberthe eût abandonné ses prétentions.

Mais comment arriver à cela?

La tentative qu'elle avait déjà faite auprès de son père la décourageait d'en essayer une nouvelle: elle le connaissait, et elle savait quelle fixité il apportait dans ses idées, — pour ne pas employer un autre mot. Il avait décidé qu'elle devait apprendre à connaître Sainte-Austreberthe, il ne se départirait pas de cette ligne. Tout ce qu'elle ferait directement pour toucher son esprit ou son cœur serait parfaitement inutile, et la réponse qu'elle obtiendrait serait toujours la même :

— Tu ne le connais pas, sache d'abord ce qu'il est avant de le condamner.

Cela pouvait durer longtemps ainsi. Qu'elle dît demain que M. de Sainte-Austreberthe lui plaisait, et son père l'accepterait tout de suite pour gendre, sans plus ample examen ; qu'elle dît au contraire qu'il ne lui plaisait point, et on lui répondrait qu'elle ne pouvait pas s'être si vite fixée et qu'elle devait attendre, avant de se prononcer définitivement.

Et, pendant qu'elle attendrait, Philippe, qui bien certainement resterait à Paris le moins de temps qu'il pourrait, reviendrait à Bordeaux, et alors le danger qu'elle voulait conjurer éclaterait.

La situation était difficile, et, quoi qu'elle fît, elle arrivait toujours à une impossibilité d'en sortir.

Une seule voie s'ouvrait devant elle. C'était de s'adresser à sa belle-mère ; car, si celle-ci voulait user de l'influence toute-puissante qu'elle exerçait sur M. Donis, il était à peu près certain qu'elle ferait repousser Sainte-Austreberthe. Mais, pour mettre cette influence en jeu, il fallait la demander et c'était là pour Marthe le sacrifice le plus douloureux qu'elle pût s'imposer.

Bien que les relations entre la belle-mère et la belle-fille fussent en apparence affectueuses et même, jusqu'à un certain point, cordiales, elles étaient en réalité difficiles, et il fallait toute l'adresse féminine de l'une et de l'autre, pour que des dissentiments sérieux n'éclatassent point chaque jour entre elles.

Lorsque le mariage de sa belle-mère s'était fait, Marthe était encore au couvent, à Paris. Un matin elle avait vu arriver son père, qui, avec une satistion toute franche, lui avait annoncé qu'il se mariait.

— Tu verras demain celle que j'ai choisie, lui avait-il dit, et tout de suite, j'en suis certain, vous vous aimerez, car tu sentiras qu'elle sera pour toi une mère. Au reste, elle m'a bien promis de l'être.

Marthe avait été stupéfaite de cette nouvelle, puis bientôt, par la réflexion, désolée. Elle n'avait jamais pensé que son père pouvait se remarier. Pourquoi se marier ? Ne l'aimait-elle pas tendrement ? Il ne l'aimait donc plus comme au temps où elle était enfant ? elle n'était donc plus tout pour lui ?

Le lendemain, l'impression qu'elle avait reçue

en voyant celle qu'on voulait lui donner pour mère avait aggravé encore sa répulsion, et ni la bonne grâce de sa future belle-mère, ni ses avances, ni ses caresses n'avaient pu la toucher. Instantanément elle avait senti qu'elle ne pourrait jamais l'aimer ; elle était trop jeune, trop belle. Elle eût été heureuse de l'avoir pour belle-sœur, si elle avait eu un frère aîné ; pour belle-mère, elle en avait peur.

Ses sentiments n'avaient pas tardé à se manifester ouvertement.

— Voulez-vous m'appeler « maman ? » lui dit un jour madame Donis, fatiguée d'entendre un « madame » bien sec répondre à toutes ses questions.

— Je ne peux pas, madame.

— Vous ne voulez pas alors que je vous appelle « ma fille ? »

— Je le veux, si vous le voulez.

— Et si je ne le veux pas ?

— J'en serai heureuse.

— Alors comment dois-je vous appeler ?

— Marthe est mon nom.

— Marthe est bien court, et, dans l'intimité où nous devons vivre, bien froid ; voulez-vous que je vous appelle « chère fille ? »

— Je ne peux pas être votre fille, mais je ne suis encore qu'une enfant; pourquoi ne m'appelez-vous pas « chère enfant? »

— Et vous, chère enfant, vous me répondrez « madame; » ne suis-je pas votre amie?

— Je puis vous appeler « chère amie, » si vous trouvez cela respectueux.

— Il ne doit pas être question de respect entre nous.

Pour gagner ce cœur de petite fille, qui se montrait si froid et si dur, madame Donis avait cru qu'elle devait commencer par l'amollir. Et Marthe avait été littéralement accablée de cadeaux de toutes sortes : cadeaux de sa belle-mère, cadeaux de son père.

Mais ce système avait précisément produit un effet contraire à celui que madame Donis espérait; car chaque fois que M. Donis avait donné quelque chose à sa fille, il n'avait pas manqué de lui dire que c'était à l'instigation de sa femme, et cela avait exaspéré Marthe.

— Sans elle, je ne serais donc plus rien pour papa? s'était-elle dit. Autrefois il n'avait pas besoin qu'on lui suggérât des idées; il pensait bien à moi tout seul.

Et alors elle avait montré la plus vive tendresse

pour les cadeaux d'autrefois, et la plus parfaite indifférence pour ceux de maintenant.

A ces causes de dissentiment s'en étaient jointes bientôt d'autres plus graves, qui avaient pris naissance dans la rivalité des deux femmes. Jamais elles ne s'étaient franchement expliquées à propos de cette rivalité, mais leurs yeux avaient parlé.

— C'est mon mari ! disait madame Donis.

— C'est mon père ! disait Marthe.

Dans ces conditions, on comprend qu'il devait être pénible à Marthe de s'adresser à sa belle-mère pour lui demander son secours ; cependant elle se résigna à ce sacrifice. Elle n'était pas en situation de choisir entre ce qui lui était agréable ou désagréable, facile ou pénible. Elle ne devait avoir qu'une pensée : protéger Philippe.

Lorsque son père et Sainte-Austreberthe furent repartis pour Bordeaux, elle entra chez sa belle-mère, et, tout de suite, sans hésitation comme sans détour, elle aborda résolûment son sujet.

— Je viens vous demander un service, dit-elle, le plus grand service que vous puissiez me rendre.

— Vous savez, chère enfant, que j'ai toujours été entièrement à vous, et si vous n'avez pas usé plus souvent de moi, c'est que vous n'avez pas voulu; j'aurais été heureuse de vous témoigner mes sentiments d'une façon active. Vous n'avez jamais voulu voir en moi qu'une belle-mère; je vous donne ma parole que vous auriez pu y trouver une amie, une sœur, et, permettez-moi le mot, Marthe, une mère.

Cela fut dit avec une sincérité qui toucha Marthe, et, s'il y avait des reproches dans ces paroles, ils avaient quelque chose d'attendri et d'attristé qui ne pouvait pas blesser.

— C'est à ces sentiments que je viens faire appel, dit Marthe, en vous priant de les employer à me sauver.

— Vous sauver!

— Vous savez que mon père veut me donner à M. de Sainte-Austreberthe; usez de l'influence que vous avez sur lui pour le faire renoncer à ce mariage, qui ferait mon malheur. Je n'aime pas, je ne peux aimer M. de Sainte-Austreberthe, qui me fait horreur.

— Horreur?

— J'aimerais mieux mourir que d'être sa femme.

Madame Donis la regarda longuement; puis, après cet examen, que Marthe soutint sans baisser les yeux, elle posa la tapisserie à laquelle elle travaillait.

— Je veux vous parler en toute franchise, dit-elle, et vous faire connaître ce que je sais de ce mariage. Il y a quelques semaines, M. de Sainte-Austreberthe m'a parlé de ses projets et m'a demandé de les appuyer auprès de votre père. Je lui ai répondu que je ne pouvais prendre aucune part dans la détermination de mon mari ni dans la vôtre, attendu que je n'étais pas votre mère, et que, d'ailleurs, mon sentiment était qu'une jeune fille ne devait obéir qu'aux inspirations de son cœur.

— Cela est bien vrai, et c'est un grand malheur que mon père ne pense pas comme vous.

— Quelque temps après, votre père, ayant reçu la demande de M. de Sainte-Austreberthe, est venu me la communiquer en me demandant si je lui conseillais de l'accueillir. Je lui ai répondu que ce n'était pas à moi de me prononcer dans une question aussi grave, mais à vous ; et j'ai refusé absolument d'intervenir dans ce mariage. Telle a été ma conduite. Votre père et M. de Sainte-Austreberthe pourraient vous le dire.

— Oh ! je vous crois.

— Maintenant, c'est vous qui vous adressez à moi, et je vous assure que vous me mettez dans un grand embarras. Rien n'est plus gênant, n'est plus pénible que d'être ainsi sollicitée de tous côtés, et je ne peux pas accepter le rôle qu'on veut me faire prendre d'arbitre de la famille.

— Je ne vous demande pas d'être arbitre entre nous, je vous demande d'employer l'influence que vous avez sur mon père, pour le détourner du mariage.

— Mon influence ? Tout le monde parle de cette influence, comme si j'étais le chef de la famille, mais cette influence n'est pas ce que vous pouvez croire, et si vous avez vu quelquefois votre père se rendre à mes conseils, c'est que ces conseils étaient alors conformes à ses secrets désirs. Or, dans ce moment, le désir de votre père est de vous donner M. de Sainte-Austreberthe pour mari, d'abord parce que dans ce mariage il trouve pour vous des avantages de position, ensuite parce qu'il y trouve pour lui des avantages politiques. Si vous épousez M. de Sainte-Austreberthe, votre père sera député et il désire être député.

— Alors, je suis perdue.

— Je ne dis pas cela, mais seulement que l'influence que vous me supposez, pourrait bien n'être pas assez grande pour changer les idées de votre père. En tous cas, je ne crois pas que votre père veuille contrarier votre volonté, et si vous vous prononcez bien formellement contre M. de Sainte-

Austreberthe, je ne crois pas que M. Donis vous l'impose. Attendez, et quand vous pourrez parler de M. de Sainte-Austreberthe en toute connaissance, faites-le franchement · votre père vous écoutera, au moins je l'espère.

— Attendre ! Mais c'est précisément ce que je ne veux pas.

— Et pourquoi donc ?

Quelques semaines plus tôt, madame Donis n'eût pas parlé ainsi à Marthe, et si celle-ci lui avait demandé de l'aider à faire repousser Sainte-Austreberthe, elle eût promis son concours. Mais le temps avait marché. Si d'instinct elle avait commencé par être opposée à ce mariage, elle avait peu à peu passé à d'autres sentiments. Avait-elle à craindre Sainte-Austreberthe ? Elle ne le savait pas d'une façon précise ; mais, dans le doute, elle trouvait qu'il était inutile de provoquer son hostilité. D'un autre côté, en voyant son mari porté à faire ce mariage, elle avait été presque heureuse de cette disposition, qui lui permettait de ne pas intervenir directement, et de laisser aller les choses telles qu'elles se présentaient. Puis, peu à peu, elle s'était habituée à cette idée, elle en avait vu les avantages, et elle en était arrivée à désirer qu'elle se réalisât : Paris, avec sa liberté et ses plaisirs, avait exercé sur elle sa toute-puissante attraction. Enfin une autre raison encore avait pesé sur sa conscience : la jalousie. Que M. de Mériolle aimât Marthe, cela lui avait tout d'abord paru impossible; mais cette insinuation, jetée dans son cœur par Sainte-Austreberthe, l'avait peu à peu troublée; puis quand M. Donis lui avait raconté en riant la démarche de Mériolle et ce qui, selon lui, la déterminait, elle avait été prise d'une inquiétude réelle, et elle s'était dit que ce mariage devait se faire e qu'il se ferait. Le mot de Marthe redoubla cette inquiétude. Pourquoi Marthe craignait-elle tant la présence de Sainte-Austreberthe ? Cette présence blessait donc quelqu'un ? Qui ?

V

Comme ce n'était pas la première fois que madame Donis essayait de confesser Marthe, elle savait par expérience que cela n'était pas chose commode, car, même pour ce qui était insignifiant, Marthe avait l'habitude de s'enfermer dans une réserve très-difficile à forcer.

Avec son père seul elle avait de l'abandon, et quand madame Donis voulait savoir quelque chose que Marthe cachait, c'était par celui-ci qu'elle le faisait demander. Au premier mot de son père elle parlait, et le secret que n'avaient pu lui arracher les habiletés ou les détours, elle le livrait sans qu'il fût besoin d'insister.

Malheureusement, dans les circonstances présentes, madame Donis ne pouvait pas recourir à son mari; il fallait qu'elle agît seule, et cela serait d'autant plus délicat que Marthe se tiendrait sur ses gardes. Si le plus souvent, et pour ce qui n'avait pas d'importance, elle répondait d'une façon obscure ou ne répondait pas du tout, il était à croire qu'elle ne se déciderait pas facilement à dire le motif vrai qui la poussait à vouloir éloigner Sainte-Austreberthe tout de suite.

Cependant, comme madame Donis tenait à connaître ce motif, elle risqua l'aventure.

— J'avoue, dit-elle, ne rien comprendre à l'empressement que vous montrez, pour vous débarrasser de la présence de M. de Sainte-Austreberthe.

— A quoi bon subir cette présence plus longtemps? Je suis décidée, bien décidée à ne jamais accepter M. de Sainte-Austreberthe pour mari. Je ne vois pas l'avantage qu'il y a à traîner en longueur une situation, qui devrait être déjà tranchée.

— J'en vois un qui me paraît considérable, vous donnez satisfaction à votre père.

— Si je n'avais pas eu égard aux volontés de mon père, j'aurais nettement signifié à M. de Sainte-Austreberthe que je ne voulais pas le voir.

— Cela eût été vif.

— Peut-être cela eût-il été en effet inconvenant de la part d'une jeune fille, mais c'est la peur seule de peiner mon père qui m'a retenue et m'a fait supporter les yeux tendres de M. de Sainte-Austreberthe, ainsi que ses propos aimables.

— Ils ne paraissent pas bien affreux, ces yeux.

— Ce qui est affreux, c'est d'avoir à subir les attentions et les soins d'un homme qu'on n'aime pas; au moins cela est ainsi pour moi. C'est un outrage.

— Un bien gros mot.

— Enfin, je me sens blessée, et je vous assure que chaque regard de M. de Sainte-Austreberthe, chaque parole de lui me blesse. Je suis surprise que mon père n'ait point pensé à cela. Je ne sais pas si l'usage permet qu'un homme soit ouvertement admis dans une honnête maison pour plaire à une jeune fille. Quant à moi, cela me choque, et, je dois répéter le mot, cela m'outrage. On dirait que je suis une marchandise exposée en vente.

— Vous êtes à marier.

— Si c'est là le début du mariage, il est révoltant, et voilà pourquoi je voudrais que M. de Sainte-Austreberthe me dispensât de ses visites.

— Auriez-vous préféré que votre père accordât tout de suite votre main à M. de Sainte-Austreberthe ? C'est ainsi que les choses se passent le plus souvent, et vous faites presque un crime à votre père de ce qu'il a dérogé à cet usage, pour vous permettre de connaître et d'apprécier le mari qu'il vous propose.

— Je ne fais de crime à mon père de rien, car je sais quelle est sa bonté et quelle est sa tendresse ; je regrette seulement qu'il persiste à m'imposer M. de Sainte-Austreberthe. Maintenant que je le connais, il n'a que faire ici, puisque je n'en veux pas.

— Si votre père croyait que vous avez pu connaître M. de Sainte Austreberthe en si peu de temps, il se rendrait peut-être à votre désir ; mais il ne croira jamais cela, et moi-même j'ai peine à l'admettre. Si M. de Sainte-Austreberthe était laid, vieux, repoussant enfin d'une façon quelconque, rien ne serait plus légitime que votre refus ; mais il n'en est point ainsi, M. de Sainte-Austreberthe est assurément très-bien, aussi bien qu'un homme de son monde peut être, et c'est tout dire.

— Pas pour moi, qui ne suis pas de ce monde.

— Qu'avez-vous à lui reprocher ?

— Rien et tout.

— Cela n'est pas répondre.

— Il ne me plaît point.

— Qui vous déplaît en lui ?

— Qui vous déplaît dans le parfum du chèvrefeuille ? Tout le monde aime cette odeur, vous seule peut-être la trouvez mauvaise; c'est ce qui fait qu'on a arraché ici tous les chèvrefeuilles qui avaient enveloppé les arbres. J'admets que tout le monde aime M. de Sainte-Austreberthe; seule je ne l'aime point. Mon antipathie pour lui existe, comme la vôtre pour le chèvrefeuille, sans être fondée. Est-ce que les sympathies ou les antipathies se forment jamais par des raisons déterminantes? Elles existent et elles sont invincibles, voilà tout.

— Qu'elles se forment comme vous dites, je le veux bien; mais qu'elles soient invincibles, c'est autre chose. Ainsi j'admets qu'à première vue M. de Sainte-Austreberthe ne vous plaise point, bien que cela soit assez difficile à concéder, mais je crois que, si vous le connaissiez mieux, votre sentiment changerait.

— Je verrais M. de Sainte-Austreberthe pendant une année entière que cela ne modifierait en rien mon sentiment. Si riche qu'il soit en qualités, et vous lui en reconnaissez beaucoup, il n'est point, n'est-ce pas, comme les arbres de ce jardin, il n'a point une saison d'hiver et une d'été; on ne peut pas me dire que je l'ai vu l'hiver et que si j'attendais l'été pour le voir couvert de fleurs et de feuillage, je changerais d'avis. Il n'aura pas plus de cheveux dans six mois qu'il n'en a aujourd'hui, ses yeux ne seront pas plus grands, ses dents ne seront pas plus blanches; dans six mois, il sera plus âgé de six mois, et c'est tout.

— Vous raillez très-plaisamment, chère enfant, mais la raillerie n'a jamais rien prouvé. D'ailleurs vous savez tout aussi bien que moi, qu'il n'y a pas seulement à considérer dans un mari ses cheveux ou ses dents. Il y a des qualités qui ne peuvent s'apprécier par les yeux.

— Les qualités morales, n'est-ce pas? Est-ce que c'est par là que M. de Sainte-Austreberthe brille? Je vous demande pardon de n'avoir pas pensé à cela, mais je ne me doutais pas que M. de Sainte-Austreberthe avait de légitimes prétentions au prix de vertu.

— Peut-être pourrait-il en avoir. Si je vous disais que M. de Sainte-Austreberthe a pendant son dernier voyage à Paris sacrifié généreusement 10,000 francs pour sauver la vertu d'une jeune fille, cela vous étonnerait, n'est-ce pas?

— Mon Dieu! non, dès lors que vous deviez le savoir; c'était un placement.

— C'est encore là une accusation injuste. M. de Sainte-Austreberthe ne pouvait pas savoir que sa générosité nous serait connue. Elle nous a été révélée par M. le marquis de Virrieux, gendre de M. Charroux, ami de votre père. M. de Virrieux était présent, lorsque M. de Sainte-Austreberthe a donné ces 10,000 fr. à cette malheureuse jeune fille, M. de Virrieux est incapable de dire ce qui n'est pas. Au reste, il n'était pas seul ; d'autres que lui ont été témoins de la générosité de M. de Sainte-Austreberthe, et je vous assure que les gens qui donnent 10,000 fr. pour le plaisir de les donner sont rares.

— Je ne dis pas que cela n'est pas admirable ; je dis seulement que pour moi il y a eu trop de témoins de cette action d'éclat. J'aime mieux la générosité qui donne un louis en cachette que celle qui donne 10,000 francs en public. Je n'aime pas les bienfaits connus.

— Vous avez l'esprit chagrin.

— J'espère que non, mais j'ai vu ce qui se passait autour de moi et je l'ai compris. Entre mon père, qui ne parle jamais des services qu'il rend, et notre voisin M. Sandoz, qui nous disait l'autre jour que le pont de Bordeaux s'écroulerait, si tous les gens qu'il a obligés se trouvaient dessus, je n'hésite pas à croire que le seul généreux est mon père. Parler des services qu'on rend est une fatuité, à mon sens, insupportable ; j'aime encore mieux les gens qui parlent de leurs qualités physiques, de leurs yeux ou de leurs cheveux.

— Je vois que bien décidément M. de Sainte-Austreberthe est condamné par vous ; même dans ce qu'il fait de bien, vous cherchez à le prendre en faute. Savez-vous que c'est un indice grave ?

— Indice d'une profonde antipathie, j'en conviens, et il me semble que c'est là une preuve que je n'aimerai jamais M. de Sainte-Austreberthe.

— Ce qu'on ne s'explique pas, c'est cette antipathie. D'où vient-elle ? Qui l'a causée ? Pour qu'un homme vous soit à ce point antipathique, il faut qu'il y ait en lui quelque chose qui justifie cette répulsion ; et je ne vois rien dans M. de Sainte-Austreberthe qui soit de nature à motiver vos sentiments.

— Ils sont tels que je dis cependant.

— Une seule chose les expliquerait.

Il y eut un moment de silence.

— Et laquelle ? demanda Marthe, ne voulant pas rester sous le coup de cette interrogation.

— Elle est tellement délicate que j'ose à peine en parler, elle pourrait vous blesser.

— Vous savez que je n'ai pas l'habitude de me blesser facilement.

— Eh bien! ce que je veux dire, c'est qu'un cœur

reste d'autant plus étroitement fermé qu'il est rempli.

Marthe ne répondit pas.

— Ainsi, continua madame Donis, votre antipathie pour M. de Sainte-Austreberthe me paraîtrait toute naturelle, si je vous voyais une vive sympathie pour une autre personne.

Il y eut encore une pause et Marthe ne broncha pas.

— Mais je ne vous en vois pas, continua madame Donis. Il est vrai que, réservée comme vous l'êtes, cette sympathie pourrait très-bien exister sans que je la connusse ; seulement je trouve que, dans ce cas, vous auriez grand tort de n'en point parler soit à votre père, soit à moi.

Marthe pâlit, mais elle ne desserra pas les lèvres.

— Je sais, reprit madame Donis, que c'est un aveu délicat à faire ; mais vous êtes assez certaine de notre tendresse pour savoir que vous n'avez rien à en craindre. Si vous étiez gardée contre l'amour de M. de Sainte-Austreberthe par un autre amour, je trouve que vous auriez grand tort de n'en point parler à votre père. Cela, j'en suis certaine, changerait ses dispositions. Après tout, ce ne serait point un grand crime, si même c'en était un. Quoi de plus naturel que vous ayez ressenti une inclination pour l'un des jeunes gens que nous recevons, ou que vous avez pu voir dans notre monde? Pourquoi n'aimeriez-vous pas M. Castera ou bien Jacques Gaulhiac? J'ai vu que don José Rivadeynera avait pour vous une véritable admiration; Jules Montagut est votre esclave.

— Oh! Montagut! dit Marthe en souriant.

— Pourquoi pas?

Peut-être que si le nom de Philippe avait été prononcé, Marthe eût faibli, mais il ne le fut point, pas plus que celui de Mériolle, car madame Donis appartenait à cette classe de femmes qui disent tout excepté ce qu'elles veulent dire.

— J'avais cru, dit Marthe après un moment de silence, que ma répulsion pour M. de Sainte-Austreberthe suffirait à vous toucher et à vous mettre de mon côté; je vois que je m'étais trompée, car il n'a jamais été si chaudement prôné que par vous.

— Vous vous trompez, chère enfant, je ne prône pas M. de Sainte-Austreberthe et je suis disposée à vous servir; seulement je le suis dans de certaines conditions. Ainsi je ne dirai point à votre père que je trouve qu'il a tort de vouloir vous donner à M. de Sainte-Austreberthe; mais je lui dirai volontiers, si cela peut vous être agréable, quels sont vos sentiments à l'égard de celui-ci. Ainsi je ne sortirai point de la réserve que j'ai voulu m'imposer au sujet de votre mariage. Cela vous convient-il?

— J'en serai très-heureuse, car papa ne veut pas m'écouter.

— De même je pourrais encore parler dans ce sens à M. de Sainte-Austreberthe, au moins dans une certaine mesure.

— Oh! je vous en prie, s'écria Marthe avec élan.

— Eh bien! je le ferai. M. de Sainte-Austreberthe doit venir mercredi, je lui parlerai. Vous verrez que je suis votre amie, votre sincère amie, et que vous avez tort de ne pas vous ouvrir à moi, entièrement avec franchise, avec abandon, comme vous le feriez avec votre mère.

Marthe eut un moment d'hésitation, et madame Donis crut qu'elle allait parler; mais le mot qu'elle dit enfin fut celui qu'elle avait déjà répété tant de fois:

— Sauvez-moi de M. de Sainte-Austreberthe!

VI

Madame Donis avait l'habitude de raconter à son mari tout ce qu'elle faisait, et aussi tout ce qu'elle apprenait d'intéressant. C'est là une méthode commode pour ceux qui ont quelque chose à cacher, car elle supprime les interrogations précises, et elle permet en même temps d'arranger les faits sous la forme qu'on veut qu'ils prennent. Mieux que les meilleurs écrivains, les femmes savent quel est le pouvoir d'un mot mis en bonne place et dit à propos.

Conformément à cette habitude, elle raconta à son mari, lorsque celui-ci revint à Château-Pignon le mardi soir, l'entretien qu'elle avait eu avec Marthe; elle fit d'ailleurs ce récit avec une véracité parfaite, en lui donnant sa vraie physionomie.

— Cette répulsion est inexplicable, dit M. Donis; qu'en pensez-vous?

— Je ne sais.

— Vous qui êtes femme et qui avez une finesse qui me manque, ne pouvez-vous pas deviner quelque chose ?

— J'ai cru un moment que Marthe pouvait aimer quelqu'un.

— Ma fille !

— Mon ami, votre fille, si pure qu'elle soit, a un cœur, ne l'oubliez pas.

— Si ma fille avait aimé quelqu'un, elle serait venue à moi et me l'aurait dit franchement; car son choix, j'en suis certain, n'eût pu être que digne d'elle. Marthe n'est pas romanesque, et elle n'a pas été s'éprendre d'amour pour le premier venu.

— Je ne pensais pas au premier venu.

— Et à qui pensez-vous donc ?

— A personne précisément, je cherchais; car enfin, lorsqu'on est en face d'une situation inexplicable, on frappe à toutes les portes. D'ailleurs vous-même m'aviez donné l'exemple.

— Moi, chère amie, je n'ai jamais soupçonné Marthe.

— Vous m'avez cependant parlé de M. de Mériolle.

M. Donis se mit à rire :

— Je vous ai dit que Mériolle pouvait aimer

Marthe, mais je ne vous ai pas dit que Marthe pouvait aimer Mériolle. Il y a là une distinction capitale. Que Mériolle ait été séduit par Marthe ; par sa beauté, son esprit, son charme, sa fortune même, cela se comprend et me paraît tout naturel ; mais du diable si je vois en Mériolle quelque chose qui puisse séduire une femme. Entre nous, c'est un sot.

Madame Donis fit un mouvement qui fut remarqué de son mari.

— Je vous demande pardon, dit-il, de parler ainsi de quelqu'un qui est de vos amis. Sans doute, Mériolle est un charmant garçon, il a toutes sortes de qualités agréables dans le monde, il se met bien, il sait offrir son bras ; mais ce n'est pas un homme qu'une femme puisse aimer. J'estime trop ma fille pour croire qu'elle a pu avoir l'idée de faire de Mériolle un mari.

— On aime souvent, sans penser au but où l'amour peut vous conduire.

— Ma fille n'aime pas Mériolle, je l'affirme. Je serais honteux si cela était.

— En l'interrogeant là-dessus, je lui ai parlé de plusieurs personnes, mais je ne lui ai nommé ni M. de Mériolle ni M. Heyrem.

— Et vous avez bien fait, car ils sont aussi impossibles l'un que l'autre. Si Philippe Heyrem a des qualités sérieuses que M. de Mériolle n'a pas, il est sans fortune, sans position, et Marthe sait parfaitement que je ne la donnerais pas à un homme qui n'est rien ; ma position m'impose des devoirs qu'elle connaît comme moi. Aussi je ne crois pas qu'il faille chercher la répugnance qu'elle montre pour M. de Sainte-Austreberthe, dans un amour qui garderait son cœur. Non, il y a là quelque chose d'inexplicable, au moins pour le moment et que nous découvrirons plus tard. C'est pourquoi je suis d'avis, que nous ne devons pas faire trop attention à son caprice. Il me semble qu'elle agit un peu comme au temps où elle était petite fille et où elle ne voulait pas manger quelque chose. Quand on lui faisait violence, elle finissait par avouer qu'elle aimait ce dont elle n'avait pas voulu tout d'abord. Et pourquoi n'en avait-elle pas voulu ? Simplement parce qu'elle ne savait pas ce que c'était. Quand elle connaîtra M. de Sainte-Austreberthe, elle l'aimera.

— Peut-être ; mais, pour le moment, je me trouve, quant à moi, dans une situation assez difficile. J'ai promis à Marthe de parler à M. de Sainte-Austreberthe, et je ne sais trop que lui dire pour n'être pas en opposition avec vos idées.

— Je ne vois là rien de bien embarrassant, et je trouve même qu'il est bon que M. de Sainte-Austreberthe sache qu'il n'a pas eu qu'à paraître pour vaincre. De notre part, c'est de la franchise et de la loyauté. S'il n'aime pas Marthe, il se retirera ; si au contraire il l'aime il persistera. C'est à lui de se faire aimer. Je vous prie donc d'avoir avec lui une explication à ce sujet ; vous vous en tirerez beaucoup mieux que moi, j'ai la main trop lourde.

Comme le dimanche précédent, Sainte-Austreberthe arriva pour déjeuner. L'absence de M. de Mériolle et de Philippe eût pu donner à cette visite un caractère d'intimité que n'avait point eu la dernière, mais Marthe montra tant de froideur et même de roideur, que Sainte-Austreberthe, malgré son assurance habituelle, se trouva plus d'une fois démonté.

Ce fut avec un soulagement réel que tout le monde se leva de table, le déjeuner fini. Alors, M. Donis attira Marthe près de lui et voulut lui faire des observations sur sa façon d'être avec Sainte-Austreberthe ; mais elle, qui d'ordinaire écoutait respectueusement son père, quoi qu'il dît ou demandât, se révolta presque.

— M. de Sainte-Austreberthe est ici pour me

plaire, dit-elle; il ne me plaît point, je le lui montre.

— Encore faut-il le faire avec convenance.

— En quoi ai-je manqué aux convenances?

M. Donis ne supportait pas la discussion dans la famille; exaspéré par la résistance qu'il rencontrait pour la première fois chez sa fille, il s'en alla se promener dans son jardin, de peur de se laisser entraîner par la colère.

Pendant ce temps, madame Donis et Sainte-Austreberthe étaient passés dans le petit salon, celui-là même où avait eu lieu leur premier entretien.

— Puisque vous m'avez demandé, dit-elle, d'être votre intermédiaire auprès de mon mari et de ma belle-fille, je vous dois compte de ce que j'ai pu faire.

— Permettez-moi de vous interrompre, dit-il, et de vous prier de ne pas aller plus loin, avant que je puisse vous remercier de ce que vous avez bien voulu faire jusqu'à présent. Ce n'est pas l'ingratitude qui m'a fermé la bouche, soyez en persuadée; mais, comme chaque jour j'aurais dû vous remercier, j'ai attendu une circonstance favorable pour m'en acquitter convenablement. Elle m'est offerte, j'en profite.

Où voulait-il en venir ? Madame Donis se le demanda avec une certaine inquiétude.

— Je sais, dit-il, que c'est à votre intervention que je dois l'accueil qui m'a été fait par M. Donis, et je n'oublierai jamais que mon mariage avec mademoiselle Marthe aura été votre ouvrage.

Madame Donis leva la main pour l'interrompre et dire que cette intervention n'avait point été ce qu'il supposait ; mais elle s'arrêta dans ce premier mouvement de franchise, et, après une seconde de réflexion, elle le laissa continuer. Pour justifier à ses propres yeux cette réticence, elle se dit qu'il serait toujours temps de rectifier plus tard cette erreur. Elle ne présentait ni inconvénients ni dangers ; elle ne faisait tort à personne, tandis que la vérité pouvait être mauvaise. Sans doute elle n'eût rien fait pour persuader Sainte-Austreberthe qu'elle avait agi activement auprès de M. Donis de manière à le rendre favorable à ce mariage ; mais elle ne voyait pas qu'il y eût urgence à le détromper.

— Vous ne sauriez croire, continua Sainte-Austreberthe, combien je m'appplaudis maintenant d'avoir employé auprès de vous les bons offices de M. de Mériolle. Pendant quelques jours, j'ai eu des doutes sur la légitimité de ce moyen ; mais je vois que nous nous sommes compris.

En ce moment encore, madame Donis voulut parler, et cependant elle ne le fit pas. Les mêmes raisons qui lui avaient fermé les lèvres quelques secondes auparavant, les lui fermèrent encore. Plus tard il serait temps de s'expliquer. Pour l'heure présente, il suffisait de tenir l'engagement qu'elle avait pris avec Marthe, et cela était assez délicat pour qu'elle ne le compliquât point.

Mais, aux premiers mots, Sainte-Austreberthe lui vint en aide.

— Oui, je sais, dit-il, mademoiselle Marthe me marque une certaine froideur; mais je ne vous fais point responsable de cet accueil, et je ne l'en accuse pas elle-même; c'est ma faute. Mademoiselle Marthe, qui doit savoir le chemin que j'ai suivi pour obtenir sa main, trouve peut-être mauvaise ma façon de procéder. Elle eût voulu sans doute que je m'adressasse à elle tout d'abord, et comme c'est par vous que j'ai commencé, elle a dû être blessée de ce manquement d'égards. Elle m'accuse sans doute d'avoir considéré mon mariage avec elle comme une affaire, et d'avoir cherché à assurer d'abord l'affaire sans me préoccuper de gagner son cœur. C'est là un grief que je trouve chez elle bien légitime, mais il ne m'inquiète point et j'espère le lui faire oublier.

— Peut-être cela ne sera-t-il pas aussi facile que vous croyez.

— Au moins je dois essayer. Mademoiselle Marthe est une jeune fille, et, si j'ose m'exprimer ainsi en parlant d'elle, elle a tous les préjugés des jeunes filles. Elle croit que la vie est faite de poésie, de fictions, de romans, et non de réalités; elle croit que tous ces esprits élevés qui parlent de pureté, d'abnégation et de sentiment à outrance, sont de bonne foi, et ne sait pas que ce sont des farceurs qui se rattrapent dans le particulier de ce qu'ils sont obligés de dire en public.

— Je crois que vous vous trompez sur ce point. Marthe n'est pas la jeune fille romanesque que vous vous imaginez : tendre, oui; sentimentale, oui; mais c'est tout, et encore ce besoin de sentiment est-il chez elle renfermé dans des limites assez étroites. L'exaltation n'est point son fait; c'est une bourgeoise, fille de bourgeois.

— Enfin je dois m'efforcer de faire revenir mademoiselle Marthe des mauvaises impressions que mes premières démarches ont produites. Avec votre aide, j'espère y parvenir. Si, à nous trois, car je veux toujours compter notre ami Mériolle parmi mes alliés, si à nous trois nous n'arrivons pas à la convaincre que ce n'est point « l'affaire » qui a inspiré ma demande, mais le « sentiment, » ce serait véritablement jouer de malheur, et il y aurait là pour moi un mystère que je tiendrais à percer.

M. Donis, en rentrant, mit fin à cet entretien. Pendant tout le reste de la journée, Marthe s'arrangea pour n'être pas seule une minute avec Sainte-Austreberthe.

Cependant, comme de son côté Sainte-Austreberthe cherchait à obtenir un résultat opposé, il arriva un moment où il put se trouver durant quelques instants avec elle, loin de M. Donis, qui les accompagnait.

— Mademoiselle, dit-il, j'ai eu un entretien avec madame votre belle-mère, qui, en quelques mots, m'a expliqué la froideur de votre accueil. Ce qu'elle m'a dit m'a désolé, mais ne m'a pas découragé; je vous aime et ne renoncerai à vous qu'avec la vie.

Marthe ne répondit pas et, sans baisser les yeux, elle le regarda hautaine et dédaigneuse.

— Je dois vous écouter, dit-elle enfin, je vous écoute.

— Je n'ai qu'un mot à dire, et ce mot est une prière; ne me repoussez pas, sans avoir compris les raisons qui ont inspiré mon amour. Je vous aime, parce que vous êtes à mes yeux un modèle d'honnêteté et de droiture. Je n'ai pas eu de mère ; j'ai vécu auprès d'un père qui n'a été pour moi qu'un compagnon de plaisir, et qui ne m'a point donné d'autres leçons que celles qui dirigeaient sa vie. Malgré cette désolation de ma jeunesse, j'aime ce qui est beau et ce qui est bon. Je ne veux pas que ma vieillesse soit celle de mon père, et je veux être estimé par mes enfants. Pour que j'aie cette vie honorable et heureuse, il faut que je sois aidé et accompagné par une femme. Cette femme, je l'ai trouvée en vous, lorsque le hasard, ou plus justement la Providence m'a amené à Bordeaux. Dans ces conditions, vous devez comprendre que je ne peux pas renoncer à vous, et je n'y renoncerai pas. Votre père m'a accueilli, votre belle-mère m'a accueilli, votre famille est déjà la mienne ; j'espère que, vous aussi, vous m'accueillerez.

VII

En disant à madame Donis qu'il n'était point inquiet des sentiments que Marthe lui témoignait, Sainte-Austreberthe n'avait pas dit la vérité.

Il en était au contraire très-inquiet, très-tourmenté, car ils déroutaient entièrement ses prévisions.

Lorsqu'il s'était arrêté à l'idée de devenir le mari de Marthe, il avait cru que les difficultés qu'il pourrait rencontrer se trouveraient surtout chez M. Donis. Il était tout naturel de penser en effet que le riche négociant serait peu disposé à donner sa fille et, en fin de compte, sa fortune, à un homme qui n'avait rien.

C'était en prévision de ces difficultés qu'il avait manœuvré pendant les premiers temps de son séjour à Bordeaux, et c'était pour les neutraliser qu'il avait si laborieusement acquis les concours de Mériolle tout d'abord, celui de madame Donis ensuite, et enfin qu'il avait mis en jeu toutes les intrigues politiques et gouvernementales dont il pouvait disposer. Ces efforts avaient réussi mieux qu'on ne pouvait l'espérer. Mériolle, madame Donis, M. Donis, avaient été successivement gagnés; il ne restait plus que Marthe. Mais elle résistait de telle sorte que par elle seule le succès définitif se trouvait sérieusement compromis. Tout ce qu'il avait fait jusqu'à présent n'était rien.

Dans son plan, il n'avait point calculé sur cette résistance. Ce n'était qu'une petite fille; il n'aurait qu'à paraître pour vaincre. Avec quelques paroles aimables et des yeux doux, il triompherait. Lorsqu'il avait appris l'amour de Marthe pour Philippe, il avait senti que les choses ne se passeraient point aussi simplement qu'il l'avait tout d'abord imaginé; mais il n'avait point été sérieusement effrayé. Il faudrait plus de paroles; les yeux, au lieu d'être doux, devaient être passionnnés, et voilà tout. Il lui avait paru qu'entre Philippe Heyrem, qui n'avait ni élégance ni relations, et lui, la lutte ne devait être ni longue ni douteuse. Marthe était comme toutes les jeunes filles; elle serait séduite par le prestige de la vie parisienne. Que pouvait offrir l'ingénieur qui fût l'équivalent d'une position à la cour?

Mais bientôt il avait fallu en rabattre de cette superbe assurance. La jeune fille n'était point une poupée qui tournait à tous les vents. Elle avait un caractère et une volonté.

Comment la réduire et même comment l'attaquer? Il ne savait quel air jouer pour la toucher? Fallait-il essayer de la douceur? La frayeur ne valait-elle pas mieux au contraire?

Il n'avait aucune idée à ce sujet, et au hasard il allait d'une expérience à l'autre. Il avait essayé de l'intimidation, il était revenu au sentiment; il avait parlé d'amour, il avait risqué des variations sur la vertu. C'était à en perdre la tête. Cette petite fille, avec son calme et sa froideur, le déroutait; devant elle il se sentait gauche et embarrassé. Quelle langue lui parler? Il se croyait également fort sur tous les instruments, mais encore fallait-il savoir lequel choisir; et rien ne venait le guider, tous ceux qu'il avait essayés jusqu'à présent semblaient ne produire aucun effet. Elle le regardait, et au fond de ses yeux naïfs on voyait comme un sentiment d'assurance et de confiance qui était exaspérant.

Les visites qu'il faisait à Château-Pignon étaient pour lui un véritable supplice; lui qui avait fait trembler tant d'hommes et tant de femmes, tremblait presque devant cette enfant.

Et cependant il savait son secret : elle était entre ses mains ; il pouvait la déshonorer et la perdre, et il avait peur d'elle, tandis qu'elle semblait se moquer de lui.

En voyant revenir Heyrem d'Espagne, il avait cru qu'elle voulait le lui opposer, et il avait habilement joué la scène du tir pour l'intimider. Mais précisément Heyrem était parti le lendemain et elle était restée seule, comme pour le défier.

Quelle scène jouer maintenant ?

Il n'avait plus qu'une ressource, qui était de faire agir madame Donis, sous le coup d'une menace directe et précise. Mais, avant d'en venir là, il fallait réfléchir, car c'était jouer le tout pour le tout. Jusqu'à présent, madame Donis avait docilement obéi à ses suggestions ; mais jusqu'à présent il n'avait demandé que le possible. S'il exigeait l'impossible, qu'obtiendrait-il ? En supposant que madame Donis cédât à une menace nettement formulée, que pourrait-elle sur Marthe ? Arriverait-elle à emporter le consentement de M. Donis, malgré le refus de Marthe ? La chose était douteuse ; en tous cas, elle était dangereuse à tenter, et, avant de la risquer, il fallait essayer tous les autres moyens.

Mais lesquels ?

Il revint fort embarrassé à Bordeaux, et comme toujours, lorsqu'il était sous l'obsession d'une difficulté, il s'en expliqua avec M. de Cheylus. La discussion suggère souvent des idées qu'on ne trouve pas dans le calme de la réflexion.

— Croiriez-vous, dit-il, que je me trouve arrêté net par cette petite peste de Marthe ? Rien ne la touche. Le père, la mère sont décidés au mariage ; elle seule me fait une résistance invincible.

— Invincible, une femme !

— Non, une jeune fille, ce qui n'est pas du tout la même chose.

— Pourquoi ne la séduisez-vous pas ?

— Précisément parce qu'elle est une jeune fille. Ah ! si c'était une femme et que je voulusse être son amant au lieu d'être son mari ! Plus je vais, plus je suis convaincu qu'on ne réussit pas ce qui est tout bêtement honnête.

— Ou bien il faut être bête et honnête soi-même.

— Alors, c'est payer trop cher le succès. Si nous étions à Paris, au lieu d'être à Bordeaux, je ne désespérerais pas, tandis qu'ici je suis positivement à bout de ressources.

— Et qui manque à Bordeaux que vous auriez à Paris ?

— Des femmes. Si j'avais une femme sur laquelle il me fût possible d'exercer une pression, comme j'en ai à Paris, Marthe serait à moi.

— Et comment cela, cher ami? Instruisez-moi, je vous prie, car vous êtes véritablement très-instructif, et avec vous on profite toujours. Depuis que vous êtes ici, positivement je me forme.

— Pour avoir une femme, le meilleur moyen, n'est-ce pas, c'est de rester en tête à tête avec elle?

— Ce qui revient à dire que pour vous c'est une affaire d'occasion.

— A peu près. Au contraire, avec une jeune fille, ce n'est pas un tête-à-tête qu'il faut, c'est un tiers. C'est une grande erreur de croire qu'une jeune fille honnête, et je donne à ce mot toute son étendue, se laisse séduire lorsqu'elle est seule avec un homme. Loin de là, elle se tient sur ses gardes, et il est à peu près impossible de la surprendre. Tandis qu'on a de grandes chances pour triompher de sa résistance, si on a pu la faire préparer par une amie intelligente. C'est cette amie qui me manque à Bordeaux, et que j'aurais à Paris. A Paris, j'aurais su introduire cette amie dans la famille Donis, et Marthe maintenant n'aurait plus qu'à m'épouser.

— Parfait, parfait.

— Eh! non, ce n'est pas parfait; car ce n'est que

de la théorie, et dans la pratique, je crains bien qu'elle n'épouse cet ingénieur du diable. Que voulez-vous que je fasse, contre l'inertie d'une jeune fille ? Le père me dit : « Vous n'avez qu'à lui plaire, et elle est à vous. » La fille ne veut pas que je lui plaise. La situation peut ainsi se prolonger indéfiniment ; pour le moment elle traîne en longueur et je commence à trouver qu'elle manque d'intérêt. Nous tournons dans un cercle et il faut en sortir.

— C'est évident, et si je ne peux vous en fournir les moyens, je veux au moins vous rassurer quant à Philippe Heyrem ; je ne crois pas que M. Donis lui donne jamais sa fille.

— Qu'en savez-vous ?

— C'est une conviction qui s'est formée en moi, à la suite de plusieurs conversations avec M. Donis. Jamais il n'acceptera pour gendre un homme qui n'a pas une haute position ; chez lui c'est affaire de principe, de religion pour ainsi dire, et Heyrem n'a pas cette position.

— Et s'il hérite de son oncle ?

— Sans doute cela pourrait changer le sentiment de M. Donis ; mais il faut que l'oncle meure, il faut qu'il laisse sa fortune à son neveu. Cela fait bien des *si*, et Heyrem a tellement conscience du peu de chance qu'il a de réussir, qu'il ne s'est pas prononcé, même depuis que votre mariage le menace. Pour vous, c'est, il me semble, un motif de vous rassurer.

Sainte-Austreberthe resta un moment sans répondre, réfléchissant profondément; enfin, au bout de cinq minutes au moins, il releva la tête :

— Ce que vous me dites, cher ami, m'inspire une idée qui peut, je l'espère, trancher la question.

— Et laquelle ?

— Elle est encore tellement indécise que je vous demande à la garder pour moi ; elle a besoin d'être couvée et amenée à point, car je ne suis pas l'homme de l'improvisation. Aussitôt que je verrai clair dans ma propre tête, je vous expliquerai ce que je vois et vous demanderai conseil.

— Vous savez que je n'insiste jamais. Je crois que j'aurais fait un bon confident de tragédie : on m'appelle, je viens ; on ne me dit rien, je m'en retourne sans demander pourquoi on m'a appelé. Seulement il est entendu que le jour où vous avez besoin de mon intervention, on est certain de me trouver prêt à agir activement. Amitié à part, je vous assure que votre mariage m'intéresse ; c'est quelque chose comme une comédie dont je serais spectateur. A chaque difficulté qui se présente, je me dis : Comment Sainte-Austreberthe va-t-il s'en tirer? D'un côté, l'innocence; de l'autre, l'habileté. Elles sont aux prises. Qui va triompher? C'est fort curieux, je vous assure. Nous voici au troisième acte. Le père est gagné, mais l'héroïne résiste. Comment allez-vous jouer votre quatrième acte? Je ne vois pas ça. La pièce n'est pas finie et je ne lui trouve pas de fin. Ce qui surexcite encore mon intérêt, c'est que j'ai grande confiance en vous. Ce cher Sainte-Austreberthe est bien fin, il va inventer des ressources et mettre en jeu des ressorts que moi, naïf, je ne prévois pas. C'est charmant!

— Ce que j'invente pour le moment, c'est votre intervention.

— Et que dois-je faire? Tracez-moi mon rôle, car je n'en ai pas la moindre idée.

— Votre rôle, non, car il faut que vous trouviez en vous ce que vous devez faire. Seulement je peux vous dire ce dont j'ai besoin.

— Et de quoi avez-vous besoin?

— Il faut que M. Donis soit engagé envers nous, c'est-à-dire envers le gouvernement, de manière à ne pas pouvoir se dégager. En un mot, il faut que, quoi que je risque avec lui, il se trouve si bien lié à nous qu'il ne puisse pas se détacher. Et je vous préviens que ce que je veux risquer est assez grave pour lui imprimer une secousse telle, que les liens les plus solides peuvent se rompre.

— Vous me faites peur, cependant, je ne recule pas. Jusqu'à présent, il est entendu que M. Donis est mon candidat ; mais cela n'est point officiellement connu. J'ai rencontré en lui des résistances, des pudeurs de jeune fille. Il veut être nommé, il brûle de l'être ; seulement il voudrait que son élection se fît sans que la main administrative se montrât dedans. Croiriez-vous qu'il a refusé avant-hier un journaliste que j'avais fait venir exprès de Paris pour lui ! et un bon encore, un des meilleurs pour injurier un adversaire. Il m'a dit qu'il voulait n'être soutenu que d'une façon honnête et avec des procédés courtois. Il faut donc maintenant que je le compromette de telle sorte qu'il soit évident qu'il est non-seulement pour nous un candidat agréable, mais encore un candidat officiel.

— C'est cela même, et il faut surtout qu'il soit bien connu que le gouvernement lui accorde sa protection, parce que j'épouse mademoiselle Donis.

— Cela a déjà été répandu, mais dans quelques jours sera universellement accepté. Je vous demande trois jours. Samedi matin, M. Donis sera si bien accablé sous les faveurs de l'administration qu'il ne pourra pas s'en débarrasser quoi qu'il veuille. A mon tour je vais donc entrer en scène : je commençais à m'ennuyer de ne pas jouer. A samedi !

VIII

Les élections, dans la circonscription où M. Donis se portait, avaient eu jusqu'à ce jour un caractère assez singulier.

Tandis que M. Donis, le vrai candidat du préfet, se présentait en déclinant le concours de l'administration, son concurrent, M. Phocion Latapie, combattu en sous mains par tous les fonctionnaires, affirmait au contraire haut et ferme que ce concours lui était acquis.

Tout autre préfet que le comte de Cheylus eût voulu sortir de cette situation ambiguë; mais, pour lui, il s'en amusait et il y trouvait un inépuisable sujet de plaisanteries avec ses familiers. Il avait joué si souvent la comédie du suffrage universel, qu'il n'y prenait plus intérêt que lorsqu'il pouvait y introduire un élément imprévu. Il en était de lui comme de ces comédiens gâtés par le succès, qui, après avoir tenu sérieusement leur rôle en lui donnant tout ce qu'ils ont d'intelligence et de talent, en arrivent, aux dernières représentations, à se moquer du public et à faire leur propre charge. A ses débuts, il avait acquis une véritable célébrité par la façon habile dont il pétrissait la matière électorale et en tirait ce qu'il voulait. En Normandie et plus tard en Alsace, il avait obtenu, dans ce genre, des succès qui passaient toute mesure, sans avoir éprouvé jamais un seul échec. Il suffisait qu'il mît la main dans une élection pour la faire réussir, quel que fût le candidat qu'il eût choisi ou qu'on lui eût imposé.

A la longue, cette habitude de la victoire l'avait gâté, et il avait apporté dans les élections une nonchalance qu'il n'avait pas dans sa première jeunesse.

— Bah! disait-il lorsqu'on voulait le faire agir, rien ne presse; pendant les derniers jours il sera temps encore.

— Mais ce village vous est hostile.

— Nous le gagnerons : un banquet aux pompiers, une poignée de main émue au curé, une bonne peur au maire, et nous aurons la majorité.

— Notre candidat n'inspire aucune sympathie.

— Qu'importe! le candidat n'est rien, les électeurs ne sont rien, le préfet est tout. Le suffrage universel est un instrument dans lequel le préfet souffle : si le préfet est un artiste, l'instrument lui obéit; s'il n'est qu'un savetier, l'instrument laisse échapper des couacs. J'ai la prétention de n'être pas un savetier.

Une fois qu'il était sur ce sujet, il ne s'arrêtait plus, et il racontait une foule d'histoires pour justifier son assurance. Dans le nombre, il y en avait une qui revenait souvent dans ses récits, parce qu'elle était tout à fait caractéristique :

— Quand j'étais à Strasbourg, disait-il, j'avais pour secrétaire particulier un garçon charmant, qui eût fait un beau chemin dans la politique s'il n'avait point été attaqué au cœur par une maladie qui ne pardonne pas : le sentiment. Malgré toute son intelligence, il avait eu la sottise de mettre sa vie dans l'amour. Il était l'amant d'une femme charmante aussi, qui, bien entendu, était mariée (*Madame Obernin*). Comme tous les amants dans sa situation, il avait besoin de plaire au mari et de lui rendre des services, qui le maintinssent quand même dans la maison. A bout d'expédients, après avoir usé son répertoire, il inventa de faire nommer le mari conseiller général. Il vint me conter son embarras et je l'accueillis à bras ouverts, d'abord parce que j'avais beaucoup d'amitié pour lui, et puis ensuite parce qu'il y avait dans cette manière d'agir, un sentiment politique qui me semblait devoir le débarrasser de quelques préjugés qui auraient entravé sa carrière. Il avait été jusque-là assez grincheux pour les choses de la conscience; il se formait et commençait à comprendre que tout doit céder devant notre intérêt personnel. Seulement une difficulté se présentait : le conseiller général qu'il s'agissait d'abandonner, pour donner sa place au mari protégé par mon secrétaire, était un des plus riches industriels du pays. C'était un de ces Alsaciens qui prennent à cœur d'employer leur fortune au profit de tous : il avait construit des routes à ses frais, bâti des maisons pour ses ouvriers, des hôpitaux, des écoles, des refuges, des auberges pour les ouvriers voyageurs. En un mot, il était estimé de tout le monde, et dans son canton il n'y avait personne qu'il n'eût obligé. Le mari de notre belle dame était au contraire un vrai fils de bourgeois, qui n'avait jamais eu d'autre souci que d'augmenter sa fortune petit à petit, sûrement et par de bons moyens, qui ne pouvaient profiter qu'à lui seul. Dans ces conditions, il était vraiment assez délicat de dire aux électeurs : — Voici un candidat que vous connaissez, que vous aimez, qui a tout fait pour vous. Vous ne le renommerez pas, tout simplement parce que nous n'en voulons plus. Nos raisons sont bonnes ou mauvaises ; nous n'en voulons plus, cela suffit. Au contraire, en voici un autre qui n'a rien fait pour vous et que vous nommerez parce que nous en voulons; nous en voulons, cela suffit. J'essayai de présenter cette objection à mon secrétaire; mais, je vous l'ai dit, c'était un garçon intelligent, qui me connaissait bien.

— Est-ce que vous n'avez pas envie de voir ce que vous pouvez dans ce pays? me dit-il. Pour un joueur tel que vous, il n'y a d'intérêt à jouer qu'avec de mauvaises cartes.

— C'était me prendre par mon faible. Je risquai la partie, et, comme elle était aventurée, j'intervins moi-même dans la lutte : maires, juges de paix, curés, pasteurs, gendarmes, gardes champêtres, gardes forestiers, instituteurs, cafetiers, débitants de tabac, je mis tout le monde en réquisition et jouai le grand jeu. Notre mari fut nommé avec quelques voix de majorité seulement, mais enfin il fut nommé.

Il fallait des conditions de ce genre pour qu'il s'occupât maintenant sérieusement d'une élection ; voilà pourquoi celle de M. Donis piquait sa curiosité. Pour elle, il n'était pas seulement question de bien jouer son rôle de préfet, c'est-à-dire de montrer du zèle et du dévouement en paroles, de manière à renvoyer chaque candidat content ; en réalité, elle l'intéressait, et il prenait un véritable plaisir aux manœuvres des deux concurrents en même temps qu'à l'embarras des maires, qui littéralement perdaient la tête au milieu de cette situation embrouillée.

Ces malheureux maires étaient devenus pour lui un sujet de distraction, et le fidèle Poultier avait l'ordre d'introduire, sans les renvoyer ou les faire attendre, ceux qui appartenaient à ce qu'on appelait « la circonscription Donis. »

— Eh bien, mon cher maire, disait M. de Cheylus quand il voyait un maire entrer, la mine longue et l'attitude gênée, qu'est-ce qu'il y a donc ? Ce n'est pas un malheur qui vous soit personnel, n'est-ce pas ? Madame est en bonne santé ? Et votre petite fille ?

— Je n'ai pas d'enfant, monsieur le préfet.

— Pas d'enfant ! Comment vous n'avez pas d'enfant ? Ce n'est pas ce que la chronique raconte. Enfin, rien de personnel, n'est-ce pas ? Parlez vite, ne me laissez pas dans l'inquiétude : vous savez quelle sympathie j'éprouve pour vous, le premier maire de mon département, car vous êtes le premier, vous savez? pas le second, le premier. Aussi, vous serez le premier décoré, foi de préfet !

A cette promesse chaleureuse, la figure du maire s'épanouissait ; mais, pensant à ce qui l'amenait, elle se rembrunissait aussitôt.

— J'ai vu M. Phocion Latapie, et il prétend que c'est lui qui est le candidat du gouvernement, et que, si on ne vote pas pour lui, ça fâchera l'empereur et ça amènera la république rouge.

— Qu'est-ce que je vous ai dit la dernière fois que j'ai eu le plaisir de vous voir et l'honneur de vous serrer la main ?

— Vous nous avez dit, au maire de Saint-Michel et à moi, que c'était M. Donis qui était le candidat de l'empereur, et ça nous a fait plaisir, parce que M. Donis est un homme pour qui on peut être fier de voter ; tout le monde le connaît, et avec lui on n'est point exposé à s'entendre dire : « Tu sais, ton député, celui que tu nous as tant recommandé, il sera en faillite la semaine prochaine. » Ce qui n'est pas agréable pour un maire qui a sa responsabilité. Mais, tandis que M. Phocion Latapie dit partout qu'il est le candidat de l'empereur, M. Donis, quand on lui demande s'il l'est aussi, répond qu'il ne l'est pas. Lequel croire?

— Vous savez quelle est la première règle de la

politique, n'est-ce pas, mon cher maire? c'est de croire le contraire de ce qu'on nous dit. Appliquez cette règle à l'élection, et vous êtes fixé. M. Latapie dit qu'il est notre candidat, il ne l'est pas; M. Donis dit qu'il ne l'est pas, il l'est. Rien de plus simple.

— Bien sûr; pourtant on ne voit pas bien pourquoi le gouvernement ne se prononce pas franchement.

— Ce que vous dites là est très-profond, et un homme qui voit qu'il ne voit pas est très-fort. Je pourrais vous donner les raisons du gouvernement; mais, comme j'ai confiance en vous, je ne vous les donne pas. Il y a des maires à qui j'ai donné ces raisons, mais ceux-là n'étaient pas les premiers maires de mon département; ils demandaient à comprendre. Est-ce qu'un homme intelligent a besoin de comprendre ce que son gouvernement lui demande? Il obéit et ne raisonne pas.

Comme tous les maires n'étaient pas d'aussi bonne composition et ne se contentaient point de ces explications, d'un autre côté, commes les journaux de l'opposition commençaient à devenir gênants, le préfet fut bien aise d'avoir une occasion pour donner un dénoûment à cette comédie.

Le soir même de son entretien avec Sainte-Austrebertho, il signifia à M. Phocion Latapie son exécution.

— Cher ami, lui dit-il avec son air le plus gracieux et sa voix la plus douce, vous m'avez demandé souvent d'affirmer le rôle de l'administration dans votre élection; le moment est venu en effet où nous devons nous prononcer.

— Ah ! enfin.

— J'ai la douleur de vous annoncer que c'est M. Donis qui sera candidat officiel. Je vous dis cela brusquement, en deux mots, parce que je suis navré d'avoir à vous porter un pareil coup : dans ma longue carrière de préfet, aucune mission ne m'a été plus pénible. Mais que voulez-vous? il le faut. Ce qui jusqu'à ce moment avait suspendu la décision du gouvernement, c'était l'état de votre situation commerciale. Cet état s'est aggravé. Nous ne pouvons pas soutenir officiellement un candidat qui, d'un jour à l'autre, peut être... il faut dire le mot, peut être au-dessous de ses affaires. Pour moi, cher ami, je suis ainsi fait, que je ne peux pas voir le malheur de mes amis, et, lorsque leur ruine est irréparable, j'ai l'habitude de me séparer d'eux immédiatement. Croyez à toute ma sympathie.

— Mes affaires ne sont pas ce qu'on dit; mais vous pouvez me perdre en m'enlevant votre appui.

— Désolé, navré; je n'y peux rien. Voyez le ministre. Pour moi, je vous le répète, je vous promets ma sympathie et je vous promets aussi de ne pas vous combattre; j'appuierai M. Donis, voilà tout.

Pendant un quart d'heure, il prodigua ses consolations à cette malheureuse marionnette; il fut éloquent, il pleura presque, et finalement il s'en débarrassa en l'envoyant à Paris.

Puis, cette exécution accomplie, il s'occupa activement de tenir la promesse qu'il avait donnnée à Sainte-Austroberthe, et le samedi matin, à l'heure de la marée, les gens qui passaient sur le pont de Bordeaux purent voir une flottille de petites embarcations qui sillonnaient la Garonne, allant et venant au milieu des grands navires du quai de Queyries au quai Vertical, des magasins généraux au quai de Bacalan.

Dans ces embarcations, on apercevait des personnages coiffés de casquettes galonnées d'or.

La foule s'arrêta, s'amassa sur le pont et sur le quai. Que se passait-il? Que faisaient donc ces personnages? Leur occupation paraissait inexplicable.

Lorsque leur embarcation s'éloignait de l'endroit où elle s'était arrêtée, on apercevait sur l'eau troublée du fleuve un petit drapeau tricolore flottant au-dessus d'une bouée.

Les journaux de la préfecture donnèrent l'explication de ce mystère : on étudiait l'emplacement des digues qu'on allait construire pour rectifier le cours de la Gironde et permettre aux plus grands navires de remonter à pleine charge jusqu'à Bordeaux, qui allait devenir un Liverpool. Depuis le pont de Bordeaux jusqu'au Verdon, les ingénieurs, les piqueurs, les employés des ponts et chaussées mouillaient aussi partout des bouées ou plantaient des balises.

Enfin on allait bientôt commencer l'exécution du gigantesque projet de M. Donis, — de M. Donis, l'ancien et le futur député de la Gironde, — de M. Donis, le candidat officiel de l'administration.

IX

En apprenant cette nouvelle, M. Donis, qui n'avait été prévenu de rien, accourut à la préfecture.

— Je vois que vous êtes surpris, mon cher monsieur Donis, s'écria le préfet en lui serrant les deux mains; n'est-ce pas que j'ai de l'imprévu et de l'originalité?

— Assurément, mais il me semble que...

— Il vous semble que j'aurais dû vous prévenir et vous consulter, c'est cela que vous voulez dire. Ah! cher honnête homme, que vous êtes naïf!

M. Donis était naturellement sérieux, il aimait peu les plaisanteries, et il ne pouvait pas supporter celles dont il était le sujet. Il prit sa figure des grandes circonstances.

— Allons, ne vous fâchez pas, dit le préfet, et faites-moi l'amitié de croire que, dans cette affaire comme toujours, je n'ai eu en vue que votre intérêt, votre seul intérêt.

— Vous savez que j'ai l'habitude de m'occuper moi-mêmes de mes affaires.

— S'il n'avait été question que d'une affaire commerciale, je n'aurais rien fait sans vous, car vous êtes le premier commerçant du département.

Dans la bouche de M. de Cheylus, on était toujours le premier de son département : le premier maire, le premier curé, le premier commerçant.

— Mais il s'agissait d'une affaire politique, continua-t-il, et en politique je crois avoir une certaine dextérité de main.

— Et d'esprit.

— Mille fois trop aimable ; mais, puisque vous voulez bien me reconnaître quelques-unes des qualités qui font le politique, je dois vous dire que ce sont ces qualités qui m'ont fait agir comme je l'ai fait dans cette affaire. Quel est mon désir et mon but? Vous le savez, c'est que vous soyez mon député. Ce n'est pas d'aujourd'hui que je vous en parle. Si j'avais laissé l'élection se faire naturellement, que serait-il arrivé? Le suffrage universel, livré à lui-même, est capable de tout : M. Phocion Latapie pouvait être nommé. Voyez-vous à quel point ma responsabilité était engagée et les reproches auxquels j'étais exposé de la part du ministre?

— Latapie a été trouvé bon pour faire un député il y a quelques années, pourquoi ne le serait-il plus?

— Il y a quelques années, on a fait une faute en le choisissant pour vous l'opposer; maintenant on ferait une sottise, ce qui pour moi est beaucoup plus grave. Ce n'est pas à vous, président de la chambre de commerce, membre du tribunal, conseil de la banque, qu'il est nécessaire de donner les raisons qui combattent M. Latapie. Dans un mois, dans six mois, il pourrait être un grand embarras pour le gouvernement, qui a la responsabilité morale de ses choix.

— Cet embarras pouvait vous arriver l'année dernière.

— Puisque nous avons eu la chance d'y échapper, nous ne devons plus nous y exposer. Pour cela, il était impossible de garder la neutralité entre vous; d'autant mieux que M. Latapie ne se gênait pas pour dire partout qu'il était notre homme, et ce bruit était confirmé par vos propres paroles, puisque, de votre côté, vous vous défendiez d'être notre candidat.

— Je ne me parais pas de votre appui, voilà tout.

— Notez que je ne vous blâme pas; à votre place, j'aurais très-probablement agi comme vous. Il est plus agréable d'être aimé pour soi-même que pour les beaux yeux de sa cassette; il est aussi plus agréable d'être élu pour son propre mérite que pour celui de l'administration. Et dans votre condition, je comprends très-bien qu'il y avait un orgueuil légitime à dire : J'ai été nommé le jour où le gouvernement a donné la liberté aux électeurs. Malgré l'exemple pernicieux qui pouvait résulter de cette élection, j'étais pour mon compte décidé à donner cette liberté aux électeurs de votre circonscription; mais les menaces de M. Latapie m'ont obligé à intervenir. Si cet honorable homonyme du rival de Démosthène n'a jamais été « la hache » d'aucun discours au corps législatif, il est redoutable dans une élection. Je ne pouvais me laisser battre par lui. Et comme je n'avais qu'un mot à dire pour le réduire à l'impuissance, je l'ai dit. Auriez-vous voulu que pour ménager votre susceptibilité je retardasse l'étude d'un travail que vous avez tant à cœur et qui fera la fortune de votre pays? Non, n'est-ce pas?

— J'aurais mieux aimé que cette étude se fût faite à un moment où il aurait été impossible de la prendre pour une manœuvre électorale.

— Quand même c'en serait une, comment la blâmer? Il est des circonstances, mon cher monsieur Donis, où nous devons sacrifier nos convenances à l'intérêt du pays; vous le savez mieux que personne. Vous êtes victime de votre amour pour la Gironde, mais une victime que je ne peux pas plaindre beaucoup, car si, d'un côté, votre juste amour-propre est fâché, de l'autre votre gloire doit être flattée; aujourd'hui tout le monde sait que si Bordeaux devient jamais un vrai port de mer, c'est à vous qu'il le devra. Qui m'eût dit il y a quelques mois que Saint-Austreberthe serait l'instrument dont la Providence se servirait pour accomplir ce miracle? Comme les choses les plus éloignées les unes des autres s'enchaînent! L'amélioration de la Gironde, votre élection et le mariage de mademoiselle Marthe avec notre ami, tout cela ne fait plus qu'un maintenant.

— J'aurais voulu que ces trois choses restassent séparées.

— Je le pense bien, et c'est pour cela précisément que je ne vous ai pas consulté pour annoncer publiquement, que vous étiez le candidat du gouvernement. Si je préviens M. Donis, me suis-je dit, il se défendra, et, entraîné par mon amitié pour lui, j'aurai peut-être la faiblesse de lui céder. Cette faiblesse pourra nous coûter cher, ne nous y exposons pas. Et comme il y avait urgence, j'ai agi, certain d'avance que vous ne me démentiriez pas.

— Vous avez eu raison ; seulement je me trouve obligé maintenant à me donner moi-même une sorte de démenti. Après avoir dit que je me présentais sans le concours du gouvernement, je dois reconnaître aujourd'hui que je profite de ce concours. Cela manque de loyauté ou tout au moins de franchise, et je n'aime pas cela.

— Comment cela! Quoi de plus loyal que votre conduite? Dites les choses telles qu'elles se sont passées, mon cher député, et personne ne pourra vous blâmer. Vous ne vouliez pas de l'appui du gouvernement, c'est le préfet qui vous l'a imposé. Chargez-moi, appelez-moi de tous les noms qui vous passeront par l'idée, peu importe, j'ai bon dos et j'en ai vu bien d'autres. De mon côté, je ferai un récit conforme au vôtre, en expliquant comment et pourquoi je vous ai choisi, et les raisons ne me manqueront pas : n'êtes-vous pas le premier négociant de Bordeaux, le promoteur des travaux de la Gironde? ne mariez-vous pas votre fille au fils d'un des personnages les plus importants de la cour? De ces divers récits, il résultera un fait certain, c'est que vous avez été choisi comme candidat officiel sans l'avoir désiré ou demandé, et il n'y a pas beaucoup de vos confrères qui puissent en dire autant. Croyez-en un vieux préfet qui a l'expérience du sujet. Vous êtes un phénix, mon cher monsieur Donis.

— Ainsi envisagée, la question change de face.

— Et vous voyez, n'est-ce pas, que je me suis conduit envers vous comme un véritable ami. Maintenant restez chez vous et n'ayez plus souci de rien; vous êtes député; votre affaire est dans le sac, ou plus justement vos bulletins de vote sont dans la soupière.

M. Donis revint chez lui dans des dispositions autres, que celles qui l'avaient fait sortir pour aller demander une explication au préfet.

Sans doute il eût préféré n'être point candidat officiel et ne devoir le vote de ses électeurs qu'à leur confiance et à leur estime : il lui semblait qu'il était digne de cette distinction, et qu'il avait assez fait pour la mériter.

Mais, d'un autre côté, la façon dont la candidature officielle lui était imposée à son insu, avait quelque chose de tellement honorable, qu'il ne pouvait pas s'empêcher d'en être flatté. Quoi qu'on en pût penser dans le public, il avait la conscience de n'avoir rien fait pour obtenir le concours de l'administration, et cela suffisait à sa fierté. Ce n'était pas lui qui avait besoin du gouvernement, c'était au contraire le gouvernement qui avait besoin de lui. Les blessures qu'il avait reçues autrefois trouvaient là une ample réparation, assez grande et assez belle pour contenter les plus difficiles.

En rentrant, il trouva Sainte-Austreberthe qui l'attendait, et comme il était dans des dispositions d'humeur où la vue du vicomte ne pouvait que lui être très-agréable, il marcha à lui, souriant et les mains ouvertes.

Mais il s'aperçut bien vite que Sainte-Austreberthe devait être sous le coup d'une sérieuse préoccupation ; sa figure était sombre, son attitude gênée.

— Que se passe-t-il donc? demanda M. Donis; mais je suis peut-être indiscret de vous faire cette question, pardonnez-moi.

— Vous m'encouragez au contraire, car je suis venu pour vous entretenir d'un sujet qui m'est si douloureux, que, sans votre interrogation, je n'aurais peut-être pas osé l'aborder. Mais avant tout je veux vous remercier de l'accueil que vous m'avez fait; le souvenir de votre bienveillance et de votre sympathie, quoi qu'il puisse arriver, restera à jamais enfermé là.

Sainte-Austreberthe se frappa la poitrine, tandis que M. Donis le regardait avec stupéfaction.

— Vous m'avez autorisé, dit-il, en continuant, à toucher le cœur de mademoiselle Marthe. Je n'ai point réussi.

— Il me semble, interrompit M. Donis, qu'il n'y a pas là de quoi vous désoler; vous avez à peine vu Marthe, et elle ne vous connaît pas.

— Ces paroles que vous me dites sont justement celles que je me répétais encore ce matin; mais maintenant je ne peux plus me complaire dans ces illusions de mon amour, il faut que la vérité se fasse.

— Quelle vérité? Et sur quoi, sur qui voulez-vous qu'elle se fasse !

— Si pénible qu'il me soit de répéter ce que j'ai appris, il le faut, n'est-ce pas? Il paraît que M. Philippe Heyrem aime mademoiselle Marthe.

— Heyrem ! Allons donc ! C'est donc cela...

Mais M. Donis s'arrêta, et Sainte-Austreberthe reprit :

— Mademoiselle Marthe aime-t-elle M. Heyrem, je n'en sais rien; mais cela est posssible, et cet amour m'expliquerait la froideur qu'elle me témoigne. Si cet amour existe, je n'ai qu'à me retirer, malheureux et désolé, après vous avoir rendu votre

parole; si, au contraire, il n'y a d'amour que chez
M. Heyrem, je puis encore espérer. Voilà la vérité
que je dois savoir et que je viens vous demander.

M. Donis resta assez longtemps sans répondre,
la tête baissée; quand il la releva, sa face était pâle
et ses lèvres tremblaient.

— Ce qui se passe dans le cœur de ma fille, dit-il,
je n'en sais rien, mais je le saurai; seulement ce
que je puis vous affirmer en attendant, c'est que
M. Heyrem ne sera jamais mon gendre; vous entendez, jamais! Heyrem! Heyrem!

Et de sa main il frappa son bureau d'un coup
qui fit voler les papiers.

Il y eut encore un long intervalle de silence, que
M. Donis rompit le premier.

— Comment donc avez-vous connu cet amour de
M. Heyrem, que moi je ne soupçonnais pas? dit-il.

— Si vous l'exigez, je vous le dirai; car dans un
pareil sujet vous avez le droit de tout savoir; cependant je demande à votre délicatesse de ne pas me
questionner, car j'ai promis le secret. Il m'en coûterait beaucoup de manquer à mon engagement;
je ne le ferai que si vous m'y obligez.

— Gardez votre engagement. Ma fille parlera;
alors même qu'elle aimerait M. Heyrem, ce que je

ne peux pas croire, elle ne le cacherait pas, elle est incapable de tromper.

— J'en suis convaincu, et je crois qu'il vaut beaucoup mieux que vous sachiez tout de sa propre bouche.

— C'est ce que je veux. Je vais partir immédiatement pour Château-Pignon. Vous deviez venir demain ; je compte sur vous.

— Ne vaudrait-il pas mieux que je remisse ma visite ?

— Non ; Marthe aura parlé ce soir, et demain vous saurez ce que vous voulez apprendre. A demain, monsieur le vicomte.

Et comme Sainte-Austreberthe s'était levé, M. Donis alla à lui.

— Votre main, et, quoi qu'il arrive, comptez que vous aurez toujours en moi un ami.

— C'était un père que j'espérais.

— Espérez toujours.

X

Jamais M. Donis n'avait trouvé si longue la distance qui sépare Bordeaux de Château-Pignon. A chaque instant, il se penchait en avant, et, d'une voix impatiente, il répétait toujours le même mot à son cocher :

— Vous ne marchez pas; allez donc, Pierre !

Et alors celui-ci, tournant légèrement la tête et, du haut de son siége, abaissant ses yeux dans la voiture, se demandait d'où pouvait venir un pareil empressement. Puis, pour concilier ce qu'il devait à son maître et ce qu'il devait à ses bêtes, il touchait légèrement ses chevaux du bout de son fouet, tandis que de la main gauche il les retenait. C'était un homme qui avait des principes et faisait tout correctement : il ne pouvait pas ainsi changer l'allure de ses chevaux. Il ne répliquait pas à M. Donis, car cela n'eût pas été convenable ; mais il continuait d'aller du train qu'il croyait devoir aller : il connaissait son métier peut-être.

A moitié route à peu près, au haut d'une petite montée, il était d'habitude d'arrêter les chevaux durant quelques minutes, pour les laisser souffler. Alors une vieille femme boiteuse, qui demeurait dans une mauvaise bicoque bâtie sur le bord du chemin, sortait de chez elle et venait tendre la main dans la voiture. Jamais, depuis de longues années, M. Donis n'avait manqué de lui faire l'aumône d'une petite pièce blanche, et quand madame Donis et Marthe l'accompagnaient, elles joignaient leur offrande à la sienne. C'était de cette petite rente que la pauvre vieille vivait.

Ce jour-là, comme tous les jours, les chevaux, fidèles à leur habitude, allaient s'arrêter, mais M. Donis, tiré de ses réflexions par le changement d'allure, se pencha encore en avant et, de la même voix impatiente, répéta son même mot :

— Allez donc, n'arrêtez pas.

Il n'y avait qu'à obéir, et Pierre était trop bien élevé pour raisonner ; mais, tout bas, il se dit que si son maître « avait des connaissances en affaires, il n'en avait pas en chevaux. »

Enfin, on arriva à Château-Pignon.

Marthe, précisément, se promenait dans cette

partie du jardin qui borde de ses taillis le chemin des voitures; en entendant le bruit des roues sur le gravier, l'idée lui vint que c'était Philippe qui arrivait.

Pourquoi Philippe plutôt qu'un autre ? Parce qu'elle aimait Philippe et non un autre. Nos pressentiments ne sont-ils pas faits de nos désirs ? Philippe était parti depuis bientôt huit jours ; il avait dû recueillir sur Sainte-Austreberthe les renseignements qu'il voulait. Elle allait être débarrassée du vicomte : ils allaient s'aimer comme autrefois, en attendant le jour où la lettre de Bourbon leur permettrait de s'aimer librement.

Elle courut vivement au chemin. La voiture n'était pas encore en vue, mais on l'entendait venir. Au bruit, elle crut reconnaître la voiture de son père ; mais c'était impossible, M. Donis ne devait revenir que le dimanche matin. Si c'était le vicomte ! A cette pensée, elle rentra sous le feuillage. La voiture parut.

Ce n'était point Philippe, ce n'était point le vicomte, c'était son père.

Elle avait été folle de penser à Philippe, il ne pouvait pas arriver à pareille heure.

Alors, sortant du taillis, elle agita son mouchoir, car, la première impression de déception passée, elle était heureuse de revoir son père.

Le cocher arrêta ses chevaux, et elle se prépara à monter en voiture : c'était presque comme au temps où, petite fille, elle venait au-devant de son père pour avoir le plaisir de faire un bout de chemin en voiture sur ses genoux.

Mais ce fut lui au contraire qui descendit.

Elle l'embrassa tendrement.

— Sais-tu que tu deviens l'homme des surprises? dit-elle. Tu ne devais revenir que demain.

— J'ai à te parler.

Alors elle remarqua sa préoccupation, que tout d'abord elle n'avait pas vue.

— Philippe a envoyé ses renseignements, se dit-elle ; M. de Sainte-Austreberthe est mort.

Cette idée la mit de belle humeur.

— Eh bien ! parle, dit-elle ; je t'écoute en fille soumise, et, si tu me dis que je dois renoncer à l'honneur d'être la vicomtesse de Sainte-Austreberthe, je te promets de t'obéir sans répliquer. Si tu savais comme je serais heureuse !

Elle s'approcha de lui pour lui prendre le bras, mais il la repoussa.

— Ce n'est pas de M. de Sainte-Austreberthe qu'il est question, c'est de M. Heyrem.

A la façon dont M. Donis prononça « monsieur Heyrem, » Marthe comprit que le moment décisif était arrivé. Son père savait tout. Mais cette pensée ne l'épouvanta point. Tant mieux au surplus. Elle ne pouvait plus s'enfermer dans le silence qui l'étouffait et l'humiliait. Elle avait honte de ne pas tout dire à son père. Si l'heure était sonnée de parler, c'était bien. Elle lutterait ouvertement.

M. Donis s'arrêta et, la regardant en face :

— Est-ce vrai, dit-il, que M. Heyrem a de l'amour pour toi ?

Elle attendait cette question ; cependant elle en fut troublée jusqu'au plus profond de l'âme, et un flot de sang empourpra son visage. Pourquoi son père la regardait-il ? Pourquoi ne lui faisait-il pas la grâce de baisser les yeux ?

— Tu ne réponds pas, dit-il d'une voix qui se fâchait.

— C'est vrai, dit-elle à voix basse.

— Vrai ! c'est vrai ? Il a osé... tu sais qu'il t'aime, l te l'a dit ?

— Il me l'a dit !

— Et toi ?

— Moi, je l'aime.

Elle dit ces trois mots d'une voix presque ferme et la tête levée ; mais, devant le regard de son père, elle la baissa. Il était si irrité, ce regard, ordinairement si doux et caressant, il était si plein de colère et de menace, qu'elle eut peur.

— Cher papa! dit-elle.

— Laisse-moi, ne me parle pas; ne vois-tu pas que je me fais violence pour ne pas me laisser emporter? Marche près de moi, je te parlerai tout à l'heure.

Jamais elle n'avait vu son père dans cet état de fureur : ses lèvres s'agitaient sans former des mots suivis.

— Ma fille, ma fille! disait-il.

Mais ces paroles, les seules intelligibles, n'avaient rien de tendre; c'étaient plutôt des exclamations d'étonnement et d'indignation.

Ils marchèrent ainsi durant quelques minutes, puis M. Donis s'arrêta.

— Maintenant, dit-il, il faut me raconter comment cet amour s'est formé, et il faut le faire franchement, sans détour, sans mensonge.

— Oh! père, est-ce que je t'ai jamais trompé?

— Je te croyais incapable de tromper; maintenant tout est possible. Parle et ne cache rien.

— Quand M. Heyrem a commencé à venir régulièrement ici, je n'ai pas fait attention à lui plus qu'aux autres personnes que tu reçois; c'est seulement à la longue qu'il m'a paru être au-dessus des autres. Tu avais plaisir à t'entretenir avec lui; quand il était parti, tu faisais sans cesse son éloge; il était bon pour toi, plein de respect, de prévenance, et puis il parlait de sa mère avec une tendresse qui touchait le cœur. Il me plut, et quand je trouvais ses yeux attachés sur les miens, cela me rendait heureuse; mais je ne croyais pas qu'il m'aimât et je ne me disais pas que je l'aimais. Je ne pensais pas à cela; seulement j'avais plaisir à le voir arriver et plaisir aussi à voir que tu cherchais à te trouver avec lui. Tu dois te souvenir des soirées que nous avons passées tous les trois; vous parliez des travaux de la Gironde, je vous écoutais.

— Il spéculait sur ma préoccupation pour s'approcher de toi; pendant que je lui expliquais mes idées, il te regardait, il te parlait sans doute.

— C'est plus tard qu'il m'a parlé. Un jour il m'a dit qu'il m'aimait et il a compris que je l'aimais.

M. Donis s'arrêta et, prenant sa fille par le bras, il la fit se tourner vers lui de manière à la voir en pleine figure. Durant quelques secondes il la regarda longuement, puis lui abandonnant le bras :

— Et alors, dit-il, au lieu de venir me demander ta main, il a continué à se faire aimer de toi.

— Il voulait t'adresser cette demande; mais, comme il connaissait tes idées, il a eu peur, lui qui était sans fortune et sans position, d'être refusé. Alors sa mère est partie pour Bourbon, pour tâcher de sauver la fortune de son oncle, qui est considérable. Une fois maître de cette fortune, Philippe devait te parler. D'un moment à l'autre, nous attendons une lettre qui doit nous annoncer que Philippe est l'héritier de son oncle. Voilà la vérité, toute la vérité.

— La vérité, pour toi peut-être, car j'espère que dans ta faute tu n'as pas perdu le respect de toi-même, ta franchise et ta sincérité d'enfant; mais ce n'est pas la vérité pour moi. M. Heyrem, qui poursuit la fortune de son oncle à Bourbon, poursuit la mienne à Bordeaux; par l'une il espère gagner l'autre, et voilà pourquoi il a trouvé avantageux de te séduire.

— Oh! père!

— Et de quel autre mot veux-tu que j'appelle sa façon d'agir? Il s'est introduit près de nous adroitement, il a flatté mes idées; pendant que je l'écoutais il s'est fait aimer de toi, espérant nous mettre dans une situation où il nous serait impossible de le refuser. Cela est d'un lâche et d'un voleur : après avoir spéculé sur ma faiblesse, il a spéculé sur ta jeunesse et ton innocence.

— Oh! père, je l'aime!

— Non, tu ne l'aimes pas, tu ne peux pas l'aimer. Qu'a-t-il pour te plaire? A-t-il de la jeunesse, de l'élan, de la générosité? N'est-il pas au contraire toujours roide, mécontent, prêt à juger tout le monde du haut de sa supériorité et de son honnêteté? Sais-tu ce qu'il fait, ce héros d'amour, au moment où tu es demandée en mariage par un rival? Au lieu de rester ici pour te défendre bravement, il est à Paris, où il tâche de mettre en jeu des moyens adroits pour combattre ce rival, sans s'exposer? Ce matin j'ai reçu une lettre de lui, pleine d'insinuations contre M. de Sainte-Austreberthe; il m'annonce des choses terribles, mais il se garde bien de les préciser.

— C'est moi qui l'ai envoyé à Paris; je ne voulais pas qu'il restât exposé à une provocation de M. de Sainte-Austreberthe, et je voulais en même temps qu'il te fît connaître celui-ci. S'il y a un coupable, c'est moi; ce n'est pas lui.

— Que tu sois coupable, cela est malheureusement vrai; mais le principal, le grand coupable, l'initiateur du mal, c'est lui. C'est lui qui a profité de mon amitié pour te tromper et prendre ton cœur. Est-ce que s'il avait été un homme loyal, n'ayant que des intentions loyales et droites, il n'aurait pas commencé par s'adresser à moi, le jour où il a senti qu'il t'aimait? Est-ce que l'amitié que je lui témoignais ne lui rendait pas cette démarche plus facile qu'à tout autre? Ce n'est pas ce qu'il a fait. Il savait que je le refuserais, il a voulu forcer son mariage en te séduisant ; il ne sera jamais ton mari.

— Ne dis pas cela, je t'en supplie ; nous avons été coupables, cela est vrai, mais pas autant que tu le crois. Je t'expliquerai...

— Mais, malheureuse enfant, ton aveuglement aggrave sa faute et me prouve toute l'habileté de son calcul ; tu vois bien que tu le défends parce que tu es trompée.

— Je le défends parce que je l'aime.

Ce mot ainsi répété fit perdre à M. Donis la contrainte qu'il s'imposait à grand'peine.

— Ne dis pas que tu l'aimes, s'écria-t-il avec violence, car il ne sera jamais ton mari et tu ne le reverras jamais. Je le chasse d'ici comme un misérable et un voleur.

— Tu peux le chasser, tu ne peux pas m'empêcher de l'aimer.

— C'est un soin dont se chargera M. de Sainte-Austreberthe, car c'est lui qui sera ton mari, et il saura bien te garder contre les entreprises de M. Heyrem.

Ils étaient arrivés au château ; tandis que M. Donis entrait au salon, Marthe monta à sa chambre, bouleversée, éperdue.

XI

Marthe était femme : forte et résolue dans la lutte, elle redevenait faible lorsque le danger était passé et alors elle subissait l'influence toute-puissante de ses nerfs.

Avec son père, elle avait tenu bon, disputant le terrain pied à pied, se défendant quand même ; après l'avoir quitté à la porte du salon, elle avait encore monté l'escalier à pas compté, avec l'apparence du calme. Mais, lorsqu'elle fut enfermée dans sa chambre, portes et fenêtres bien closes, elle se jeta sur un fauteuil.

C'était fini, elle ne le verrait plus.

Elle connaissait son père et savait qu'il ne revenait jamais sur ce qu'il avait dit. Qu'il eût tort ou qu'il eût raison, qu'il gagnât ou qu'il perdît, il s'en tenait rigoureusement à sa parole, et comme avec cela il avait une mémoire sûre, n'oubliant jamais rien, ce qu'il avait dit, il le faisait, coûte que coûte. Ce qui chez lui avait été tout d'abord un principe était devenu à la longue, et par l'exagération naturelle de l'habitude, une manie qu'il portait dans les grandes comme dans les petites choses.

— Allez, allez, disant-il quand on le plaisantait à ce sujet, riez, je ne me fâcherai pas. Seulement citez-moi beaucoup de négociants dont la parole soit acceptée comme un billet : moi, je n'ai jamais fait de billets. Tout le monde sait que quand j'ai dit : « Je paye le 31, » on peut se présenter le 31.

Avec un pareil caractère, il était certain que la condamnation prononcée contre Philippe serait irrévocable; explications, raisons, prières, M. Donis ne voudrait rien entendre : « il avait dit. » Il avait dit que Philippe ne serait pas son gendre, rien ne ferait que celui-ci le fût ; il avait dit que Sainte-Austreberthe le serait, rien ne ferait que celui-ci ne le fût pas. On pouvait l'attaquer par tous les côtés, le prendre par la persuasion ou la tendresse, la tête ou le cœur ; il ne se laisserait ni convaincre ni émouvoir, et répéterait toujours : « J'ai dit, il faut que cela soit. »

La cloche du dîner vint surprendre Marthe au milieu de son désespoir. Elle n'avait pas conscience du temps qui s'était écoulé depuis l'arrivée de son père; elle ne pensait plus, elle ne savait plus, elle était écrasée.

La sonnerie de la cloche la rappela à la réalité: il fallait descendre. Machinalement elle se leva; mais elle était brisée, ses jambes fléchirent, et elle sentit que sa tête était lourde et vacillante.

Il fallait se remettre cependant, réagir contre cet anéantissement, ressaisir sa raison et descendre. Sans doute, il le fallait; mais elle ne le pouvait pas car plus elle faisait d'efforts pour fixer son esprit sur cette nécessité, plus ses idées se confondaient. Elles passaient dans sa tête comme des éclairs dans un orage; une lueur l'éblouissait, et instantanément elle retombait dans l'ombre noire, et toujours au cœur, elle sentait un coup sourd qui frappait et refrappait sans cesse : c'était fini, elle ne le verrait plus.

Dans la confusion de ses sensations douloureuses il lui sembla qu'on grattait à la porte de sa chambre : la honte d'être surprise en cet état de prostration lui donna une secousse. Elle fit quelques pas vers cette porte.

— Mademoiselle est-elle malade? demanda la voix de Clara.

— Non.

— On attend mademoiselle pour dîner.

— C'est bien.

Le temps marchait donc bien vite ; il lui semblait que la sonnerie venait de cesser. Son père et sa belle-mère l'attendaient ; comment paraître devant eux, devant elle, la figure luisante de larmes, les yeux rougis ?

Elle se plongea la tête dans l'eau, mais le remède ne fut point efficace : les traces de larmes disparurent ; la bouffissure du visage, la rougeur des paupières, ne s'effacèrent point. En un tour de main, elle arrangea ses cheveux ébouriffés, et elle descendit; sous ses pas, les marches de l'escalier s'enfonçaient.

Son père, sa belle-mère, étaient à table, et le maître d'hôtel, en habit noir, en cravate blanche, se tenait debout, immobile et majestueux devant le dressoir prêt à servir le potage : le regard qu'il abaissa sur Marthe était indigné et disait clairement qu'il ne comprenait pas que dans une honnête maison, une jeune fille se permît de faire attendre ainsi ses parents. Il avait été habitué à voir mieux respecter les idées de famille chez le comte de Charraynac et chez le marquis de Poligny, mais c'étaient des gens de race et non des bourgeois parvenus.

— Nous t'attendons, dit M. Donis d'une voix sévère.

— Je vous demande pardon, je n'avais pas conscience de l'heure.

Ce n'était pas une excuse pour M. Donis ; mais il ne poussa pas plus loin sa réprimande, car il ressentait une sorte de respect pour ce majestueux maître d'hôtel, qui, à ses yeux, représentait le monde, et devant lui il avait toujours peur de faire quelque chose qui ne fût pas conforme aux usages. Il n'avait pas été élevé à manger ainsi en représentation, et, bien qu'il fût fier de le voir présider au service de sa table, il était quelquefois gêné par son regard. Alors il se disait qu'il payait peut-être un peu cher l'honneur d'avoir chez lui un pareil personnage, gai comme un commissaire des morts, et que ses déjeuners à son comptoir, au milieu de ses commis, avec un morceau de pain et de fromage, étaient plus agréables que ses dîners à son château, sous la surveillance de son maître d'hôtel. Mais, quand ces idées lui traversaient l'esprit, il les chassait bien vite, pour revenir à celles que sa position lui imposait. Où irait la société si on n'acceptait, des devoirs et des usages, que ceux qui nous sont agréables ?

Sans madame Donis, le dîner se fût écoulé silencieux et lugubre ; mais elle entretint la conversation à elle seule, et tandis que le père et la fille faisaient semblant de manger pour dissimuler leur émotion, elle paraissait plus libre, plus gaie qu'à l'ordinaire. Malgré son trouble, Marthe remarqua ce changement dans les manières de sa belle-mère; mais elle était trop profondément absorbée dans sa préoccupation douloureuse pour en chercher la cause. Que lui importait d'ailleurs qu'elle fût triste ou qu'elle fût joyeuse ?

Il était de règle qu'après le dîner M. Donis prenait son café sous la verandah; tandis que Marthe se mettait au piano dans le salon, lui faisait de la musique jusqu'au moment où il l'appelait.

Elle n'osa pas manquer à la règle établie, et, en sortant de table, elle alla s'asseoir devant son piano; puis, après avoir ouvert un morceau, elle se mit à jouer. Que jouait-elle ? Elle n'en savait rien ; les notes dansaient devant ses yeux, elle faisait du bruit.

Cependant il y avait ce bon côté dans sa cruelle situation, qu'elle était seule, et que pourvu qu'elle frappât les touches de ses doigts, elle pouvait ne plus se contraindre comme à table. Alors elle laissa couler les larmes qui l'étouffaient, et elle en éprouva une sorte de soulagement ; ses pleurs tombaient sur ses mains en grosses gouttes chaudes. Quelqu'un qui l'eût vue ainsi eût été touché · car, par une ironie du hasard, la musique qu'elle jouait était gaie et dansante.

Tout à coup elle entendit derrière elle la voix de sa belle-mère :

— Vous pouvez ne plus jouer, dit madame Donis ; votre père est parti faire sa promenade dans le jardin.

Mais Marthe ne s'arrêta point ; car elle eût été forcée de se retourner, et elle ne voulait pas montrer son visage baigné de larmes.

Alors madame Donis s'approcha d'elle et lui mettant la main sur l'épaule :

— Pourquoi ne m'avez-vous pas tout dit, chère enfant, lors de notre entretien ?

Marthe oublia ses larmes et se retourna vivement : sa belle-mère savait qu'elle aimait Philippe ! Ce fut une nouvelle blessure s'ajoutant à celles qui l'avaient déjà frappée ; cet amour qu'elle avait caché au plus profond de son âme, tout le monde le connaissait et s'en occupait.

— Le hasard a livré ce secret, continua madame Donis, et cela est très-fâcheux ; car nous eussions pu peut-être disposer votre père à l'accueillir sans colère, tandis que maintenant il sera impossible de le faire revenir sur son premier sentiment.

— Impossible ? dit Marthe, sans trop savoir ce qu'elle disait.

— Vous savez bien que votre père est l'esclave de ses premières impressions ; il me semble que vous avez eu grand tort de refuser obstinément la porte que je vous ouvrais.

Marthe ne répondit pas. Ce n'était pas de savoir si elle avait eu tort ou raison qu'elle avait maintenant souci : c'était du présent, c'était de l'avenir.

— Ce que je vous ai demandé, dit elle enfin, je vous le demande encore : sauvez-moi de M. de Sainte-Austreberthe. Il doit venir demain, obtenez de mon père que je ne le voie pas.

— Cela est impossible ou tout au moins impossible pour moi, et si quelqu'un peut l'obtenir, c'est vous seule. Adressez-vous à votre père ; le voici justement. Je vous laisse ensemble, parlez-lui.

Par la fenêtre du salon, Marthe vit son père rentrer dans la verandah et s'asseoir ; il prit un journal et parut vouloir le lire. Alors elle sortit du salon et se dirigea vers lui ; mais, au bruit que faisaient ses pas sur les nattes de jonc, il ne leva pas la tête, et ce fut seulement lorsqu'elle fut contre lui qu'il la regarda.

Alors elle s'agenouilla devant lui, et lui prenant la main dans les siennes :

— Oh ! père, dit-elle, je t'en supplie, pardonne-moi la peine que je te cause.

Elle le prit dans ses bras, et, se relevant, elle l'embrassa.

— Tu as réfléchi à ce que je t'ai dit? demanda-t-il.

— Réfléchi, non, dit-elle ; j'ai pleuré, mais je réfléchirai, si tu le veux. Seulement, je t'en prie, permets-moi de rester demain dans ma chambre ; je serai malade, tout ce qu'on voudra. Dispense-moi de recevoir M. de Sainte-Austreberthe, je ne pourrais pas le voir: c'est plus fort que moi, plus fort que ma volonté de ne pas te peiner.

— As-tu oublié ce que je t'ai dit ?

— Non, oh ! non.

— Eh bien ! alors tu sais que je ne reviens jamais sur ce que j'ai dit.

— Je t'en prie !

— Tu m'as déjà fait beaucoup de peine, ne m'en fais pas de nouveau ; épargne-moi au moins le chagrin d'une discussion. Qui m'eût dit, quand tu étais petite, docile et caressante, que je trouverais un jour en toi une volonté hostile à la mienne? Oh ! les enfants !

Il se leva et sortit de la verandah pour se promener en long et en large.

Au bout de quelques instants, madame Donis revint, et alors il rentra.

Marthe étouffait, il lui semblait que sa tête allait éclater. Elle fit bonne contenance aussi longtemps qu'elle put; mais il vint un moment où les efforts qu'elle faisait pour se contenir furent impuissants. Alors elle s'approcha de son père :

— Veux-tu me permettre de me retirer dans ma chambre? dit-elle.

— Etes-vous malade? demanda madame Donis.

— Malade, non; mais je ne me sens pas bien.

— Laissez-la aller, dit M. Donis en s'adressant à sa femme. Puis, d'une voix adoucie et se tournant vers sa fille : Bonsoir, mon enfant.

Comme tous les soirs, elle se pencha sur lui et l'embrassa au front; mais lui, comme tous les soirs, ne la prit point dans ses bras pour lui rendre son baiser.

Madame Donis fit quelques pas avec elle.

— Eh bien? dit-elle à voix basse.

— Rien, je n'ai pu rien obtenir.

— Alors il faut vous résigner à la journée de demain, car je ne réussirai pas mieux que vous.

Se résigner à la journée du lendemain; non, mille fois non. Voir Sainte-Austreberthe, entendre ses paroles d'amour, jamais. Plutôt que de subir ce supplice et cet outrage, elle aimait mieux quitter cette maison, s'enfuir, se sauver n'importe où.

XII

C'était sous le coup du désespoir que cette idée de fuite avait jailli dans la tête de Marthe.

Elle s'était présentée tout d'abord indécise et vague, mais la réflexion lui donna une forme, et ce qui n'avait été qu'une lueur fugitive devint bien vite une lumière fixe qui éclaira son esprit.

Oui, elle devait fuir; elle le devait pour échapper à la présence de Sainte-Austreberthe, dont les paroles et les regards la blessaient dans ses sentiments les plus délicats; elle le devait encore par respect pour son amour. Que penserait Philippe, que souffrirait-il, séparé d'elle, lorsqu'il la saurait exposée aux entreprises de son rival? Elle ne pouvait pas lui imposer une pareille douleur. Partie de ce point, elle alla vite sur ce chemin, et ce fut seulement lorsqu'elle fut arrivée au bout qu'elle revint en arrière, ramenée par la loi naturelle de la réaction. Fuir, c'était bien pour elle et pour Philippe; mais pour son père!

Alors un terrible combat se livra en elle : d'un côté, l'horreur que lui inspirait Sainte-Austreberthe et son amour pour Philippe la poussaient à fuir; d'un autre, sa tendresse pour son père et le respect du monde la retenaient. Hésitante, irrésolue, elle alla ainsi d'une idée à l'autre, décidée un moment à partir, décidée, la minute d'après, à rester, passant par les plus cruelles alternatives, car les raisons pour l'un comme pour l'autre parti étaient successivement toutes-puissantes dans son cœur. Quel coup pour son père, si le lendemain elle n'était pas là pour l'embrasser! Quelle douleur pour Philippe, s'il était obligé de rester loin d'elle, livré aux inquiétudes et aux tortures de la jalousie! Quelle honte pour elle, quel supplice, si elle devait être exposée chaque jour aux hommages de M. de Sainte-Austreberthe!

Concilier toutes ces difficultés d'une situation arrivée à une phase décisive était impossible : il fallait les trancher, mais comment et dans quel sens?

Elle avait dans sa chambre un portrait de sa mère. Ce portrait, œuvre assez médiocre d'un peintre de Bordeaux, avait autrefois occupé la place d'honneur dans le salon; mais, lors du second mariage de M. Donis, il avait dû abandonner cette place. Madame Donis avait fait remarquer à son mari que cette peinture était trop mauvaise pour rester exposée aux regards des étrangers, qu'elle prêtait à la critique et donnait une triste idée du goût de ses propriétaires, si bien que le portrait avait été décroché et porté dans la chambre de Marthe qui l'avait demandé. Elle n'avait pas souci du mérite ou des défauts de la peinture, elle ne s'inquiétait pas de savoir si la pose était mauvaise ou l'exécution grossière, ce n'était pas une toile recouverte bien ou mal de couleurs qu'elle avait devant les yeux : c'était sa mère, vraiment sa mère, qu'elle n'avait pas connue.

Tout le monde sait que bien souvent la vie dans un tableau est indépendante de la question d'art ; c'était ce qui était arrivé pour le portrait de la mère de Marthe; le peintre, tout en faisant un tableau détestable, avait su prendre la vie dans son modèle et la transporter sur la toile : le portrait vivait, parlait, regardait. Au moins c'était l'impression qu'il produisait sur Marthe, et bien souvent, dans ses heures de chagrin, elle venait s'entretenir avec sa mère dans ce langage mystérieux du sentiment qui n'a pas besoin de l'aide de la parole matérielle pour être éloquent. Le portrait ne remuait point les lèvres ou ne clignait point de l'œil, comme ces madones miraculeuses de la superstition catholique, et cependant Marthe comprenait les longs discours qu'il lui adressait, ses conseils comme ses reproches.

Dans la cruelle angoisse où elle se trouvait, c'était à lui de l'inspirer, de la diriger.

Marthe était sans lampe dans sa chambre; mais la lune, qui se levait au-dessus des peupliers de la Gironde, entrait par les fenêtres ouvertes et, frappant en plein le portrait, l'éclairait de sa blanche lumière : le visage pâle se détachait dans l'ombre et sortait pour ainsi dire de la toile.

Longtemps elle resta en contemplation devant lui, mais elle ne put pas en obtenir une réponse précise dans un sens ou dans un autre. Ce qu'il lui disait c'était ce qu'elle s'était dit elle-même : Reste pour ton père; pour ton amour, pars. Cependant il souriait toujours, et, quelle que fût sa réponse, il la regardait toujours de ses yeux doux.

Convaincue à la longue qu'elle ne pourrait pas fixer sa résolution par ce moyen, elle eut l'idée de la demander au hasard; car elle était arrivée à cet état d'inquiétude et de doute où la raison nous échappe et laisse la place libre au merveilleux et au surnaturel.

Par les fenêtres, elle voyait au-dessus des arbres des lumières courir sur la Gironde, — c'était l'heure de la marée, — et les vapeurs venant de la mer profitaient du flot pour remonter à Bordeaux; à leurs mâts et à leurs tambours, ils portaient des fanaux allumés qui sillonnaient la nuit de leurs lueurs rouges et vertes.

Marthe se mit à sa fenêtre, et, s'accoudant sur le balcon, elle se dit que, si les vapeurs qui passeraient devant elle dans l'espace d'un quart d'heure étaient en nombre pair, elle partirait; que si au contraire ils étaient en nombre impair, elle resterait.

Les trois quarts de neuf heures sonnèrent à l'horloge du château, et elle se mit à sonder de l'œil les profondeurs bleuâtres de la nuit; puis, pour bien préciser et ne rien laisser à l'incertitude, elle se dit que ce ne seraient pas tous les navires dont elle pouvait apercevoir les feux qui compteraient, mais ceux-là seulement qui, au premier coup de dix heures, auraient passé devant un grand peuplier qui, en face d'elle et près du fleuve, dressait sa colonne noire sur le ciel pâle.

Deux vapeurs passèrent, balançant leurs lumières; puis elle ne vit plus rien, et les minutes, les unes après les autres, s'écoulèrent sans qu'aucun navire parût. Deux ! Elle resterait donc.

Mais le quart n'était pas encore écoulé, et dans l'obscurité elle vit surgir plusieurs points lumineux, qui grandirent rapidement. Combien étaient-ils? deux, trois, quatre. Deux et quatre faisaient six, elle devait donc rester.

Passeraient-ils devant le peuplier avant le coup de dix heures?

Ces lumières, qui tout d'abord lui avaient paru marcher sur une même ligne, étaient en réalité séparées par des distances inégales.

L'un des vapeurs passa derrière le peuplier, puis un second passa encore.

Cela faisait quatre, et l'heure allait sonner.

Les deux derniers se tenaient et s'avançaient comme s'ils avaient été attachés l'un à l'autre ; leurs fanaux grandissaient, ils arrivaient.

Mais avant de se masquer derrière le peuplier, la séparation se fit, car il y avait entre eux une différence de marche, et ce qui avait paru les attacher, c'était que le meilleur marcheur, arrivant sur le plus mauvais, avait mis un certain temps à le dépasser.

Combien ce temps rapide cependant avait été long et cruel pour Marthe !

Le marteau de l'horloge se leva, le premier vapeur passa derrière le peuplier pendant que l'heure sonnait ; quand les dix coups furent frappés, le second arrivait à peine à l'arbre.

Quatre et un faisaient cinq, le nombre était impair : elle devait partir, c'était le sort qui l'avait décidé. Alors elle éprouva une sorte de calme et de soulagement, comme il arrive toujours lorsqu'on n'a plus l'angoisse de l'irrésolution ou de l'incertitude.

Décidée à partir, elle n'avait pas examiné la question de savoir où elle irait ; mais elle ne s'arrêta pas longtemps à cette difficulté. Elle n'avait qu'un parent, qu'un ami : son grand-père Azimbert. Elle irait chez lui, et bien certainement, quand elle lui aurait expliqué sa position, il l'accueillerait et la défendrait.

Ainsi fixée sur son départ et sur son lieu de refuge, elle se disposa à partir, car le matin ne devait pas la trouver au château, et c'était dans la nuit même qu'elle le quitterait.

Elle alluma une bougie, et sa première pensée fut d'écrire à son père ; car elle ne pouvait pas se séparer de lui ainsi, sans lui dire qu'elle partait et pourquoi elle partait.

Mais, au moment où elle ouvrait son buvard, on frappa à la porte de sa chambre.

— C'est moi, dit la voix de madame Donis ; comment êtes-vous ?

Marthe alla à la porte.

— Je ne suis pas malade, dit-elle, je vous remercie.

— Alors couchez-vous, ma chère enfant, et espérez tout du temps.

Et madame Donis s'éloigna, mais Marthe courut après elle :

— Dites à papa que je l'embrasse, je vous prie, que je l'embrasse de tout cœur.

— Soyez tranquille.

Rentrée dans sa chambre et sa porte fermée au verrou, elle se mit à écrire.

« La résolution que je prends, mon cher papa,
» m'est bien cruelle, et je suis désolée du chagrin
» que je vais te causer. Mais il m'est impossible de
» voir M. de Sainte-Austreberthe et de subir la
» honte de ses hommages. C'est lui que je fuis ; ce
» n'est pas cette maison, où jusqu'à ce jour j'avais
» été si heureuse auprès de toi. J'ai dit à M. de
» Sainte-Austreberthe que je ne pouvais pas être
» sa femme, il n'a pas voulu m'écouter ; je t'ai dit

» que je ne pourrais jamais l'aimer, tu n'as pas
» voulu me croire. Je me sens incapable de sup-
» porter sa présence, je me mets à l'abri de ses
» poursuites. Il comprendra alors, il faut l'espérer,
» qu'il ne sera jamais mon mari, et il aura sans
» doute la fierté de renoncer à une femme qui ne
» veut pas de lui. Ce jour-là, je reviendrai près de
» toi, et peut-être par ma tendresse, me sera-t-il
» possible de te faire oublier ma faute. Tu com-
» prends que je ne peux pas te dire où je me re-
» tire ; mais je veux au moins te donner l'assurance
» que là où je vais, je ne verrai pas celui qui t'a
» irrité.

» Adieu, mon cher père ; permets-moi de t'em-
» brasser, et, si grande que soit ta juste colère, ne
» ferme pas ton cœur pour jamais à ta fille qui
» t'aime.

» Marthe.

Cette lettre, écrite et mise sous enveloppe, elle resta un moment accablée par ses souvenirs de tendresse, et épouvantée aussi devant l'inconnu qui s'ouvrait pour elle.

Mais bientôt elle reprit sa résolution et elle écrivit à Philippe, qui, lui aussi, devait être prévenu de sa fuite.

« Mon père sait que vous m'aimez et que je vous
» aime, c'est vous dire sa colère. Il a décidé qu'il
» ne vous verrait plus, et que moi je devais voir
» M. de Sainte-Austreberthe chaque jour. Je ne
» veux pas supporter ce supplice et je ne veux pas
» que vous le subissiez.

» Je quitte cette maison, pour me retirer chez
» mon grand-père, à Gabas. Vous comprendrez,
» j'en suis certaine, que vous ne devez pas m'y ve-
» nir voir. Si cruelle que soit notre séparation,
» nous devons l'un et l'autre la supporter, sans rien
» faire pour aggraver notre faute. Nous ne nous
» verrons point, mais nous nous aimerons. Je vous
» ai promis de n'accepter jamais M. de Sainte-
» Austreberthe, et de n'être la femme de personne
» si je ne pouvais pas être la vôtre : vous voyez que
» vous pouvez compter sur ma parole ; comptez
» aussi sur ma tendresse, sur mon amour.

» Marthe Donis. »

Onze heures sonnaient quand elle achevait d'é-
crire cette lettre ; elle se dit qu'elle partirait à minuit.

Et alors elle s'habilla pour ce voyage, qui dure-
rait Dieu seul savait combien de temps.

Elle choisit sa toilette la plus simple, celle qui

devait la faire le moins remarquer ; puis elle prit
ce qu'elle avait d'argent dans son tiroir, quatre ou
cinq cents francs qui lui restaient de son mois. Elle
prit aussi le médaillon de son père, qu'elle retira
de son cadre de velours, pour pouvoir le serrer
dans son carnet.

Puis, tout étant disposé, elle souffla sa lumière
et elle attendit. L'ombre parla douloureusement à
son cœur et plus d'une fois elle faillit abandonner
sa résolution.

Enfin minuit sonna et lui rendit sa force ; avant
que le douzième coup eût frappé, elle était sortie
de sa chambre. Alors elle marcha doucement sur
la pointe du pied, sans que sa robe de laine fît le
moindre bruit.

Arrivée devant le vestibule qui conduisait à la
chambre de son père, elle s'arrêta comme si elle
était retenue malgré elle. Il était là, il dormait ;
quel réveil pour lui !

Une fois encore elle hésita ; cependant elle ne
revint pas en arrière ; au contraire, elle se hâta
vers l'escalier, qu'elle descendit presqu'en courant.

Elle ne comptait pas sortir par la grande porte
du vestibule, mais par une petite porte de derrière
qui servait aux gens de la maison. En arrivant à

cette porte, elle trouva qu'elle n'était pas fermée, mais seulement poussée contre le pêne.

Qu'est-ce que cela voulait dire ?

Elle ne s'arrêta pas à chercher une explication, elle sortit et repoussa la porte.

Elle était dans le jardin, et maintenant elle n'avait plus qu'à aller devant elle, à la garde de Dieu.

XIII

Elle fit quelques pas dans l'allée sur laquelle ouvrait cette petite porte; puis elle s'arrêta, car il y a loin de la résolution qu'on prend bravement entre quatre murailles, avec un toit sur la tête, à l'exécution qu'on doit mener à bonne fin, en pleine campagne, au milieu de la nuit.

Elle était dans des dispositions nerveuses où la nuit précisément exerce sur l'âme une influence pleine de trouble et d'émoi.

Peut-être dans l'obscurité eût-elle marché vaillante et déterminée, sans hésitation, mais la lune n'est pas faite pour raffermir les cœurs qu'une émotion agite fortement.

Il tombait du ciel bleuâtre une clarté argentée, qui donnait aux arbres et aux plantes des figures étranges : les arbustes que la lumière frappait avaient un relief extraordinaire, les ombres avaient une profondeur inquiétante ; sur le sable de l'allée, le feuillage, agité par la brise de la mer, promenait des dessins changeants, et dans le branchage des pins s'élevaient des murmures confus, des bruissements graves, qui avaient quelque chose de plaintif.

Après un moment d'hésitation, Marthe se dit qu'elle attendrait les premières lueurs du jour naissant pour se mettre en route. Ces voix de la nature, cette lumière mystérieuse, le parfum qui s'exhalait des fleurs : tout cela la troublait trop pour qu'elle fût maîtresse d'elle-même.

Si l'heure de minuit avait été bonne pour sortir du château, parce qu'alors tout le monde dormait du premier sommeil, elle était mauvaise pour cheminer à travers la campagne ; au matin, elle aurait tout le temps de s'éloigner, et, avant qu'on s'aperçût de sa fuite, elle pourrait être loin.

Cette allée aboutissait à un petit pavillon rustique. Elle résolut de s'y réfugier, pour y attendre le lever de l'aube ; là sans doute elle subirait moins ces impressions de la nuit. Elle était fâchée contre elle-même, dépitée de se trouver si peu brave ; mais la peur était cependant la plus forte.

L'allée qu'elle suivait faisait plusieurs détours, ce qui ne lui permettait pas de voir loin autour d'elle, malgré la clarté de la nuit. Comme elle approchait du pavillon, qui se trouvait au milieu d'une petite pelouse découverte, il lui sembla entendre comme un bruit de voix étouffées.

Mais à peine cette idée avait-elle effleuré son esprit, qu'elle la rejeta; sans doute c'était une illusion de la crainte, et ce qu'elle avait pris pour des voix était le bruissement de la brise dans le feuillage. Qui pouvait se trouver dans le jardin à pareille heure?

Cependant elle prêta l'oreille, et s'arrêtant elle regarda du côté d'où était venu le bruit. Ce n'était point une illusion de la crainte: on entendait des pas qui criaient sur le gravier et un murmure de voix. Elle s'avança doucement sur la pointe des pieds en marchant sur le gazon; à dix mètres devant elle, deux personnes se promenaient lentement: une femme appuyée sur le bras d'un homme et se serrant contre lui. La lune qui les éclairait dans le dos, dessinait nettement leurs contours.

La première pensée de Marthe fut de se sauver et de rentrer à la maison en courant, mais elle n'en eut pas le temps: les deux promeneurs, arrivés au bout de l'allée, se retournaient. Vivement elle se blottit derrière une touffe de lauriers et elle regarda, cachée dans l'ombre.

La lune alors frappait les promeneurs en face : la femme était sa belle-mère, l'homme était M. de Mériolle. Ils venaient de son côté, et dans quelques secondes ils allaient passer contre elle.

Elle fut frappée de stupéfaction, et son anéantissement fut tel que bien certainement elle n'eût pas pu faire un pas pour se cacher ; mais le laurier l'enveloppait de son ombre et on ne pouvait la découvrir que si elle sortait de son abri ; ses vêtements sombres se confondaient avec le feuillage. Elle voyait, on ne la voyait pas.

Le bruit des voix devint distinct, et, bien qu'elle ne fît rien pour écouter, les paroles arrivèrent à elle, faibles d'abord, plus fortes à mesure qu'ils se rapprochaient.

— Est-ce que vous n'allez pas rentrer ? disait la voix de M. de Mériolle.

— Pourquoi rentrer déjà ? Je suis si heureuse de me promener librement avec vous, à votre bras, au milieu de cette belle nuit. Est-ce que ce silence, cette lune splendide, ce parfum des fleurs, ce souffle dans les feuilles, est-ce que tout cela ne parle pas à votre cœur et ne vous émeut pas ?

— Oh ! certainement.

— On dirait que cette nuit est faite exprès pour nous ; je n'ai jamais vu le ciel si pur, il semble qu'on entend des voix mystérieuses qui ne parlent pas le langage de la terre.

Elle se serra contre lui et elle s'arrêta, regardant au loin dans les profondeurs bleues de la nuit. Ils étaient à quelques pas à peine du laurier qui abritait Marthe ; elle voyait leurs visages, qui paraissaient d'une pâleur argentée, et quand ils faisaient un mouvement ou un geste, de grandes ombres noires couraient derrière eux sur le sable blanc.

Marthe eût voulu ne pas voir et ne pas entendre, mais une horrible curiosité l'empêchait de fermer les yeux et de se boucher les oreilles : elle en avait trop entendu pour ne pas écouter encore.

— Je m'applaudis maintenant, continua madame Donis, de n'avoir pas obéi à mon premier mouvement, quand mon mari est revenu. Je voulais vous mettre dans le pavillon le signal qui vous aurait annoncé que je ne pouvais pas venir à notre rendez-vous, mais j'ai eu peur que vous ne vous inquiétiez.

— Il fallait me mettre une lettre à la place du signal ; dans une lettre vous m'auriez donné des explications.

— Risquer ainsi une lettre était trop grave ; et puis, pour tout dire, j'étais impatiente de vous voir. Quand aurions-nous pu retrouver une occasion ?

J'ai préféré courir l'aventure de descendre, bien que mon mari soit là.

— C'est parce que votre mari est là-haut que je vous demandais si vous n'alliez pas rentrer ; car enfin s'il s'éveillait ?

— Il ne s'éveillera pas.

— Comme vous dites ça ! Ma parole d'honneur ! vous savez, je vous trouve magnifique. Il ne s'éveillera pas, il ne s'éveillera pas ; et s'il s'éveillait, ça ne serait pas drôle du tout. Aussi j'aime bien mieux vous avoir à Bordeaux, dans notre appartement, les volets fermés, la porte close par un bon verrou, j'ai plus de liberté d'esprit. Vous trouvez peut-être que je ne suis pas poétique du tout, mais je suis comme ça. La nuit me trouble, et dans l'ombre je perds cinquante pour cent. Vous, c'est tout le contraire, vous n'êtes jamais si bien à votre aise que chez vous. Positivement les femmes sont admirables.

— Vous croyez que je suis à mon aise quand je souris au danger ?

— Dame ! ça me fait cet effet-là. Moi, je perds la tête, je ne sais plus ce que je fais, je ne sais plus ce que je dis, et je dis des sottises pour ne pas rester dans mon embarras. C'est pour cela que j'aime bien mieux vous avoir chez nous. Là au moins je suis libre et puis il me semble que vous êtes mieux à moi ; en tout cas je suis mieux à vous, car je ne suis pas obligé d'avoir l'œil ouvert et l'oreille tendue.

— Comment voulez-vous que j'aille à Bordeaux en ce moment?

— Je sais bien. C'est pour cela que c'est une bonne idée de nous voir dans le pavillon. Mais encore faut-il que votre mari soit à Bordeaux ; quand il est ici comme aujourd'hui, c'est beaucoup moins agréable.

— Ne parlons pas de mon mari, ne parlons pas de lui, je vous prie ; parlons de cette nuit splendide, parlons de notre amour.

Ils reprirent leur promenade et le bruit de leurs paroles, se mêlant au bruit de leurs pas, ne fut bientôt plus qu'un murmure confus.

Marthe était atterrée : sa belle-mère ! c'était sa belle-mère. Est-ce qu'elle rêvait? est-ce qu'elle voyait mal? est-ce qu'elle entendait mal? Non, elle était éveillée ; elle voyait, elle entendait, mais elle ne comprenait pas. Car enfin sa belle-mère aimait son père ; de cela elle était certaine, elle le savait mieux que personne. Combien de fois y avait-il eu lutte et rivalité entre elles pour plaire à M. Donis ? et, dans ces luttes, combien souvent c'était madame

Donis qui l'avait emporté en prévenances, en soins, en tendresse. Mais alors comment s'expliquer ce qu'elle voyait et ce qu'elle entendait? Son père! son pauvre père!

Arrivés à l'extrémité de l'allée, ils revenaient sur leurs pas, et, une fois encore, ils allaient passer devant elle.

—Venez demain pour le déjeuner, disait madame Donis.

— Votre mari ne m'a pas invité.

— Cela ne fait rien; vous nous rendrez service d'ailleurs. Votre présence enlèvera au déjeuner le caractère d'intimité qu'il serait difficile de maintenir, dans les conditions où Marthe se place vis-à-vis de M. de Sainte-Austreberthe.

—Vous savez, positivement mademoiselle Marthe me fait plaisir, elle montre une fermeté que je ne lui connaissais pas. Sainte-Austreberthe aura du mal avec elle.

— Et cela vous fait rire?

— Je ne suis pas fâché de voir Sainte-Austreberthe battu.

— Alors, si telles sont vos dispositions aujourd'hui, pourquoi êtes-vous venu me demander, il y a quelques semaines, d'user de toute mon influence pour décider M. Donis à ce mariage?

— Il y a quelques semaines, je ne connaissais pas Sainte-Austreberthe comme je le connais maintenant ; il m'avait demandé de faire cette démarche auprès de vous, je n'ai pas voulu le refuser. Mais maintenant je ne serais pas fâché de le voir échouer ; et puis, il y a quelques semaines, je ne savais pas qu'elle aimait Heyrem. Comme ils ont bien caché leur jeu ! Je ne me doutais pas du tout de cet amour, mais là ce qui s'appelle pas du tout. Oh ! les femmes sont-elles admirables !

— Il me semble que les hommes le sont aussi, car M. Heyrem a dissimulé ses sentiments tout aussi bien que Marthe.

— Tiens, c'est vrai. Enfin cela n'arrange pas les affaires de Sainte-Austreberthe. Quand je ne savais pas que mademoiselle Marthe aimait Heyrem, je me disais qu'elle finirait par céder un jour, parce que Sainte-Austreberthe arrangerait si bien les choses qu'elle serait sa dupe ; mais maintenant Sainte-Austreberthe me paraît distancé. On n'épouse pas une jeune fille malgré elle.

— Non, mais une jeune fille ne se marie pas non plus malgré son père, et jamais M. Donis ne consentira au mariage de Marthe avec M. Heyrem. Cessez donc de vous réjouir de l'échec de M. de Sainte-Austreberthe. Ce qu'il y a de mieux à souhaiter pour nous tous, c'est qu'il épouse Marthe. Aussi moi qui tout d'abord étais assez opposée à ce mariage, j'y suis maintenant favorable. Plus je vois M. de Sainte-Austreberthe, et plus je suis convaincue que c'est un homme qu'il vaut mieux avoir pour ami que pour ennemi. Nous ne sommes pas dans une position, à nous faire des ennemis, de gaieté de cœur. Si vous voulez m'en croire, vous ne ferez donc pas montre de votre hostilité contre M. de Sainte-Austreberthe. Pour moi, je suis bien décidée à garder désormais, une neutralité absolue dans le mariage de Marthe; je ne ferai rien pour qu'elle épouse M. de Sainte-Austreberthe, mais je ne ferai rien non plus pour qu'elle ne l'épouse pas. Je trouve dangereux de provoquer son inimitié; c'est un homme qui voit clair, et qui sait peut-être beaucoup plus de choses qu'il ne faudrait pour notre tranquillité. Je vous engage à prendre la même ligne de conduite. Ce mariage ne nous touche pas, ne pensons qu'à notre amour.

Ils s'éloignèrent; mais cette fois, au lieu d'aller droit devant eux, ils prirent l'allée par laquelle Marthe était venue.

— Conduisez-moi encore quelques pas, dit madame Donis.

Ils disparurent dans le détour de l'allée; puis,

quelques minutes après, M. de Mériolle revint seul :
il sifflait doucement une chanson gaie, et de sa
canne il fouettait l'air.

Marthe resta derrière son laurier pendant assez
longtemps après qu'elle n'entendit plus aucun
bruit ; puis, quand elle en sortit, au lieu de se diriger vers le pavillon, elle tourna vers le château.

Son père ! elle ne pensait plus qu'à son père, et
elle voulait rester près de lui.

Mais, en arrivant à la petite porte, elle la trouva
fermée.

XIV

Devant cette porte close et qu'elle ne pouvait pas ouvrir, Marthe resta fort en peine.

Il ne fallait pas penser à sonner ou à appeler, et pour rentrer elle était obligée d'attendre le matin : mais alors elle devrait passer devant les domestiques, et elle ne pouvait le faire sans provoquer leur curiosité. Que chercheraient-ils en la voyant à cette heure et en costume de voyage ? Ce serait un déluge de bavardages, dont le flot sans doute remonterait jusqu'à sa belle-mère.

C'était encore un obstacle qui se dressait devant elle : il était donc écrit qu'elle ne pourrait rien faire de ce qu'elle avait résolu. Elle voulait fuir, elle était arrêtée ; elle voulait rester, elle ne le pouvait pas.

Il fallait cependant prendre un parti, mais l'état

de trouble et de désarroi où l'avait jetée ce qu'elle venait d'apprendre lui enlevait toute liberté.

Elle s'éloigna du château, et, marchant dans l'allée à petits pas, elle tâcha de réagir contre l'émotion profonde qui l'angoissait. Ce n'était plus d'elle seulement qu'il s'agissait; ce n'était plus seulement de Philippe, de leur amour et de leur bonheur: Maintenant la vie de son père, son honneur, son repos, étaient entre ses mains.

Et pour porter cette lourde responsabilité, elle était sans forces; sa volonté était chancelante, sa raison bouleversée, alors qu'elle eût dû être au contraire ferme et sûre.

Elle fit un effort contre elle-même et tâcha de raisonner.

Si elle rentrait au château, elle restait auprès de son père, et le jour où celui-ci avait besoin de consolation, elle était avec lui.

Là était l'avantage de cette résolution. Elle n'avait pas besoin de raisonner pour le comprendre : ses sentiments, son amour pour son père, le lui disaient haut.

Mais ce n'était pas tout de voir le côté avantageux de la question, il fallait aussi voir le côté désavantageux.

Comment pourrait-elle vivre désormais avec sa

belle-mère ? Exaspérée par la présence de M. de Mériolle, serait-elle toujours maîtresse d'elle-même, et le terrible secret qui venait de descendre dans son cœur ne monterait-il pas un jour dans ses yeux, s'il ne montait pas dans sa bouche ? Pour le moment, elle se sentait une telle indignation contre sa belle-mère, qu'elle n'osait pas répondre que la fureur ne l'emporterait pas un jour sur la prudence. Alors qu'arriverait-il ? Pour avoir voulu soulager la douleur de son père, ne lui porterait-elle pas le coup qui la ferait éclater ?

Pendant longtemps elle marcha dans l'allée, agitant ces lourdes pensées, allant de l'une à l'autre et s'efforçant de les peser. Elle ne subissait plus l'influence de la nuit, elle n'entendait plus la musique monotone des pins, elle ne sentait plus le parfum des verveines et des héliotropes ; elle ne voyait plus rien autour d'elle qui l'inquiétât ; elle était descendue au plus profond de sa conscience et elle concentrait tout ce qu'elle avait d'énergie dans la lutte douloureuse qui s'y livrait. La vie venait d'ouvrir pour elle la porte de ses mystères les plus terribles, elle était femme : la jeune fille qu'elle avait été jusqu'à cette heure, était demeurée dans sa chambre.

Ce qui arrive souvent dans les situations extrêmes se produisit pour Marthe; après avoir été dix fois, vingt fois d'une alternative à l'autre, elle s'arrêta enfin à une idée qui était une conciliation, une sorte de fusion entre les deux partis opposés qui l'avaient si longuement et si cruellement agitée. Elle irait chez son grand-père, et, comme elle serait là en communication journalière avec Bordeaux, elle reviendrait près de son père, si celui-ci avait besoin d'elle.

Deux heures sonnaient à l'horloge lorsqu'elle prit cette décision : pendant plus d'une heure et demie elle avait tourné sur elle-même, sans avoir conscience du temps qui s'écoulait.

Marthe n'était pas ordinairement matineuse, et elle n'avait pas l'habitude de voir lever le soleil pendant cette saison; elle ne savait donc pas trop à quelle heure précise il serait jour. A quatre heures peut-être. C'était deux heures à attendre.

Comme elle était lasse, et d'un autre côté, comme elle ne voulait plus entrer maintenant dans le pavillon, elle alla s'asseoir sur un banc qui se trouvait dans l'ombre. Là, s'enveloppant dans son manteau et regardant le ciel pour voir si les étoiles pâlissaient, elle arrêta le plan de son voyage.

De Château-Pignon à Gabas, où demeurait son grand-père, il y a en ligne directe 25 ou 28 lieues.

Marthe eût pu faire cette route à pied, qu'elle l'eût entreprise; mais c'était folie d'y penser. La faire avec une voiture qu'elle prendrait dans le premier village qui se montrerait sur son chemin n'était pas un meilleur moyen; car bien certainement, lorsqu'on s'apercevrait de sa fuite, on la ferait chercer, et il ne serait pas difficile de découvrir le voiturier qui l'aurait conduite; celui-ci parlerait, et, sur ses indications, on arriverait bien vite à Gabas.

Ce qu'il fallait, c'était qu'elle tombât chez son grand-père sans laisser de traces de son passage; pour cela elle ne voyait qu'un moyen, qui était de prendre un détour et d'aborder Gabas par le côté où elle ne pouvait pas arriver.

Simple en théorie, ce moyen était assez compliqué en pratique; car, s'il était assez facile de se rendre à Bordeaux et là de monter dans le chemin de fer de Bayonne, qui la déposerait à une station au-delà de Gabas, il était presque impossible de passer dans la gare Saint-Jean sans être reconnue.

Le détour devait donc être assez long pour lui permettre d'éviter Bordeaux, c'est-à-dire qu'elle devait décrire une courbe à grand rayon autour de cette ville, en partant du Nord pour arriver à Gabas par le Sud.

A l'époque où se passe ce récit, le réseau des chemins de fer du Midi était loin d'être achevé, et les grandes lignes principales étaient seules construites : celle de Bordeaux à Cette et celle de Bordeaux à Bayonne et à Bagnères-de-Bigorre.

Marthe, décidée à faire un détour, arrêta qu'elle traverserait la Gironde à Blaye ; de Blaye, elle se ferait transporter en voiture à Libourne. Là, elle prendrait la ligne de Paris jusqu'à Coutras ; de Coutras, elle irait à Périgueux, de Périgueux à Agen, d'Agen à Toulouse, de Toulouse à Montrejeau, de Montrejeau à Bagnères en voiture, et enfin de Bagnères à Morceux, en chemin de fer. De là elle arriverait enfin à Gabas.

C'était un détour qui lui ferait faire 6 ou 700 kilomètres au lieu de 25 lieues ; mais, si on la cherchait, il y avait bien des chances pour qu'on ne trouvât jamais sa trace. Comment la suivre, au milieu de ces changements de ligne, et si on ne la suivait pas méthodiquement, comment la rejoindre? Depuis longtemps, son père n'était pas venu à Gabas.

En se traçant cet itinéraire, elle tenait ses yeux levés vers le ciel ; enfin il lui sembla que les étoiles pâlissaient, tandis que çà et là de grandes raies claires coupaient les profondeurs de la nuit. En même temps, elle se sentit, malgré ses vêtements de laine, pénétrée par un froid humide. Au-dessus de la Gironde, flottèrent des vapeurs légères comme une fumée, et, dans le silence profond, éclatèrent, à de longues distances, quelques cris d'oiseaux. C'était le matin. Du côté de l'Orient, une lueur jaune montait au ciel et s'arrondissait en grandissant rapidement.

Elle ne devait pas se laisser surprendre par quelque jardinier matineux. Elle quitta son banc, et, après avoir longuement regardé le château, elle se dirigea vers le chemin qui devait la conduire hors du parc. Ses yeux étaient obscurcis par les larmes qui les emplissaient; mais sa résolution était bien prise cette fois, et rien ne l'arrêterait désormais.

Pendant une heure à peu près, elle marcha à travers les vignes, dans les sentiers mouillés de rosée, et elle arriva au village où elle voulait prendre une voiture au moment où *l'angelus* sonnait; les portes des maisons s'ouvraient, et déjà dans la rue les paysans allaient et venaient en se disant bonjour.

En la voyant passer, ils s'arrêtèrent; et, à mesure qu'elle avança, elle entendit derrière elle un murmure de voix de plus en plus fort: évidemment elle faisait révolution dans le village.

Elle prit son courage à deux mains, et, apercevant un gros bonhomme qui, les mains dans ses poches, la regardait en souriant, elle s'approcha de lui et lui demanda où elle pourrait trouver une voiture pour la conduire à Blaye.

— Une voiture pour conduire une dame comme vous, il n'y en a pas chez nous.

— Je ne tiens pas à la beauté de la voiture ; une carriole, avec un bon cheval et un conducteur, me suffit.

— Il faut que le cheval soit bon, vous êtes pressée pour lors ?

— Si je me suis levée si matin, c'est que je n'ai pas de temps à perdre.

— Juste ça ; on a ses affaires ; c'est pour une affaire que vous allez à Blaye ?

Marthe n'était pas en disposition de faire de longues conversations ni d'humeur à subir des interrogatoires ; cependant elle ne pouvait pas tourner le dos à ce paysan curieux et bavard, dont elle avait besoin.

— C'est pour une affaire pressée, dit-elle.

— Un parent malade peut-être ?

— Oui, justement.

— Vous avez eu de mauvaises nouvelles ?

— Oui, et c'est pour cela que je voudrais trouver tout de suite cette voiture.

— Je comprends ça; je crois bien que le fils à l'Agenais pourrait vous conduire. Je vas vous y mener, car vous ne savez pas où il demeure, bien sûr. Vous n'êtes pas d'ici?

Ils se mirent en route pour aller chez le fils à l'Agenais; mais, à chaque pas, ils s'arrêtaient, et à toutes les personnes qu'il rencontrait, le paysan racontait qu'ils allaient chez le fils à l'Agenais pour lui demander sa carriole.

— C'est pour conduire cette jeune dame à Blaye, parce qu'elle a un parent malade; et elle a reçu de mauvaises nouvelles, elle est pressée.

— Le fils à l'Agenais; il n'y a que lui qui peut faire ça.

— Il ne le fera pas.

Et une discussion s'engageait pendant laquelle le temps s'écoulait: on appelait un voisin ou un passant, et on le prenait pour juge.

Bientôt tout le village sut qu'il y avait une jeune dame qui cherchait une voiture pour aller à Blaye, et Marthe, qui avait les oreilles ouvertes, saisit bientôt, çà et là, quelques mots au passage, qui lui prouvèrent qu'elle était reconnue.

— Je te dis que c'est elle.

— S'c'était elle, elle ne viendrait pas chercher une voiture ici ; elle a ses chevaux.

— Et si elle ne veut pas s'en servir?

— Pourquoi qu'elle ne se servirait pas de ses chevaux?

— Ah! pourquoi!

— Et puis elle ne se promènerait pas toute seule, à cinq heures du matin.

— Je ne la connais pas peut-être.

Marthe comprit alors qu'elle avait eu tort de ne pas profiter de la nuit pour marcher et s'éloigner davantage de Château-Pignon. Dans ce village, en effet, il y avait de grandes chances pour qu'elle fût connue, et elle l'était. Cela était mal commencer. Heureusement, si on la cherchait, on irait tout d'abord à Pressac et l'on ne viendrait à ce village qu'après avoir exploré tous les autres ; en se hâtant, elle pouvait prendre assez d'avance pour échapper à cet inconvénient.

Mais là précisément était la difficulté. Les paysans ne se hâtent pas, et ceux du Médoc, comme ceux de tous les pays, vont comme s'ils avaient l'éternité devant eux.

Avant de décider le fils à l'Agenais, il fallut échanger des milliers de paroles inutiles ; puis, quand on fut d'accord, il fallut qu'il fît manger son cheval.

Il était six heures et demie quand Marthe monta dans la carriole, au milieu du concours de curieux qui la regardaient en s'entretenant.

Dans deux heures, au château, on s'apercevrait de sa fuite; le cheval partit au grand trot. Elle eut bon espoir.

XV

Heureusement pour Marthe, son conducteur n'é-
tait ni bavard ni curieux : ce qu'il avait appris lui
suffisait, il n'avait pas envie d'en savoir davantage.
On lui avait donné vingt francs pour aller à Lamarque, qui se trouve vis-à-vis de Blaye, il était satisfait : que ce fût mademoiselle Donis ou une autre
qu'il conduisît, peu lui importait, puisqu'il était
payé d'avance et n'avait pas peur de perdre son
argent.

Assis sur le premier banc de la carriole, tandis
que Marthe était placée sur le dernier, il se mit à
siffler, et, sans s'interrompre, sans changer d'air,
il arriva à Lamarque toujours sifflant. Quand il
s'arrêta de siffler, son cheval s'arrêta de marcher :
c'était à croire que le cheval et l'homme étaient
une mécanique à musique comme on en fabrique
pour les enfants.

Marthe fut tellement satisfaite de cette façon de voyager, qu'elle lui mit dix francs dans la main.

— Merci, mademoiselle Donis, dit le fils à l'Agenais ; je vais boire un verre à votre santé. On disait que vous étiez généreuse, ça se trouve vrai. Si vous avez besoin de moi une autre fois, à votre service.

La traversée de la Gironde prit plus de temps que Marthe n'en avait compté, et, quand elle arriva à Blaye, la diligence qui fait la correspondance du chemin de fer venait de partir ; il fallut qu'elle se mît de nouveau à la recherche d'une voiture. Mais, à Blaye, la chose était facile ; cependant elle eut le désagrément de se promener seule par la ville, allant d'hôtel en hôtel, sous le regard curieux des désœuvrés, qui suivaient des yeux cette jeune femme et faisaient des commentaires en riant. Les cloches sonnaient la messe, et les dévotes qui se rendaient à l'église la regardaient avec une curiosité scandaleuse : pourquoi courait-elle les rues, au lieu d'aller à l'office ?

Enfin elle trouva un loueur de voitures, qui voulut bien lui donner une américaine à deux chevaux pour la conduire à Libourne. Comme elle ne marchandait point, le marché fut vite conclu.

Elle avait cru que ce serait le loueur lui-même

qui serait son cocher ; mais, quand elle vit celui qu'on lui donnait, elle eut un moment d'hésitation et fut sur le point de renoncer à son projet. Ce cocher était un grand garçon à cheveux roux, dont l'air insolent et tapageur n'avait en effet rien de rassurant, alors surtout qu'il fallait faire cinquante kilomètres en sa compagnie.

Mais elle se gourmanda de ce premier mouvement de répulsion ; elle ne pouvait pas exiger d'un cocher de louage la tenue décente et l'air convenable d'un domestique de bonne maison. Qu'avait-elle à craindre en plein jour, sur la grande route ? Elle était à peine au début de son voyage ; si elle prenait peur ainsi à propos de tout, elle n'arriverait jamais. Il était urgent qu'elle ne perdît pas son temps à Blaye, où l'on pouvait venir la chercher. Elle monta en voiture.

Elle avait si grande hâte de partir, qu'elle n'avait pas pris le temps de déjeuner ; elle avait acheté seulement un petit pain. Une fois qu'elle fut sortie de la ville, elle se mit à manger son pain.

Son cocher n'avait rien de l'honnête paysan qui l'avait amenée à Lamarque, il ne sifflait pas, et, au lieu de regarder toujours ses chevaux ou la route, il regardait à chaque instant dans la voiture. Assis de côté sur son siége, les jambes croisées, le chapeau de paille en arrière, dans la pose que devait prendre le postillon de Longjumeau lorsqu'il « conduisait une dame de haut parage, » il était très-commodément placé pour diriger ses chevaux et en même temps pour faire la conversation avec sa voyageuse, si celle-ci voulait parler.

Mais Marthe n'en avait aucune envie ; elle mangeait son pain par petits morceaux, et elle regardait au loin dans la campagne, comme si elle prenait un intérêt extrême à suivre le vol des alouettes et le balancement des arbres doucement secoués par le vent.

— Ça me fait deuil, dit le cocher, de voir une dame manger comme ça son pain sans boire. Dans un quart d'heure, nous serons au *Soleil-Levant*; le vin y est bon, on pourrait arrêter.

— Je suis pressée.

— Ça ne ferait pas perdre de temps.

— Merci, je n'ai pas soif.

— Ce que je vous en disais, c'était pour vous obliger ; ça ne vous va pas, c'est bon.

Et, se retournant vers ses chevaux, il leur cingla une râclée de coups de fouet qui leur fit prendre le galop : la voiture allait d'un bord à l'autre de la route.

Marthe n'était pas peureuse : cependant les secousses de la voiture étaient telles qu'elle se cramponna instinctivement à la banquette.

— Vous trouvez que nous allons trop vite ? dit le cocher, après s'être amusé un moment de sa peur, qui le faisait rire aux éclats : je ne veux pas contrarier une jolie dame comme vous, allons plus doucement.

Et il mit ses chevaux aux pas.

Tout cela n'était point fait pour rassurer Marthe. Mais ce qui l'inquiétait plus que tout encore, c'étaient les yeux que de temps en temps il lui lançait : il avait une façon de la regarder, en se frottant le menton de la main droite, qui la glaçait.

Heureusement, cette partie du Blayais qui confine au Cubzadais est couverte de villages, Plassac, Villeneuve, Bayon, Bourg, et, sur la route, on ne parcourt pas de longues distances sans rencontrer des maisons : avec quelle anxiété Marthe regardait celles qu'elle venait de dépasser et avec quelle impatience elle cherchait au loin celles qu'elle allait atteindre !

En traversant l'un de ces villages, Marthe s'enhardit et lui demanda de prendre une allure régulière.

— Je vas au galop, vous n'êtes pas contente ; je vas au pas, vous n'êtes pas contente. Vous êtes difficile, savez-vous. Enfin, ça se comprend, vous en avez le droit. Si j'étais en homme ce que vous êtes en femme, je ferais ma tête aussi ; car, vrai de vrai, vous êtes la plus jolie femme que j'aie jamais conduite.

Disant cela, il la regarda en clignant de l'œil et en frottant sa barbe rousse avec le manche de son fouet.

Bientôt on aperçut les premières maisons de Saint-André-de-Cubzac ; alors il se tourna de nouveau vers Marthe.

— Vous savez, dit-il, je ne suis pas comme vous, je ne peux pas faire la route sans boire ; nous allons rester un moment à l'hôtel Bergerot. Nous avons encore 21 kilomètres avant d'atteindre Libourne ; mes chevaux ont besoin de souffler et moi j'ai besoin de prendre des forces.

Il accompagna ces paroles de son mauvais sourire, et Marthe descendit de la voiture en se demandant si elle ne ferait pas bien de renvoyer ce cocher à Blaye et d'en chercher un autre. Comme elle agitait cette question en marchant devant l'hôtel, elle vit sortir du bureau des voitures une femme de la campagne qui portait un petit enfant dans son bras, et à la main un paquet de vêtements noués dans un châle.

— Quel malheur! disait cette femme, quel malheur!

Marthe s'approcha d'elle, car elle n'était point à l'âge où nos propres souffrances nous rendent insensibles aux souffrances des autres. Elle la questionna, et elle apprit que cette paysanne se désolait parce qu'il n'y avait plus de voiture pour aller à la station de la Grave-d'Ambarès : deux lieues c'était bien long avec son enfant et son paquet à porter.

Ce fut une inspiration pour Marthe : peu lui importait de prendre le chemin de fer à Libourne ou à la Grave-d'Ambarès; elle décida qu'elle irait à cette dernière station et qu'elle ferait monter la paysanne dans sa voiture. Par ce moyen, elle ne serait plus seule avec son horrible cocher.

Quand celui-ci apprit ce changement d'itinéraire, il se mit à jurer comme un diable. Il était loué pour aller à Libourne, il voulait aller à Libourne, bien que la route fût plus longue; il était loué pour porter une personne, il n'en voulait pas deux dans sa voiture, surtout il ne voulait pas d'enfant.

Cependant il fallut bien qu'à la fin il cédât; comme à son ordinaire, il se vengea sur ses chevaux. En moins de trois quarts d'heure, Marthe, accompagnée de sa paysanne, arriva à la Grave-d'Ambarès. Alors elle respira et elle s'avoua à elle-même la peur qu'elle avait eue.

A force de tourner et retourner son plan, Marthe avait fini par le perfectionner. Elle fit prendre deux places de troisième classe par la paysanne pour Coutras, et elle en prit elle-même une de première pour Paris. Si on la suivait jusqu'à la Grave-d'Ambarès et si l'on faisait des recherches pour savoir où elle était, ce billet pris pour Paris donnerait le change, bien certainement, sur sa véritable direction.

En montant dans son wagon de troisième avec sa compagne, qui la bénissait, elle s'applaudit de cette idée. Et de fait, pour une jeune fille à ses débuts, ce n'était pas mal combiné, car dans les voyageurs qui arrivaient de Bordeaux elle aperçut plusieurs figures de connaissance; heureusement ces voyageurs occupaient des wagons de première classe. Qu'eût-elle répondu à leurs interrogations, si elle s'était rencontrée avec eux dans le même compartiment? Il eût fallu parler; que dire? En troisième, ce danger était évité.

De la Grave-d'Ambarès à Périgueux, son voyage se fit sans incident; mais, à Périgueux, elle se trouva en face d'une difficulté qu'elle n'avait pas prévue, car elle avait organisé son plan au hasard et sans indicateur. Il n'y avait plus de train pour Agen et il fallait attendre au lendemain, c'est-à-dire qu'il fallait coucher à Périgueux.

S'il était désagréable de voyager seule en chemin de fer et en voiture, l'idée de coucher seule dans un hôtel était assez inquiétante; cependant il fallait bien qu'elle s'y résignât. Un omnibus était dans la cour de la gare, elle y monta et se laissa conduire au premier hôtel qui se trouva sur son chemin.

Elle était loin d'être rassurée; mais, précisément parce qu'elle était tremblante, elle tâcha de prendre une attitude déterminée. Lorsqu'elle descendit d'omnibus, elle se tenait si roide et elle faisait de tels pas qu'on devait la prendre pour une Anglaise.

— Madame arrive bien, dit la maîtresse d'hôtel qui la reçut; on va servir la table d'hôte.

Dîner à table d'hôte! c'était trop. Elle demanda qu'on la servît dans sa chambre.

Ce n'était pas la première fois que Marthe se trouvait dans une chambre d'hôtel, mais c'était la première fois qu'elle s'y trouvait seule, sans son père, sa belle-mère ou des domestiques auprès d'elle. Lorsque la porte fut fermée, elle se laissa aller à l'émotion qui l'étreignait, et, s'étant assise sur une chaise, elle réfléchit tristement; son cœur était gonflé, elle n'avait plus le mouvement du voyage pour la secouer, l'imminence du danger ne la surexcitait plus, elle s'abandonna.

Bientôt un domestique, en frappant à la porte, la tira de son abattement. Il entra, portant un registre à la main.

— C'est pour le nom de madame, dit-il.

Son nom! Elle n'avait pas pensé à cela. Cette demande la surprit et l'interloqua. Cependant elle se remit.

— Madame Philippe! dit-elle.

— Le domicile?

— Paris.

Serait-elle jamais la femme de Philippe? Au moins elle l'aurait été une fois, et ce triste voyage qu'elle faisait pour lui, elle l'aurait fait sous son nom.

Cette idée la remonta. Cependant la soirée fut longue; elle ne pensa pas seulement à Philippe, elle pensa aussi à son père, et par l'esprit elle revint à Château-Pignon.

Ces pensées n'étaient pas de nature à la disposer au sommeil, et, malgré sa fatigue, elle ne sentait nulle envie de dormir. Et puis elle était tremblante d'une crainte vague, contre laquelle il lui était impossible de réagir. Cette chambre d'hôtel lui faisait froid, ces portes mal closes l'inquiétaient; les bruits du corridor et des chambres voisines la faisaient à chaque instant tressaillir.

Cependant les heures s'écoulaient et la nuit s'avançait. Alors elle posa les deux bougies allumées sur la table; puis, ayant entassé toutes les chaises devant la porte, elle s'assit dans un fauteuil au milieu de la chambre, décidée à attendre là le jour, enveloppée dans son manteau.

XVI

On eût bien surpris Marthe en lui disant que, malgré son inquiétude et son chagrin, malgré sa surexcitation nerveuse, malgré sa frayeur vague au milieu de cette chambre sombre, elle s'endormirait sur son fauteuil : ce fut cependant ce qui arriva.

Mais la veille eût été moins fiévreuse et moins pénible pour elle. Quand elle sortit du cauchemar qui l'étouffait, elle se trouva plongée dans une profonde obscurité ; les bougies, arrivées à bout de la cire, s'étaient éteintes, et tout d'abord elle ne sut pas où elle était. Que s'était-il passé? Pourquoi donc n'était-elle pas dans son lit?

Le sentiment de la réalité lui revint vite, mais non le calme ; elle était haletante, et, sans qu'elle sût pourquoi, elle pleurait. Elle écouta ; au milieu du silence, elle n'entendit que le murmure d'une fontaine qui coulait en face l'hôtel.

A tâtons, se cognant aux meubles et aux murailles, elle alla à la fenêtre, qu'elle ouvrit. L'aube blanchissait le ciel, une lumière jeune effleurait les toits des maisons : c'était le jour.

Avec l'air et la lumière, son émotion s'apaisa ; elle reprit possession d'elle-même, de sa raison et de sa volonté.

Quand elle fut installée dans le wagon réservé aux dames seules, elle éprouva un véritable soulagement : il lui sembla que le temps des épreuves et des difficultés dans son voyage était passé ; elle n'avait plus qu'à aller droit devant elle ; il n'était guère probable que, sur cette ligne elle rencontrât quelqu'un qui la connût ; si on ne l'avait pas rejointe à Périgueux, elle devait croire qu'elle avait dépisté les recherches.

Cependant elle ne tarda pas à voir que toutes les difficultés auxquelles elle pouvait être exposée n'étaient point encore écartées de sa route.

Le train qui part de Périgueux pour Agen à cinq heures du matin arrive en cette dernière ville à dix heures, et les voyageurs qui veulent continuer pour Toulouse doivent attendre le train de Bordeaux jusqu'à onze heures et quelques minutes.

S'il y a, pour les femmes qui voyagent seules, des compartiments spéciaux, il n'y a pas dans les stations des salles d'attente qui leur soient exclusivement réservées. En arrivant à Agen les deux seuls voyageurs de première classe étaient Marthe et un sous-lieutenant de hussards; on leur ouvrit la salle d'attente en les prévenant qu'ils pouvaient aller au buffet; ils avaient une heure pour déjeuner.

Marthe n'avait pas fait attention au compagnon de voyage que le hasard lui imposait; mais, en le voyant s'asseoir vis-à-vis d'elle et la regarder d'une façon gênante, elle se dit qu'elle serait mieux au buffet que dans cette salle déserte.

Elle alla donc au buffet et, se plaçant dans un coin, elle demanda une tasse de chocolat.

Elle était à peine installée que le sous-lieutenant vint se placer à la table qui était à côté de la sienne et commanda son déjeuner.

Au lieu de se mettre dans le même sens qu'elle, il s'était mis vis-à-vis, et il avait recommencé à la regarder; Marthe ne pouvait pas lever les yeux sans trouver ceux de cet officier sur elle.

Cela devenait embarrassant et exaspérant. Si une femme se sent mal à l'aise sous des regards qui la poursuivent, combien plus mal à l'aise encore se trouve la jeune fille qui, pour la première fois, est exposée à cette obsession, sans avoir personne près d'elle pour la défendre !

En réfléchissant longuement à son plan de conduite pendant ce voyage, Marthe s'était imposé le devoir d'être brave et de ne pas s'arrêter ou s'intimider devant les dangers qu'elle pourrait rencontrer. Le moment était venu de mettre en pratique cette belle résolution. Elle ne devait point se laisser troubler par cet officier, elle devait lui faire sentir qu'il était insolent.

Elle releva donc les yeux et les fixa sur lui ; mais la dignité et le dédain qu'elle mit dans son regard ne produisirent pas l'effet qu'elle avait espéré.

L'officier ne sentit pas son insolence, et, au lieu de se déconcerter et de se décourager, il répondit au coup d'œil indigné de Marthe par un sourire ; sa bouche entr'ouverte montra ses dents blanches. C'était un fort beau garçon, qui, par malheur pour lui, connaissait trop bien sa beauté et se croyait irrésistible ; tout, dans son attitude élégante et dans son assurance, disait la bonne opinion qu'il avait de lui-même : c'était le type de l'homme heureux, content de lui, content des autres, trouvant tout charmant dans la vie et ne doutant de rien.

Marthe, n'osant pas renouveler la tentative qui lui avait si mal réussi, pensa à abandonner la place et à se réfugier dans la salle d'attente. Le sous-lieutenant avait commandé un copieux déjeuner ; il ne le sacrifierait pas pour la suivre. Elle se hâta donc d'avaler son chocolat.

Mais bien qu'elle tînt ses yeux plongés dans sa tasse, elle vit l'officier se pencher vers elle.

— Mon Dieu, madame, dit-il d'une voix caressante, je crois que vous avez tort de vous brûler. Si, comme je le présume, vous prenez la ligne de Cette, nous avons une heure devant nous.

Marthe inclina la tête, sans répondre et sans regarder son interlocuteur.

Mais il ne se tint pas pour battu.

— Vous pouvez déjeuner tranquillement, dit-il; moi-même je prends la ligne de Cette et vous voyez que je compte déjeuner d'une façon confortable.

Marthe ne broncha pas; elle continua de casser son pain et de le mettre dans sa tasse. Malheureusement, pour porter la cuiller à sa bouche, elle était obligée de relever la tête, et alors elle voyait les yeux brillants du sous-lieutenant qui la brûlaient.

— Après ça, ce n'est peut-être pas à Cette que vous allez? à Bordeaux alors? Effectivement il me semble que j'ai eu l'honneur de vous rencontrer à Bordeaux.

Il ne manquait plus que cette complication; ce militaire la reconnaissait. Qu'allait-elle dire?

— Est-ce que je me trompe? dit-il.

Malgré sa ferme volonté de ne pas donner signe de vie, Marthe crut qu'il valait mieux répondre.

— Vous vous trompez, monsieur.

— Alors, si ce n'est pas à Bordeaux, c'est ailleurs, à Arcachon peut-être, à Biarritz; car bien certainement j'ai eu l'avantage de me rencontrer avec vous. Quand on a eu le plaisir de voir une seule fois une personne aussi charmante, on ne l'oublie pas.

Marthe s'était levée; sans se retourner, elle sortit du buffet pour rentrer dans la salle d'attente.

Elle y était depuis dix minutes à peine, quand le sous-lieutenant vint la rejoindre.

Au lieu de reprendre la place qu'il occupait tout d'abord, il vint directement à elle.

— Je vois, dit-il, que vous prenez la ligne de Cette; permettez-moi de me mettre à votre disposition. Une femme qui voyage seule est exposée à mille ennuis, à des embarras de toute sorte; je serais heureux de vous venir en aide, si vous voulez bien le permettre.

C'était trop; Marthe ne put pas se renfermer dans le silence et une fois encore elle voulut faire tête au danger.

— Oui, monsieur, dit-elle vivement en tenant ses

yeux levés sur lui; une femme qui voyage seule est exposée à mille ennuis. Mais, puisque vous connaissez les embarras de cette position, n'aggravez pas les miens, je vous en prie; me poursuivre comme vous le faites est mal, cela est indigne d'un homme délicat. Vous n'avez donc pas de mère, monsieur, pas de sœur?

Elle débita ce petit discours avec une telle véhémence, que malgré son assurance le sous-lieutenant resta un moment interloqué; mais il n'était point homme à se laisser battre ainsi. Heureusement pour Marthe, un train venait d'arriver en gare et quelques personnes, au nombre desquelles se trouvaient deux dames, entrèrent dans la salle d'attente.

Enfin le train de Bordeaux arriva, et Marthe courut au compartiment réservé aux dames seules; elle était sauvée. Il est vrai qu'à chaque station où le train arrêta, à Valence, à Montauban, à Grisolles, elle eut l'ennui de voir le sous-lieutenant passer devant sa voiture; mais c'était là un petit inconvénient; elle était protégée par la petite plaque de cuivre accrochée à la portière, aussi bien qu'elle l'eût été par une solide grille en fer; il pouvait passer, repasser sur le quai en cambrant sa taille dans sa veste bleue et en faisant des yeux passionnés; il ne pouvait pas entrer.

Mais à Toulouse elle perdit de son assurance ; dans la salle où on la fit entrer pour attendre le train de Montrejeau, elle vit arriver sur ses talons le hussard toujours souriant.

— Vous n'allez pas à Cette ? dit-il en s'avançant vers elle : décidément le ciel veut que nous fassions route ensemble.

C'était à désespérer.

Marthe alla au buffet, il la suivit ; elle revint à la salle d'attente, il la suivit encore ; elle était comme un oiseau que chasse un milan, et elle commençait à perdre la tête ; l'inquiétude, la honte, la honte surtout, lui donnaient la fièvre : elle n'avait pas imaginé qu'on pouvait être exposée à un pareil supplice.

Une fois encore, le compartiment réservé la délivra de son persécuteur jusqu'à Montrejeau. Là, elle le retrouva toujours fidèle, toujours souriant.

Mais ce n'était pas le seul ennui qui l'attendait ; il était trop tard pour continuer sa route, il n'y avait plus de diligences pour Tarbes ou pour Bagnères, et il fallait coucher à Montrejeau.

Ce voyage ne finirait donc jamais ; c'était une nouvelle nuit à passer à l'hôtel, avec cet officier pour voisin sans doute.

Cette crainte se réalisa : Marthe était à peine enfermée dans sa chambre qu'elle entendit le sous-lieutenant s'installer dans la chambre voisine : il paraissait joyeux et il chantait à mi-voix.

Marthe passa l'inspection de sa chambre : il n'y avait pas de communication avec la chambre voisine et la porte était garnie d'un solide verrou. Rassurée de ce côté, elle voulut pousser les précautions plus loin, et, descendant doucement, elle alla au bureau des voitures où elle avait retenu une place de coupé pour le lendemain matin.

— Est-ce que vous avez encore des places? dit-elle au buraliste; je voudrais tout le coupé.

— C'est impossible; à peine étiez-vous sortie que les deux places qui restaient ont été prises.

— Par qui, s'il vous plaît?

— Par un officier de hussards.

Ainsi fixée dans ses craintes, Marthe voulut essayer de déjouer cette combinaison, et le hasard, qui depuis Agen la persécutait, lui vint enfin en aide.

Comme elle sortait du bureau des diligences, un cocher lui offrit une voiture pour Tarbes.

Bien que Marthe eût de la répugnance à essayer encore des voitures particulières, ce cocher avait une bonne figure honnête qui la décida : l'officier allait à Bagnères, elle irait à Tarbes; elle serait bien décidément débarrassée de lui. Cependant, pour plus de précautions, elle voulut partir le lendemain matin avant la diligence.

Tout étant ainsi disposé, elle remonta dans sa chambre, où elle se barricada. Pendant toute la soirée, elle entendit l'officier aller et venir en faisant sonner ses éperons dans le corridor, mais elle ne s'en inquiéta pas autrement; la porte était solide, et d'ailleurs elle passa la nuit comme elle avait passé la précédente, sur un fauteuil; seulement cette fois elle eut soin de ne pas brûler ses deux bougies en même temps : quand l'une fut près de finir, elle alluma l'autre.

Le lendemain matin elle sortit de sa chambre, sans faire le moindre bruit, et elle monta dans sa calèche sans apercevoir la terrible veste bleue qui l'avait tant tourmentée; mais, en passant devant le bureau des diligences, elle vit le sous-lieutenant qui se promenait en long et en large, en l'attendant.

Quand il l'aperçut dans sa calèche, emportée rapidement par ses quatre chevaux, il resta stupéfié, dans une attitude si grotesque, que Marthe ne put pas s'empêcher de rire.

A dix heures elle était à Tarbes, à trois heures, à Morcenx; à six heures du soir, au hameau de Laqueytive, où habitait son grand-père, à une lieue de Gabas.

— Marthe, c'est mademoiselle Marthe! s'écria la vieille servante en la voyant entrer; en voilà un bonheur!

— Et grand-père, où est-il, Jeannette?

— A Gabas, à la justice; il va revenir avant peu de temps.

— Eh bien! je vais au-devant de lui.

— Par la *pinède*, et après toujours le chemin d'autrefois.

XVII

Dans sa première enfance, surtout pendant les premières années qui avaient suivi la mort de sa mère, Marthe était souvent venue à Laqueytive. M. Donis n'était point alors propriétaire de Château-Pignon, il n'avait pas de maison de campagne, et, quand Marthe avait besoin de prendre l'air ou bien quand elle avait éprouvé une indisposition d'enfant, c'était à Laqueytive qu'on l'envoyait avec sa vieille bonne qui l'élevait. Ainsi et à plusieurs reprises elle avait fait de longs séjours chez son grand-père.

A cette époque, des relations suivies presque intimes liaient le beau-père et le gendre; M. Donis venait quelquefois passer la journée du dimanche dans la lande, et de son côté M. Azimbert venait aussi visiter assez souvent son gendre à Bordeaux.

Mais peu à peu, avec le temps et plus encore

avec la fortune, ces relations s'étaient refroidies. A mesure que M. Donis avait grandi, les points de contact et de sympathie qui existaient entre le beau-père et le gendre avaient diminué. M Azimbert était une espèce de paysan du Danube ; s'il n'avait point le regard de travers et le nez tortu, il avait la barbe touffue, surtout il avait de l'homme de Marc-Aurèle le parler droit, franc et rude. Pour dire les choses telles que son honnêteté les sentait, il ne mettait pas de gants, et sa langue naïve ignorait l'art des périphrases. Quand M. Donis était devenu député de la Gironde, le père Azimbert avait tenu, au milieu du monde officiel qui fréquentait la maison de son gendre, des discours embarrassants pour celui-ci, puis, en même temps, par sa façon d'être, il s'était montré assez gênant dans une maison qui se mettait sur un certain pied de respectabilité. Pour venir à Bordeaux, il ne changeait rien à ses habitudes ; il chaussait ses souliers lacés, il endossait sa longue redingote de gros drap gris, il se coiffait de son chapeau de feutre à larges bords, et il arrivait dans le salon ; il se mouchait comme s'il eût voulu imiter le bruit de l'ophicléide ; à table, il mettait ses deux coudes sur la nappe, et le jour où, pour la première fois, on lui avait servi un rince-bouche, il avait avalé l'eau chaude de son bol en déclarant que c'était une drogue affreuse. Devant l'honorable maître d'hôtel, qui ne riait pas, mais qui exagérait encore son dédain, une pareille tenue était vraiment blessante pour M. Donis. Bien entendu il ne s'en était pas plaint, mais il s'était arrangé de manière à voir moins souvent son beau-père. Pour son caractère, il avait conservé le plus profond respect, et bien certainement, s'il avait eu besoin d'un conseil dans une circonstance solenelle il aurait tout d'abord pensé à lui ; mais, dans les rapports de la vie ordinaire, il avait préféré le maintenir à une certaine distance. Honnête homme, cela ne faisait pas de doute, cœur excellent, caractère élevé, mais un ours et un ours fort mal léché ; bon dans les Landes, embarrassant à Bordeaux. Le second mariage de M. Donis avait achevé ce que ces différences d'habitudes et de goûts avaient commencé ; une séparation s'était faite entre eux. M. Azimbert était venu une fois ou deux par an voir M. Donis à son comptoir, et M. Donis n'était plus venu à Laqueytive.

Cette séparation naturellement s'était étendue jusqu'à Marthe : après être venue, pendant une douzaine d'années, passer chaque saison quelques mois avec son grand-père, elle avait cessé d'y venir même pour quelques jours : elle n'avait personne pour l'y amener et elle ne pouvait pas voyager seule.

Cependant elle n'avait pas cessé d'entretenir des relations avec lui, et pendant tout le temps qu'elle était restée à Paris, comme depuis qu'elle était revenue à Château-Pignon, elle lui avait toujours écrit régulièrement : il avait été pour elle un confident et un ami.

En se retrouvant au milieu des lieux où elle avait passé tant de journées heureuses, en revoyant les objets qui avaient servi aux premiers jeux de son enfance, Marthe éprouva un profond apaisement. Elle respira et ses nerfs se détendirent : ce douloureux voyage était fini, elle n'avait plus rien à craindre du hasard.

Elle s'arrêta et regarda autour d'elle avec un sentiment de bonheur : là était la maison d'habitation avec son toit de tuiles rouges, plus loin les granges où elle avait joué à se cacher, la bergerie vide de moutons, le four au pain, le puits avec son auge pour les bœufs ; puis tout autour, excepté du côté de la route agricole, la *pinède*, autrement dit le bois de pins. C'était sur cette auge qu'elle avait fait flotter son premier bateau construit dans une planche ; c'était dans cette bergerie qu'on lui avait donné son premier agneau noir, qu'elle promenait derrière elle avec un ruban blanc au cou. Un paysan vint à passer, portant sur sa tête une grosse bourrée de bruyères fleuries. Il s'arrêta pour la regarder; puis, après l'avoir longuement dévisagée, il porta sa main à son front:

— C'est mademoiselle Marthe, dit-il; en voilà une surprise!

— Bonjour, Arnaud; oui, c'est moi. Tu me reconnais donc?

— Pardi! le maître va être bien content, car on parle de vous souvent.

Laqueytive est un petit hameau d'une douzaine de maisons, qui se trouve à cinq ou six kilomètres de Gabas, à l'entrée de la lande rase. La maison de M. Azimbert était la plus importante de ce petit groupe, mais encore était-ce plutôt une métairie qu'une habitation de bourgeois; car M. Azimbert possédait quelques terres dans la lande, qu'il cultivait lui-même avec l'aide de trois paysans à son service depuis plus de quarante ans. C'étaient de chétives terres, produisant de chétives récoltes et nourrissant de médiocres moutons; mais cependant, dans ce pauvre pays où la culture est si misérable et si pénible, c'était quelque chose, et le juge de paix était le plus riche propriétaire ou plus exactement le moins pauvre de son hameau.

La pinède qui entoure la maison est de peu d'étendue, et les pins qui la composent ne sont pas d'une bien belle venue, tant la terre est là de mauvaise qualité; cependant, ces pins sont exploités, et tous portent, le long de leurs troncs, des cicatrices rouges par lesquelles s'écoule la résine en larmes blanches cristallisées. Ébranchés jusqu'à la cime, ils ressemblent de loin à des palmiers, et quand ils sont balancés par la brise de la mer, ils font entendre une musique monotone, qu'ils chantent tristement comme s'ils se plaignaient de leurs blessures. Cette brise, en passant entre leurs aiguilles et leurs colonnes serrées, se charge d'un âpre parfum balsamique qu'elle porte au loin, et qui va assainir l'air vicié des marécages et des flaques d'eau stagnantes.

En sortant de la pinède, Marthe se trouva dans la lande rase, qui s'étend jusqu'à Gabas et bien au delà; alors elle regarda au loin pour voir si elle n'apercevait pas son grand-père, revenant à la maison.

Mais, jusqu'à l'extrémité de l'horizon où ses yeux coururent à perte de vue, elle n'aperçut que la plaine rougeâtre qui s'étalait devant elle, plate et monotone. Çà et là seulement, quelques arbres chétifs dressaient leurs cimes noires qui se découpaient sur le bleu du ciel. De distance en distance, les ajoncs jaunes succédaient aux bruyères roses, puis les champs de fougères, se mouvant sous la brise, remplaçaient bruyères et ajoncs. Le tout produisait une confusion de couleurs qui se fondait dans les lointains en de grandes lignes sombres. Sur cette immense étendue et dans ces profondeurs insondables pour l'œil, régnaient la solitude et le silence : c'était à croire qu'on était isolé au milieu d'un désert. De temps en temps, cependant, tout au loin, au-dessus de cet océan de verdure, se dressait une forme noire, à l'aspect bizarre, qui eût frappé d'étonnement l'étranger arrivant pour la première fois au milieu de ces espaces immenses : un corps sombre, qui paraissait ne pas toucher à la terre et marcher au-dessus des plantes sans les courber. C'était un berger monté sur ses échasses, qui surveillait ses moutons, perdus dans les genêts et les herbes. Parfois aussi la terre tremblait et l'on entendait un bruit sourd : c'était une troupe de chevaux libres qui prenaient leur galop et s'ébattaient joyeusement, poulinières et poulains, à travers la plaine.

Marthe connaissait ces mystères de la lande, jamais cependant elle n'en avait ressenti si fortement la poésie. Elle resta longtemps assise sur le bord du sentier, au milieu des bruyères en fleurs ; elle écoutait les mille bruits des insectes qui cheminaient et travaillaient dans les herbes; elle respirait les exhalaisons qui s'élevaient de ces plantes ; elle se souvenait. Combien de fois était-elle venue ainsi se coucher le soir dans ces bruyères, combien de fois avait-elle couru après les papillons, à travers ces plaines ! Comme elle était heureuse alors et tranquille ; et, maintenant, comme elle était tourmentée, agitée et inquiète !

Peu à peu, le soir se fit sur ces solitudes ; le soleil s'était couché dans la mer au delà des dunes ondulées comme des vagues immenses, et sur toute la plaine s'était étendu un voile sombre, tandis que le ciel restait éclairé d'une lueur pâle. On n'entendait plus un cri d'oiseau, un hennissement de cheval, un bêlement de mouton ; le sommeil et le repos descendaient sur la lande. Au hameau seulement, la vie était encore dans toute son activité, et au-dessus de la pinède flottaient des petits flocons de fumée jaune ; les paysans étaient rentrés à la maison pour le repas du soir.

Tout à coup Marthe, qui ne quittait pas des yeux le sentier qui de Gabas vient à Laqueytive, aperçut une forme noire s'avançant au milieu des ajoncs. Elle se leva vivement, et elle vit un grand vieillard à barbe blanche qui marchait bon pas, la tête nue et le chapeau à la main : c'était son grand-père.

Elle courut au devant de lui.

Alors, voyant une femme venir, il s'arrêta surpris.

— Est-ce possible? dit-il enfin d'une voix forte qui résonna dans le silence.

— Oui, grand-père, cria Marthe, c'est moi.

— Marthe, c'est Marthe !

Et au lieu de marcher à elle, il s'appuya sur son bâton.

— C'est toi ! dit-il, toi !

Elle était dans ses bras et elle l'embrassait.

Il se remit bien vite de ce mouvement de trouble. Alors il l'éloigna doucement et la regarda avec attention :

— Ton père? dit-il.

— Rassure-toi, il n'est pas malade ; s'il l'était, je ne serais pas là.

— Ses affaires?

— Non ; ce n'est pas de mon père qu'il s'agit, c'est de moi. Je suis bien malheureuse, et je viens à toi, grand-papa, pour que tu me protéges, pour que tu me sauves.

— Ta belle-mère te fait souffrir ; il y a longtemps, n'est-ce pas ? Pourquoi ne me l'as-tu pas dit ? Ta dernière lettre était comme toutes les autres, et rien ne me faisait prévoir que tu allais m'arriver ainsi éplorée.

— Je ne savais pas, il y a quelques jours, que j'en viendrais jamais à me sauver de la maison pour te demander abri et protection.

— Sauvée ! Toi, Marthe, tu t'es sauvée de la maison de ton père ? Ah ! ma pauvre enfant, cela est bien grave.

— Oh ! si tu me grondes, grand-père, je n'aurai jamais le courage de te dire tout.

— Je ne te gronde pas, puisque je ne sais rien. Je suis inquiet de ta résolution, voilà tout ; car tu n'es pas fille à avoir cédé à un coup de tête.

— J'ai cédé au désespoir, et je suis venue à toi, parce qu'il n'y a que toi qui puisse me protéger.

— Contre ta belle-mère ?

— Contre mon père, qui veut me forcer à épouser un homme que je n'aime pas, que je méprise et que tout le monde méprise. Mais, pour que tu me comprennes, pour que tu m'excuses, il faut que je te dise la vérité, toute la vérité.

— Parle, mon enfant, et, avant de rentrer à la maison, ouvre-moi ton cœur ; je suis le père de ta mère, je suis ton ami, et tu sais que je t'aime tendrement.

XVIII

Pendant son voyage, Marthe avait plus d'une fois pensé à ce qu'elle devrait dire en arrivant à Laqueytive, car elle savait que le premier mot qu'elle entendrait, serait : « Que s'est-il passé, pourquoi viens-tu ainsi ? » De ses réponses résulterait l'accueil de son grand-père, qui serait en réalité ce qu'elle le ferait elle-même.

Cependant, au moment d'entreprendre son récit, elle s'arrêta, la gorge serrée par l'émotion.

Au fond du cœur, elle était fière de son amour pour Philippe; mais c'était à condition que cet amour restât précisément au fond de son cœur discrètement voilé. Si elle était forcée d'en parler, un sentiment de respect et de pudeur lui fermait les lèvres. Elle avait vivace le souvenir de son entretien avec son père.

— Eh bien ! mon enfant, dit M. Azimbert, la

voyant hésitante et confuse, parle, parle sans crainte ; tu sens bien que tu dois tout me dire, absolument tout, car par ta démarche et l'appui que tu me demandes, tu m'obliges à devenir juge entre ton père et toi. Pour m'engager dans une décision aussi grave et prendre parti pour l'un ou l'autre de vous, il faut que je sache la vérité. Si la confession a jamais eu du bon, c'est dans des conditions pareilles : je pense bien que ce que tu as à dire doit t'être pénible, mais il nous est souvent salutaire de descendre dans notre conscience et de la scruter à fond ; nous sentons mieux ainsi nos fautes, que nous ne sommes que trop disposés à nous cacher à nous-mêmes.

— Je n'ai rien à cacher, grand-père, ni à toi ni même à moi.

— J'en suis certain, et c'est pour cela que je te prie de me mettre à même de me prononcer en toute connaissance. Ce n'est point ainsi que nous procédons d'ordinaire, nous autres juges ; si nous interrogeons l'inculpé, nous contrôlons ses réponses par des témoignages divers, mais avec toi je sais que les témoins sont inutiles. Tu es toujours, n'est-ce pas, la petite fille franche et droite, qui venait loyalement s'accuser quand elle était en faute ? Note bien que je ne t'accuse pas, dans les circonstances présentes, d'être en faute, puisque je ne sais rien de ce qui s'est passé entre ton père et toi; seulement je te demande, si tu es en faute, de ne pas le cacher ou l'atténuer. Tu ne peux pas trouver une oreille plus indulgente que la mienne, et tu sais bien que s'il y a des circonstances atténuantes à admettre en ta faveur, je serai le premier à les chercher, sans que tu te donnes la peine de me les indiquer.

— Tu ne peux pas comprendre...

— Si, je peux comprendre beaucoup de choses, et tu ne dois pas croire que, parce que je suis un vieux bonhomme, je n'admets pas les faiblesses de cœur. Tu vois bien que je les admets ces faiblesses, puisqu'au lieu de te faire les gros yeux et de te reconduire tout de suite chez ton père, comme je le devrais, si je n'étais sensible qu'à la seule voix du devoir, je t'écoute et t'accueille les bras ouverts. D'où cela vient-il? De ce que je t'aime, et quand nous aimons nous sommes faibles, nous écoutons notre cœur et nous nous laissons entraîner par lui. Mais je parle trop, tandis que c'est à toi de parler. Asseyons-nous là, nous avons tout le temps de rentrer à la maison.

Disant cela, M. Azimbert s'assit sur le bord du sentier et fit placer Marthe près de lui. Ils tournaient le dos au soleil couchant et leur visage se trouvait dans l'ombre.

Ainsi encouragée autant par les bonnes paroles que par l'attitude de son grand-père, Marthe commença son récit. Elle le fit exact et complet, sans rien oublier, sans rien affaiblir, donnant à chaque chose et à chaque mot sa valeur et son importance.

M. Azimbert l'écouta sans l'interrompre, et, pendant tout le temps qu'elle parla, il ne leva pas les yeux sur elle une seule fois. A le voir traçant sur le sable du chemin des dessins réguliers avec son bâton, on eût pu croire qu'il était absorbé dans cette occupation.

— Ainsi, dit M. Azimbert, lorsqu'elle eut achevé son récit, ton père veut que tu acceptes M. de Sainte-Austreberthe pour mari, et toi tu veux M. Philippe Heyrem ?

— Oh ! grand-père, je ne vais pas jusque-là : je n'aime pas M. de Sainte-Austreberthe et j'aime Philippe.

— C'est bien cela.

— Oui, mais c'est pour fuir M. de Sainte-Austreberthe que j'ai quitté la maison, pour cela seulement : voilà ce qu'il faut que tu comprennes bien.

— Je le comprends.

— J'aurais supporté sans plainte et sans révolte

qu'on me défendît de voir Philippe ; ce que je n'ai pu supporter, c'était qu'on m'imposât M. de Sainte-Austreberthe. J'admets très-bien que mon père ait de la répulsion pour Philippe. Pourquoi ne pas admettre que j'en aie pour M. de Sainte-Austreberthe ?

— Comme je ne connais ni celui que tu appelles Philippe de son petit nom, ni M. de Sainte-Austreberthe, je ne peux pas me prononcer entre eux et dire si la répulsion de ton père est fondée et si la tienne est juste. Je ne fais aucune difficulté à déclarer que tout d'abord je suis mal disposé à l'égard de M. de Sainte-Austreberthe. Je ne le connais pas, cela est vrai ; mais il a contre lui son origine : fils d'intrigant ne m'inspire aucune confiance.

— N'est-ce pas ?

— Aucune, surtout en présence de la grosse fortune de ton père, qui doit être la raison déterminante de sa demande en mariage. Ce qui me fait suspecter encore ses intentions, c'est la rentrée de ton père dans la vie politique ; il doit y avoir là-dessous quelque intrigue politique dont il est victime, et de tout cela résultent des charges contre ce M. de Sainte-Austreberthe. Mais, en raisonnant ainsi, il faut dire aussi que je n'ai pour moi que des inductions assez faibles. En réalité, M. de Sainte-

Austreberthe a agi dans cette affaire conformément aux règles des convenances : pour obtenir ta main, il s'est adressé à ton père. Ce n'est point ce qu'a fait ton ami Philippe.

— Nous nous sommes aimés, sans rien voir au-delà de notre amour.

— Je veux l'admettre, bien que, chez un homme comme M. Heyrem, cela soit assez peu probable. Mais enfin, si vous vous êtes aimés, sans réfléchir, sans penser à l'avenir, il est arrivé un jour où la réflexion est née. Pourquoi ce jour-là n'avoir pas parlé à ton père ?

— Je te l'ai dit, parce que Philippe est sans fortune ; connaissant les idées de mon père, il a voulu attendre le résultat de la démarche que sa mère tentait auprès de son oncle.

— Mais toi, quand ton père t'a parlé pour la première fois de M. de Sainte-Austreberthe, comment ne lui as-tu pas avoué ton amour pour Philippe ?

— Philippe m'ayant demandé de ne pas parler de notre amour, j'ai cru devoir m'en rapporter à lui, le jugeant plus capable que moi de savoir ce qu'il fallait faire dans une telle circonstance. Cependant, lorsque papa m'a dit que M. de Sainte-Austreberthe demandait ma main, j'ai été bien près de tout avouer ; mais papa m'a fermé la bouche. Tu connais les devoirs auxquels il se croit obligé par sa fortune ?

— Je connais ses idées, mieux que ses devoirs.

— Ce sont ces idées qui m'ont empêchée de parler. « Dans notre position, m'a-t-il dit, on ne se marie pas comme les gens qui n'ont qu'à consulter leur cœur ; notre fortune nous impose des devoirs envers la société. » Comment lui répondre que celui que j'aimais n'avait aucun rang dans cette société ?

— Il est ingénieur.

— Tu sais bien que, pour mon père, c'est la fortune qui donne le rang, et Philippe est pauvre.

— Je ne veux pas blâmer ton père, mais il est vraiment malheureux qu'il se soit arrêté à des idées aussi étroites. Il croit que quand on fait fortune, ce n'est pas pour soi seul, et en cela il est très-supérieur à tous ses rivaux. Par malheur, dans la pratique, il n'étend pas bien loin ce principe généreux. Au lieu de faire servir sa fortune à l'amélioration de tous, il se contente de l'employer à tenir son rang, et il croit qu'il accomplit strictement son devoir envers la société. C'est pour la société qu'il a des valets qui l'ennuient, et un luxe de maison qui lui est une fatigue. C'est pour la société qu'il veut que tu fasses un mariage sinon de richesse, au moins de position.

Maintes fois M. Azimbert avait eu des discussions à ce sujet avec M. Donis. L'ayant abordé, il ne le lâcha pas de sitôt. Que son père eût tort ou raison, ce n'était pas de cela que Marthe avait souci en ce moment, et ce qui l'angoissait, c'était de savoir si, en fin de compte, elle resterait à Laqueytive ou si elle devrait retourner à Château-Pignon ; cependant elle n'osa pas interrompre son grand-père.

— Comment ton père n'a-t-il pas senti, dit-il en poursuivant son idée avec véhémence, qu'il est dangereux pour une honnête famille, d'introduire dans son sein, un de ces Parisiens du Paris cosmopolite qui ne peuvent nous apporter que la corruption ? On dit que la France est corrompue : cela est vrai pour une certaine partie de Paris, je le crains bien ; mais cela ne l'est pas pour la province, où il y a plus d'honneur, d'honnêteté et de vertu qu'on ne croit généralement. Or, la France est dans la province et non dans Paris, comme on le répète faussement. Seulement pour que cette honnêteté se conserve, il ne faut pas que la province fasse la sottise de donner ses filles à tous ces beaux fils, épuisés et gangrenés par la vie parisienne.

— Alors tu es contre M. de Sainte-Austreberthe? s'écria Marthe.

— Je n'ai pas dit cela, chère enfant; car je n'ai parlé qu'en théorie.

— Enfin en théorie tu n'admets pas qu'il soit mon mari, et pour toi j'ai eu raison de le refuser.

— Pour moi, ton père a eu tort de se laisser prendre à un mirage trompeur. A sa place, je t'aurais cherché un bon mari à Bordeaux, et, quand j'aurais eu le temps de le bien connaître, si vous aviez eu de l'amour l'un pour l'autre, je te l'aurais donné. On ne marie pas deux positions, on marie deux cœurs.

— C'est pour Philippe que tu conclus.

— Non, car il y a dans sa conduite quelque chose de trop prudent, de trop bien calculé qui me blesse. C'est pour toi que je conclus, car je comprends que tu ne puisses pas supporter la présence de M. de Sainte-Austreberthe. Tu resteras donc avec moi.

Sans répondre, elle se jeta dans ses bras et longtemps elle le tint embrassé.

— Tu avais donc douté de moi? dit-il en se relevant.

— Non, mais j'avais conscience de ma faute et je ne savais pas comment tu la jugerais.

— Je juge que vous avez eu grand tort de vous

cacher de ton père, car c'est de là que viennent tous vos malheurs.

— Mon père eût repoussé Philippe.

— Peut-être, mais il n'eût pas accueilli M. de Sainte-Austreberthe, envers lequel il est maintenant engagé ; tu n'aurais eu à lutter que pour faire rentrer Philippe en grâce, tandis que maintenant, à cette tâche, déjà assez difficile par elle-même, se joint celle de lutter contre M. de Sainte-Austreberthe.

— Avec ton aide...

— Je ne peux pas te le promettre ; je veux bien te défendre contre la poursuite d'un homme que tu n'aimes pas, mais je ne peux pas favoriser ton amour pour un homme que ton père repousse. Au reste, nous reparlerons de cela. Pour le moment, allons souper : tu dois avoir faim ?

— Et sommeil, donc.

— Pauvre petite, oublie ce que tu as souffert, et dis-toi que maintenant je serai toujours près de toi.

— Même s'il faut rentrer à Château-Pignon ?

— Même jusque-là.

XIX

Lorsqu'ils rentrèrent à la maison, ils trouvèrent la table servie : il y avait deux couverts sur une nappe blanche damassée.

Au temps ou Marthe venait régulièrement à Laqueytive, M. Azimbert avait l'habitude de manger à la même table que ses domestiques : lui au bout, eux de chaque côté. Alors on ne se servait jamais de nappe, et le couvert était mis sur la table de sapin blanc, récurée chaque matin avec des cendres. En voyant ce changement aux vieilles habitudes, Marthe regarda son grand-père avec surprise.

— Eh bien! dit celui-ci s'adressant à la vieille servante, qu'est-ce qu'il y a donc aujourd'hui, Jeannette?

Et de la main il désigna la table.

— C'est pour mademoiselle Marthe.

— Et qui est mademoiselle Marthe? Est-ce de

Marthe que vous voulez parler? Oui, n'est-ce pas, c'est de celle que vous appelez Marthe tout court, quand elle était petite? Eh bien! pour avoir grandi, elle n'a pas cessé d'être Marthe, et elle n'est pas devenue une demoiselle pour vous, qui avez débarbouillé son nez plein de confitures. Vous lui disiez *tu* alors, et maintenant vous l'appelez mademoiselle. Est-ce que cela te convient, Marthe?

— Mais pas du tout, grand-père.

— Moi, cela me blesse. Serez-vous bien aise que Marthe ait pour vous les sentiments qu'elle avait autrefois?

— Bien sûr.

— Alors commencez par vous montrer telle que vous étiez autrefois. Maintenant que cela est dit, autre chose : enlevez-moi cette nappe et mettez les assiettes et les couverts des gens sur ma table. Personne ne doit souffrir de l'arrivée de l'enfant, tout le monde doit s'en réjouir; pour cela, il ne faut rien changer à nos vieilles habitudes.

La rapidité avec laquelle Jeannette enleva la nappe montra que M. Azimbert savait se faire obéir, et que chez lui un ordre donné était un ordre exécuté. Il avait parlé doucement et plutôt sur le ton de la bonhomie et de la plaisanterie que sur le ton du commandement.

Pendant que la vieille servante allait et venait autour de la table, il continua en s'adressant à Marthe :

— Tu sais que tu ne trouveras pas ici le confortable et le bien-être au milieu desquels tu vis maintenant. A vrai dire, je pourrais améliorer notre ordinaire, mais je m'en garderai. On a fait du bien-être une sorte de religion à laquelle on sacrifie tout : sans bien-être, il semble aujourd'hui que la vie est impossible ou insupportable. C'est, à mon sens, un grand mal, qui a sur les mœurs générales une influence pernicieuse. Ici tu verras, maintenant que tu es grande et que tu raisonnes, qu'on peut vivre simplement, et cette leçon pourra ne pas t'être inutile. Il faut nous attacher avant tout à être libre, et c'est de la liberté qu'on gagne quand on apprend à ne point se faire l'esclave des choses; c'est bien assez d'être l'esclave des idées qu'on reçoit.

Le souper était digne de cette simplicité dont parlait M. Azimbert : il se composait d'une soupe aux légumes et d'une salade avec des œufs durs. Marthe mangea avec le magnifique appétit d'une jeune fille qui a jeûné depuis trois jours, et, bien que le pain fût cuit depuis plus d'une semaine, elle ne le trouva pas trop rassis.

Elle dormit comme elle avait soupé, et, en retrouvant sa chambre telle qu'elle l'avait laissée autrefois, elle éprouva une véritable joie. Comme on ne l'attendait pas, cette chambre était encombrée de différentes choses : au plafond pendaient des glanes de maïs ; dans les encoignures, étaient entassés des sacs d'avoine. Mais qu'importait! les draps en grosse toile avaient la blancheur de la neige, et il n'était pas nécessaire de fermer la porte au verrou.

Ce furent les craquements de l'escalier en bois qui l'éveillèrent. Elle ouvrit les yeux, et elle vit que la chaude lumière du soleil levant emplissait déjà sa chambre.

Elle se hâta de s'habiller et de descendre. Dans la cour, elle trouva son grand-père qui veillait au départ des ouvriers.

— Déjà ? dit-il en l'apercevant.

A la façon dont il prononça ce mot en souriant, elle sentit qu'elle lui avait fait plaisir : il avait horreur en effet qu'on restât tard au lit.

Bientôt les préparatifs furent terminés, et, les bœufs ayant été attachés au joug, le char sortit de la cour, emportant les ouvriers.

Alors M. Azimbert, prenant Marthe par le bras, l'emmena sous un chêne vert qui abritait un banc de son ombrage noir, et la fit asseoir près de lui.

— J'ai beaucoup réfléchi à toi durant la nuit, dit-il, car la situation dans laquelle tu t'es mise et tu me mets est terriblement délicate ; c'est ta réputation, ton honneur de jeune fille, que tu as joués.

— M'était-il possible de faire autrement ?

— Je ne sais pas, et à vrai dire je trouve qu'il est inutile d'examiner aujourd'hui cette question, puisque nous ne pouvons pas revenir en arrière, et que tout ce qui est fait est irréparable. Cependant il me semble que si tu m'avais écrit de venir te voir, si tu m'avais consulté, nous aurions peut-être trouvé un moyen pour ne pas te lancer dans cette aventure.

— Je n'avais pas le temps d'attendre.

— Enfin ne discutons pas là-dessus, ce serait paroles perdues. Nous avons mieux à faire. Tu restes ici, c'est entendu. Maintenant nous devons voir dans quelles conditions. Qu'on puisse te retrouver après tous les détours que tu as faits, cela me paraît peu probable, car tu as eu la finesse et la ruse du renard ; tu as si bien embrouillé ta piste, qu'il faudrait un fin limier pour la suivre. D'un autre côté, qu'on apprenne, par l'indiscrétion des gens d'ici, que tu es avec moi, cela ne présente guère plus de chances. Jamais un étranger ne vient à Laqueytive, et jamais un habitant de notre hameau ne va à Bordeaux. Nous sommes dans un désert.

— C'est là-dessus que j'ai compté.

— Et tu as compté juste : il me paraît que les chances sont pour qu'on ne te découvre pas. Donc nous voilà réunis pour un long temps peut-être, et ta tranquillité est assurée. Mais celle de ton père ? En ce moment, si j'en juge par son caractère emporté, il est furieux contre toi. Mais la colère, si violente qu'elle soit, ne persiste pas dans le cœur d'un père qui aime son enfant, et ton père t'aime d'une tendresse très-vive, très-passionnée ; au moins il t'aimait ainsi autrefois, au temps où nous parlions de toi ensemble.

— Il en est maintenant comme il en était autrefois..

— J'en suis certain, et c'est pour cela que je m'inquiète de lui. Quand la colère va s'apaiser, crois-tu que son angoisse ne va pas être grande ? Il va se demander où tu es, ce que tu fais. Sens-tu sa douleur ? C'est presque comme si tu étais morte pour lui. Et si tu savais quelle horrible chose c'est pour un père d'avoir perdu son enfant !

— Je voudrais lui écrire.

— Sans doute, c'est ce que tu dois faire. Mais, si tu ne veux pas qu'on te vienne chercher le lendemain du jour où tu auras écrit, il ne faut pas que ta lettre parte d'ici. On doit te croire à Paris, il faut que tes lettres portent le timbre de Paris. Pour cela, je les enverrai à un ami que j'ai à Paris et qui les mettra à la poste.

— Et je te promets d'écrire de telle sorte, que papa verra bien que c'est seulement M. de Sainte-Austreberthe que je fuis.

— Voilà un point réglé; il en reste un autre. C'est contre M. de Sainte-Austreberthe que je veux te défendre; mais, je te l'ai déjà dit, je n'entends pas favoriser ton amour pour Philippe ni l'amour de Philippe pour toi. Je veux, quand ce sujet sera abordé entre ton père et moi, pouvoir dire hautement que tu n'as pas vu Philippe, que tu ne lui as pas écrit et qu'il ne t'a pas écrit lui-même. Pour moi, c'est une affaire de conscience, dont tu dois sentir toute l'importance. Ce que je fais est déjà bien assez grave, sans encore le compliquer. Promets-moi de ne pas écrire à M. Heyrem, promets-moi aussi de lui renvoyer sa lettre sans la lire s'il t'écrit, et tu auras assuré ma tranquillité.

— Je te le promets.

— Maintenant je vais être tout au bonheur de t'avoir avec moi.

— Il me semble, dit Marthe après un moment de réflexion, que tout n'est pas encore réglé.

— Que vois-tu qui manque ?

— Mon père aura de mes nouvelles, mais moi je n'en aurai pas de lui.

— Cela est vrai, mais je ne veux pas aller le voir à Bordeaux cependant ; tu comprends qu'il me serait impossible, en parlant de toi, de ne pas dire que tu es ici.

— Assurément.

— Alors que veux-tu que nous fassions ? Il me paraît dangereux de s'ouvrir à une personne de Bordeaux ; pour moi je n'ai pas d'ami sûr à qui je pourrais demander ce service, je craindrais une indiscrétion.

— Cependant il est de la plus grande importance que nous ayons des nouvelles de mon père. D'abord je ne pourrais pas rester plusieurs semaines sans savoir comment il se porte. Comment a-t-il supporté ma fuite ? S'il était malade et que je ne fusse pas près de lui, ce serait un crime.

— Sans doute, mais que veux-tu que je fasse à cela ?

— Et puis il y a encore un autre point à considérer. Si M. de Sainte-Austreberthe, éclairé par mon départ, renonce à sa demande et rompt avec mon père, je veux rentrer à la maison.

— Tout cela est très-juste, mais je ne trouve pas par quel moyen nous pouvons être informés de ce qui se passe à Bordeaux ou à Château-Pignon : je ne peux pas aller à Bordeaux sans voir ton père, et je ne peux pas voir ton père sans parler de toi.

— Il me semble qu'il y aurait un moyen cependant de savoir ce que nous désirons.

— Et lequel ?

— Tu n'en voudras peut-être pas, au moins je le crains.

— Dis toujours.

— D'avance tu l'as repoussé, c'est là ce qui m'arrête.

— Comment, d'avance ?

— Ne m'as-tu pas demandé de ne pas écrire à Philippe ? C'est lui cependant et lui seul qui pourrait nous venir en aide. Personne n'a intérêt comme lui à savoir ce qui se passe chez mon père, et, bien qu'il ne puisse pas s'y présenter maintenant, certainement il l'apprendrait. Avec lui pas d'indiscrétion à craindre, aucun danger, et un dévouement certain.

— Oui, mais il faut qu'il t'écrive.

— Pourquoi ne t'écrirait-il pas à toi ? Ce n'est pas la même chose que s'il m'écrivait à moi.

— Tu me dis qu'il est à Paris.

— Je n'aurais qu'une lettre, une seule à lui écrire, pour lui dire de revenir à Bordeaux ; de là il pourrait nous tenir au courant de ce qui nous intéresse.

M. Azimbert regarda Marthe dans les yeux, mais elle vit qu'elle ne l'avait pas fâché : sa physionomie, toujours franche et ouverte, avait une expression souriante tout à fait rassurante.

— Ah ! petite fille, dit-il en lui tirant l'oreille, petite fille, tu as plus de malice dans ta naïveté que moi dans mon expérience. M'as-tu bien amené à ce que tu voulais, et je ne me suis douté de rien ; tu as joué de moi comme d'un vieux pantin.

— Ah ! grand-père.

— Allons, il sera fait comme tu demandes ; car tu as si bien manœuvré, que je ne vois pas comment t'échapper. Je vais donc recevoir des lettres de M. Heyrem. Au surplus je n'en suis pas fâché ; cela va me permettre de le connaître. Il y a en lui quelque chose qui ne me plaît point. Peut-être ses lettres changeront-elles mon impression.

— Ce n'est pas peut-être qu'il faut dire ; tu verras, tu verras.

— Oui, un dieu, n'est-ce pas ? Ah ! jeunesse, jeunesse, que tu es heureuse !

XX

Bien que M. Azimbert pensât peu ordinairement aux choses de la toilette, il voulut, dans les précautions qu'il prenait pour arranger le séjour de Marthe à Laqueytive, porter ses soins jusque dans ces petits détails.

— Maintenant, dit-il, que nous avons décidé les points importants qui doivent régler ta vie ici, il me semble qu'il serait bon de nous occuper de choses moins sérieuses peut-être, mais cependant utiles. Qu'as-tu apporté avec toi?

— Rien, cette robe et le chapeau que j'avais sur la tête : je ne pouvais pas m'embarrasser et me charger de bagages.

— Il te faut donc du linge, des robes, des chaussures, les mille objets nécessaires à une femme : je n'ai rien de cela ici, et nous ne pouvons pas le trouver à Gabas, à moins de t'habiller en paysanne.

— Cela serait assez drôle.

— Oui, mais nous devons éviter ce qui peut faire parler ; il faut donc acheter les objets qui te sont nécessaires.

— Et où cela ? demanda Marthe avec effroi ; encore voyager !

— Rassure-toi, nous voyagerons ensemble ; seulement, comme il pourrait être dangereux de nous montrer à Mont-de-Marsan, où tout le monde me connaît, nous irons à Dax où à Bayonne.

— Mais en chemin de fer ?

— Nous voyagerons en troisième classe, où tu ne rencontreras pas sans doute des amis : tu n'as pas peur de t'asseoir sur des planches ?

— Tu t'y asseois bien, toi.

— Oh ! moi, tu sais, je suis dur à la fatigue, et puis je suis un plébéien ; je m'ennuie dans vos wagons de première classe où je ne trouve que des gens qui croiraient compromettre leur dignité s'ils parlaient à leurs voisins. En troisième, où les voyageurs sont moins « comme il faut, » on écoute quand on a des oreilles, et l'on apprend beaucoup de choses.

Ils partirent le lendemain pour Dax et ils passèrent une partie de la journée à parcourir les magasins : nouveautés, lingerie, mercerie, chaussures, c'était un trousseau complet qu'il fallait à Marthe.

Elle voulait prendre les choses les plus simples, mais son grand-père s'y opposait.

— Ne pense pas seulement au présent, disait-il ; je voudrais, quand nous serons séparés, que tu pusses te servir des objets que nous achetons en ce moment : cela t'obligerait par la pensée à revenir au temps que tu auras passé près de moi. Songe donc, petite-fille, qu'on a d'autant plus de plaisir à donner qu'on n'est pas riche, et que l'argent qu'on dépense vous a coûté à gagner. Ruine-moi, je t'en prie ; c'est un plaisir dont ton père est privé.

Quand les acquisitions furent terminées, elle voulut regagner la gare.

— Pas encore, dit M. Azimbert en reprenant la main de Marthe sous son bras ; nous n'avons pas fini.

— Je n'ai plus besoin de rien.

— Tu crois ; je vais te prouver que tu te trompes.

Et il l'emmena d'un air triomphant. Sur leur passage, les gens s'arrêtaient ou se retournaient ; on regardait avec curiosité ce grand vieillard qui marchait le chapeau à la main, traînant derrière lui les basques flottantes de sa longue redingote grise, d'une coupe si vieille qu'un archéologue seul eût pu dire son âge ; on admirait ses longs cheveux blancs, qui pendaient en mèches frisées jusque sur ses épaules.

Il la conduisit chez un sellier qui était en même temps carrossier.

— Est-ce que tu veux m'acheter une calèche ? dit-elle en riant.

— Non, mais une selle de femme, pour que nous puissions faire de bonnes courses ensemble. Tu penses bien, n'est-ce pas, que je ne vais pas te laisser à la maison pour que tu t'enfonces dans de tristes idées ? A tourner sur lui-même, l'esprit s'étourdit comme le corps. J'ai une jument qui est douce à monter ; nous ferons des excursions qui te seront salutaires. Je veux que tu rentres à Bordeaux saine d'esprit et forte de corps. Je vais reprendre un projet que j'ai caressé autrefois, quand j'espérais que ton père t'enverrait passer tous les ans deux ou trois mois avec moi : j'avais bâti alors tout un plan d'éducation que les circonstances ne m'ont pas permis d'exécuter. Tu as été envoyée à Paris, et maintenant c'est à toi sans doute de faire mon éducation.

— Ah ! grand-père !

— J'ai la tête un peu dure, mais j'ai bonne volonté et persévérance : tu verras.

En parlant ainsi, M. Azimbert était de la meilleure

foi du monde. Marthe avait été une des bonnes élèves du couvent à la mode dans lequel elle avait été élevée ; pour lui elle avait dû puiser là une instruction bien supérieure à celle qu'il eût pu lui donner. Il avait la religion du progrès, et il croyait que le progrès avait dû suivre sa marche ascendante dans l'instruction comme dans toutes choses, même à travers les grilles d'un couvent.

Mais il vit bientôt qu'il devait en rabattre de cette espérance : ce n'était pas à Marthe de lui apprendre quelque chose.

Les fonctions de juge de paix à la campagne, dans un pays qui n'est pas de chicane et de procès, ne sont pas très-absorbantes. M. Azimbert avait beaucoup de temps à lui, ce temps, il le passait tout entier avec Marthe ; ils se promenaient à cheval ou à pied, et, en se promenant, ils causaient. M. Azimbert, qui ne voulait pas laisser Marthe livrée à ses pensées, portait presque toujours l'entretien sur des sujets généraux, dont leurs excursions à travers les landes, dans les plaines, dans les bois, au bord de la mer, leur fournissaient le thème.

Mais il arrivait souvent que, dès les premiers mots, M. Azimbert s'arrêtait et regardait Marthe avec stupéfaction.

— Eh quoi, se disait-il, elle ne connaît pas ces

choses si simples: qu'est-ce donc qu'on apprend aux enfants aujourd'hui.

Pendant les premiers jours, il se fit ces réflexions tout bas, mais il n'était pas homme à taire longtemps ses pensées ou à retenir l'expression de ses sentiments. Bientôt la contrainte qu'il s'imposait lui échappa.

— Supportes-tu les observations? dit-il un matin à Marthe.

— Comment peux-tu me demander cela? Tu me crois donc bien sotte?

— Eh bien! mon enfant, il faut que je te dise que tu me causes d'étranges surprises.

— Crois-tu que je ne m'en sois pas aperçue? Tout à coup, en causant, tu t'arrêtes, tu frappes la terre avec ton bâton et tu me regardes comme une bête curieuse. Voyons, qu'est-ce qu'il y a en moi qui t'étonne : suis-je curieuse ou suis-je bête?

— Il y a que tu me dis des choses prodigieuses.

— Sans m'en douter?

— Absolument. Ainsi avant-hier, en revenant des dunes et en traversant les *alios*, nous venons à parler d'histoire naturelle. C'était obligé, en sautant de monticule en monticule, au milieu des flaques d'eau, nous devions nous occuper des milliers de bêtes qui peuplent ces eaux. Je te fais causer et tu me dis que les animaux apathiques comprennent les infusoires, les polypes, les radiaires, les vers.

— Eh bien?

— C'était parfait. Te voyant partir ainsi, je crois que tu vas continuer; mais plus rien, je ne peux plus rien tirer de toi. Je te montre une sangsue, tu ne sais même pas ce que c'est; seulement, quand je te la nomme, tu me dis que c'est un animal invertébré, formant la première classe de la subdivision des vers.

— Ce n'est pas juste?

— C'est admirable. Dans la lande, je te montre une fougère. Autre histoire. Tu me dis que les fougères sont des plantes acotylédonées, herbacées, à tiges souterraines, rampantes, vivaces; puis tu me dis encore des choses intéressantes sur les plantes inembryonnées et embryonnées. Je crois que tu es forte en botanique; je te montre une flouve, tu ne sais pas ce que c'est; une avoine, un trèfle, tu ne sais pas ce que c'est; tu ne connais même pas les herbes de ton pays.

— C'est vrai; on ne nous en a jamais rien dit.

— Hier, à propos des protestants de Gabas, qui sont une exception dans le département, nous venons à parler de la Saint-Barthélemy, et tu me dis que la responsabilité de ce massacre porte exclusivement sur Catherine de Médicis, qui irrita ou dénatura l'instinct religieux pour en faire un instrument politique, tandis que la religion catholique est demeurée étrangère à cet attentat.

— Tu ne crois pas cela?

— Ah! certes non.

— C'est cependant ce qui nous a été enseigné, et cette phrase se trouve à peu près textuellement dans l'histoire de France qui nous servait en classe.

— J'en suis convaincu, et c'est là précisément ce qui me fâche. On t'a pris tes belles années pour t'enfermer entre quatre murailles et pendant qu'on étiolait ton corps, on faussait ton esprit ou bien on le nourrissait de futilités. Ta mère, chère enfant, qui a été élevée ici dans cette pauvre maison, n'ayant d'autre maître que moi, d'autres livres que les deux ou trois cents volumes de ma chétive bibliothèque, en savait plus que toi. Elle ne m'aurait pas débité toutes les belles choses que tu viens de me raconter, mais elle ne m'eût pas dit « que la lumière est un mystère de la nature, qui nous apprend à croire les mystères de la foi... » Ta mère n'eût pas écrit une lettre avec une orthographe aussi correcte que la tienne; elle n'eût pas comme toi su qu'on devait écrire un couvre-pied, des couvre-pieds, un serre-tête, des serre-tête. Mais son esprit avait été dressé dès l'enfance à des habitudes de rigueur et de netteté que je ne trouve pas en toi. J'aurais voulu te donner cette instruction première, mais ton père la trouvait indigne de ton rang : il avait d'autres ambitions que d'offrir pour professeur à sa fille un vieux juge de paix de village. Il a voulu mieux; et comme il a payé pour avoir le mieux, il a aujourd'hui la conscience satisfaite. Ce n'est pas sa faute, s'il n'a pas obtenu un meilleur résultat.

— Est-ce la mienne?

— Non, bien sûr; mais c'est celle de ton éducation frivole et superficielle, c'est celle de tes maîtres et du mauvais esprit qui les inspire. Veux-tu que nous essayons de réparer cela? Rien n'est salutaire comme le travail pour nous distraire de notre chagrin. Malgré la figure souriante que tu tâches de me montrer toujours, je sais qu'au fond du cœur tu n'es pas gaie. Ne te défends pas : quoi de plus naturel, de plus juste, dans la triste situation où tu te trouves placée? Le plaisir, la promenade, la conversation, ont du bon pour occuper notre esprit, l'arracher à son tourment et tuer le temps, mais le travail vaut mieux encore. Veux-tu que nous travaillons ensemble? Ne crains pas de me fatiguer ou de m'ennuyer, et sois persuadée au contraire que rien ne peut m'être plus agréable. J'avais fait mon deuil de ce bonheur que je m'étais promis autrefois, au temps où je me disais : « Ma petite-fille n'aura pas de fortune de moi, mais elle aura des souvenirs qui valent mieux que la richesse. » Maintenant que nous pouvons pour ainsi dire revenir dans le passé, profitons-en.

Marthe était trop heureuse de pouvoir échapper aux idées qui l'oppressaient pour ne pas accepter cette proposition avec empressement; elle se mit donc au travail sous la direction de son grand-père, et les heures, jusque-là si longues et si vides, passèrent plus vite par cela seul qu'elles étaient maintenant remplies.

Qu'allait dire la réponse de Philippe?

C'était la question que Marthe se posait avec angoisse depuis son arrivée à Laqueytive. Sans le travail dans lequel elle s'absorba, cette question terrible n'eût pas accordé une minute de relâche à son esprit.

Enfin elle arriva, cette réponse : Philippe, de retour à Bordeaux, avait trouvé l'intimité de M. Donis et de Sainte-Austreberthe aussi étroite qu'au moment où il était parti pour Paris. Madame Donis était en voyage; M. Donis et Sainte-Austreberthe étaient en plein dans le travail de l'élection; jamais agent électoral n'avait déployé autant de zèle que le vicomte.

L'effet de cette nouvelle ne fut pas le même sur le grand-père et sur la petite-fille : Marthe resta atterrée, M. Azimbert, dans un mouvement d'égoïsme inconscient, se montra radieux.

— Allons, dit-il, je crois que nous avons du temps pour rester ensemble et travailler. Elle est bien, cette lettre : il y a de la droiture, de la noblesse, de la fierté.

— N'est-ce pas, grand-père ?

— Je crois que c'est un honnête garçon ; mais, pour nous prononcer, attendons ses autres lettres.

XXI

Comment les relations de M. Donis et de Sainte-Austreberthe n'avaient-elles pas été rompues par la fuite de Marthe, c'est ce que Philippe, n'ayant plus accès à Château-Pignon, n'avait pu savoir, et c'est ce qu'il est utile d'expliquer.

Quand M. Donis couchait à Château-Pignon, il avait l'habitude de se lever de bonne heure et de descendre au jardin, où presque aussitôt Marthe venait le rejoindre; alors, pendant que madame Donis restait à sa chambre, ils se promenaient tous deux jusqu'au moment du déjeuner. Ils n'avaient jamais décidé cette promenade par des paroles précises, mais il s'était établi entre eux un accord tacite si formel, qu'elle était devenue pour ainsi dire réglementaire; jamais Marthe ne l'avait manquée: c'était pour elle le seul moment de la journée où elle avait son père sans partage et où elle le retrouvait tel qu'elle l'avait vu autrefois avant son mariage ; c'était l'heure de l'intimité, des confidences, des bavardages, de l'abandon et de la tendresse. Ils discutaient les changements qu'on exécuterait lors du prochain hiver, ils suivaient les progrès des plantations faites pendant l'hiver précédent ; il lui donnait ses instructions pour la semaine dans laquelle on entrait, elle lui rendait compte des travaux de la semaine écoulée. Le temps marchait rapide, heureux, et la cloche du déjeuner les surprenait presque toujours, qu'ils avaient encore mille choses à se dire.

— Ne pars pas demain trop tôt, disait Marthe ; nous reviendrons.

Le dimanche matin, jour de la fuite de Marthe, M. Donis descendit plus tard qu'à l'ordinaire, car pour lui la nuit avait été fatigante ; après son premier sommeil qui était toujours solide, si grandes que fussent ses préoccupations, il était resté longtemps éveillé, tourmenté de ce qui se passait, et assez inquiet aussi. C'était pour lui un cruel chagrin d'être en désaccord avec sa fille, et il fallait qu'il fût réellement bien convaincu de l'excellence de son droit pour ne pas céder.

Pendant un quart d'heure, il marcha de long en

large dans l'allée des platanes, s'attendant à voir Marthe arriver d'un moment à l'autre; car il ne lui était pas venu à l'idée que malgré leur dissentiment, elle pourrait manquer à leur promenade du dimanche.

Enfin, comme elle ne paraissait pas, il descendit au jardin, désolé de cette bouderie de sa fille, la première qu'il remarquât chez elle.

— Elle va me rejoindre, se dit-il.

Et convaincu qu'il allait la voir surgir au bout d'une allée, il ne s'éloigna pas du château.

Mais les minutes, les quarts d'heure, s'écoulèrent, les heures mêmes, sans qu'il la vît. Alors l'inquiétude commença à le serrer au cœur.

Si elle était malade? Elle était bien pâle la veille; l'émotion et le chagrin lui avaient peut-être donné la fièvre.

Il monta à sa chambre, il frappa. Personne ne répondit. Il frappa de nouveau, et, n'ayant pas obtenu de réponse, il entra.

Vivement il traversa la première pièce et en entrant dans la chambre, il marcha droit au lit; il n'était pas défait.

Au moment où il se retournait, se demandant ce que cela pouvait signifier, il aperçut sur le bureau de Marthe une lettre placée en évidence; il s'approcha. L'enveloppe portait en gros caractères : « Pour mon père, seul. »

Il la prit, frappé d'un terrible pressentiment ; mais sa main tremblait tellement qu'il pouvait à peine lire. Cependant les mots : « Je fuis... là où je me retire... adieu, mon cher père... », se détachèrent enfin de la lettre et flamboyèrent devant ses yeux, comme s'ils avaient été tracés en caractères de feu.

Partie, Marthe, ce n'était pas possible !

Il s'assit et, ayant posé la lettre sur le bureau, il la relut.

Le doute n'était pas possible ; il fallait se rendre à l'évidence, si cruelle qu'elle fût. Sa fille ! sa fille !

Il prit la lettre et descendit à la chambre de sa femme. Celle-ci, en le voyant entrer, fut épouvantée de sa pâleur ; ses mains tremblaient, la colère lui sortait des yeux.

— Madame, dit-il, il se passe ici des choses terribles, monstrueuses.

Disant cela, il agita la lettre dans sa main en la froissant.

Madame Donis ne se troublait pas facilement ; cependant elle était dans une situation où le péril imminent amollit la fermeté la mieux trempée, elle regarda son mari avec une émotion de trouble et d'effroi.

— Que voulez-vous dire? demanda-t-elle.

— Lisez cette lettre.

Elle prit la lettre et tout d'abord ses yeux coururent à la signature : c'était de Marthe. Elle respira. De Marthe, elle n'avait rien à craindre.

Elle lut alors la lettre.

— Vous voyez, dit M. Donis, c'est ma fille; elle fuit la maison; elle me fuit, moi qui l'aimais tant. Oh! les femmes, tout est donc possible avec elles?

— Mon ami...

— C'est de ma fille que je parle; ce n'est pas de vous, Éléonore. Donnez-moi votre main, que je sente que tout n'est pas tromperie en ce monde, et qu'il me reste un cœur pour me soutenir et me consoler.

Il resta un moment accablé sous ce coup, qui le frappait si durement dans ses sentiments de père, dans son amour et sa tendresse; mais bientôt la colère reprit le dessus, et sa fierté outragée se révolta.

— Le monde! s'écria-t-il en abandonnant la main de sa femme, que va dire le monde qui nous envie? On va rire de nous. Marthe déshonorée, quelle humiliation!

— Il ne faut pas que cela soit.

— Comment l'empêcher?

— En ne donnant pas au monde l'occasion de parler, en ne lui permettant pas de savoir la vérité.

— Est-ce possible ?

— Je le crois ; au moins il faut le tenter.

En ce moment, Clara entra dans la chambre :

— M. le vicomte de Sainte-Austreberthe, dit-elle, vient d'arriver ; il est au salon avec M. de Mériolle.

— Dites à ces messieurs que nous descendons, commanda madame Donis, qui avait tout son sang-froid.

— M. de Sainte-Austreberthe, dit M. Donis lorsque Clara fut sortie ; comment lui apprendre la vérité ?

— Quand je vous disais tout à l'heure, continua madame Donis sans répondre directement, qu'il ne fallait pas permettre au monde d'apprendre la vérité, je pensais à faire un voyage : Marthe serait censée m'accompagner et son absence aurait une explication toute naturelle. Je puis partir immédiatement, je ne reviendrai que quand Marthe reviendra elle-même.

— Me quitter, vous aussi, en ce moment ?

— N'est-ce pas le seul moyen pour dérouter la médisance ?

— Et où voulez-vous aller ?

— Je ne sais, n'importe où, dans un village des Pyrénées, où nous n'aurions pas d'indiscrétion à craindre ; ou bien dans un village de la côte de Normandie où personne ne nous connaît. Mais le lieu est le peu d'importance ; c'est de votre détermination qu'il s'agit.

— Guidez-moi, car je suis incapable de me conduire moi-même en ce moment ; la présence de Sainte-Austreberthe m'enlève ma raison.

— On peut dire que Marthe est souffrante.

— Tromper le monde, oui, j'y consens ; mais tromper M. de Sainte-Austreberthe est impossible : ce serait une infamie dont je ne me rendrais pas coupable, au prix même de la vie. Il faut qu'il sache tout. C'est de son bonheur et de son honneur qu'il s'agit.

— Voulez-vous lui montrer cette lettre ?

— Non ; mais je veux, je dois lui dire que Marthe a quitté ma maison parce qu'elle ne veut pas l'épouser, et que je ne sais pas où elle s'est réfugiée. Il me semble que c'est là ce que je dois faire, et, si terrible que cela soit, je le ferai. Descendons.

— Remettez-vous.

— Oui, je tâcherai. Parlez tout d'abord, occupez-les ; essayez de les distraire, si vous en avez la force. Pendant ce temps, je reprendrai ma raison. Oh! Marthe, Marthe!

Madame Donis lui mit la main sur la bouche.

— Ne l'accablez pas; l'amour est terriblement puissant dans un cœur passionné.

— C'est l'indulgence qui dicte vos paroles; mais, hélas! je ne vous vaux pas; et c'est la colère qui parle en moi.

Madame Donis entra la première dans le salon, et après avoir serré la main de Sainte-Austreberthe, elle fit un signe à M. de Mériolle pour lui dire qu'elle avait à lui parler.

Celui-ci, croyant qu'il fallait prendre un air assuré et détourner les soupçons, ne trouva rien de mieux à dire que de demander des nouvelles de Marthe.

— Elle est souffrante, dit madame Donis; elle ne peut pas descendre.

A ce mot, Sainte-Austreberthe ouvrit l'oreille, et, remarquant l'air bouleversé de M. Donis, il se dit qu'une scène avait sans doute eu lieu entre le père et la fille, et que par suite Marthe ne voulait pas descendre. Comme il s'attendait à quelque chose de décisif, il ne fut pas surpris, et en réalité il aima mieux cette abstention de Marthe qu'une nouvelle explication avec elle.

Madame Donis regarda son mari, et, le voyant résolu dans son émotion, elle tendit la main à M. de Mériolle.

— Voulez-vous m'offrir votre bras ? dit-elle ; que je vous consulte pour mon jardin.

Puis, sortant du salon, serrée contre lui, elle se haussa vers son oreille :

— Où voulez-vous aller ? dit-elle, au bord de la mer, en Normandie, ou dans les Pyrénées ?

Il la regarda, interdit.

— Je parle sérieusement ; je puis passer quelques jours de liberté avec vous, avec vous seul. Où voulez-vous que nous les passions ?

— Vous savez que je suis stupide.

— Vous n'avez pas besoin de comprendre, je vous expliquerai plus tard ; pour le moment, vous n'avez qu'à me dire où vous voulez aller.

— Où vous voudrez.

— Bien, en Normandie alors. Tout à l'heure, en rentrant dans la salle à manger, vous annoncerez votre départ pour l'Angleterre, départ arrêté depuis huit jours déjà, n'oubliez pas cela, et vous n'êtes venu aujourd'hui ici que pour nous l'annoncer.

M. Donis, resté seul avec Sainte-Austreberthe, eut un moment d'hésitation douloureuse ; mais bientôt, relevant la tête, il vint se placer en face du vicomte.

— Madame Donis vous a dit tout à l'heure que Marthe était souffrante ; cela est une excuse bonne pour le monde ; la vérité est que ma fille a quitté ma maison, cette maison, pour s'enfuir je ne sais où. Tout ce que je puis affirmer, c'est qu'elle n'a pas rejoint la personne dont vous m'avez parlé. Elle s'est résolue à cet acte coupable, parce qu'elle refuse de ratifier l'engagement que j'ai pris envers vous. Monsieur le vicomte, je vous rends donc votre parole, et je vous demande d'accueillir les excuses d'un père désolé, les regrets d'un ami.

En écoutant ce discours, débité d'une voix brisée, que la volonté seule soutenait, Sainte-Austreberthe demeura stupéfié. Marthe s'était sauvée! De toutes les probabilités qui s'étaient présentées à son esprit, c'était la plus invraisemblable qui précisément se réalisait. Cela le démonta un moment.

Mais après quelques secondes de réflexions, il se remit :

— Les paroles que vous venez de prononcer, dit-il lentement en pesant les mots, sont de l'homme loyal par excellence. Ma douleur est si profonde, ma stupéfaction est si grande, que je ne sais que répondre. Cependant il y a une chose que je veux vous dire, c'est que je ne reprends pas ma parole et ne vous rends pas votre engagement aujourd'hui.

— Monsieur le vicomte!...

— Ce qui s'est passé, je n'en sais rien ; mais il m'est impossible de soupçonner mademoiselle Marthe. Avant de la juger, sachons la vérité. Alors nous parlerons librement. Pour aujourd'hui, nous n'avons qu'une chose à faire : la retrouver, et c'est la mission que je vous prie de me confier, mon cher monsieur Donis, mon ami, mon père.

Et il se jeta dans les bras de M. Donis, qui suffoquait.

XXII

Il fallait retrouver Marthe. Pour cela Sainte-Austreberthe avait besoin du concours de M. de Cheylus. En rentrant à Bordeaux, il raconta donc à celui-ci ce qui s'était passé à Château-Pignon.

— Qui aurait cru cette jeune fille capable d'une telle résolution? dit M. de Cheylus. L'air doux, réservé, timide même : fiez-vous donc aux jeunes filles!

— L'eau qui dort.

— Enfin voici une affaire manquée. Je suis désolé, cher ami, ma parole d'honneur, désolé; tout allait si bien. Quelle fatalité!

— Et pourquoi voulez-vous que l'affaire soit manquée?

— Il me semblait.

— Tout d'abord j'ai pensé comme vous, mais quelques minutes de réflexion m'ont fait envisager la question sous un autre point de vue. De quoi s'agit-il en réalité? D'une escapade de jeune fille.

— Si vous ne voyez là qu'une escapade, très-bien alors. Je suis de votre avis, mettons que c'est une escapade.

— Absolument et, en allant au fond des choses, on ne trouve que cela. Seulement, ce qui n'est, pour des gens sensés, qu'une escapade, je maintiens le mot, est chez la jeune fille, un acte de courage et de fermeté qui indique une femme de volonté et de résolution, avec des côtés passionnés et violents que je ne soupçonnais pas en elle. Savez-vous ce que cet acte a produit en moi?

— Je me serais prononcé tout à l'heure, maintenant j'hésite.

— Eh bien, il m'a révélé un amour que je ne sentais pas en moi. Hier Marthe m'était assez indifférente, aujourd'hui je l'adore.

— Ah, ah!

— Positivement. Je la trouvais jolie, charmante, délicieuse, douée de mille qualités physiques et morales, tout ce qu'on voudra; mais, en réalité, elle ne me disait rien de particulier. En la voyant la première fois, j'avais cru que j'allais m'éprendre d'une belle passion; que j'aimerais le ciel bleu et les étoiles, les brises du soir et les silences de la nuit; que je plongerais mes mains dans l'eau avec délices en la regardant tendrement, que je me lèverais la nuit pour converser avec la lune. Eh bien! non, cela ne s'est pas réalisé. Une fois, en nous promenant sur la Gironde, j'ai plongé mes mains dans l'eau, comme cela se fait dans les lithographies qui se trouvent en tête des romances : mais je n'ai ressenti d'autre sensation que celle du froid. Maintenant c'est bien différent et sa fuite si bien combinée, si bien exécutée, m'émeut et me provoque : c'est une femme, un caractère. Il y a quelque chose en elle qui vaut la peine d'être dompté.

— Quel feu! vous amoureux?

— Hé, mon cher, ne l'avez-vous jamais été?

— Aussi souvent que j'ai pu.

— Alors vous savez, aussi bien que moi, que les femmes qu'on aime réellement ne sont pas celles qui vous promènent lentement, tranquillement dans une plaine calme et monotone ; mais celles au contraire qui vous entraînent pour vous enlever aujourd'hui sur un sommet, et vous plonger demain dans un abîme.

— Autrement dit, dans un langage moins poétique, les femmes honnêtes sont ennuyeuses, et les autres seules sont amusantes : il y a du vrai là-dedans.

— Enfin j'adore Marthe, et je veux qu'elle soit

ma femme, si cela est encore possible, ce que je crois. Il y a toutes sortes d'avantages à être le mari d'une femme sur laquelle on a barres.

— Sans compter que mademoiselle Marthe, revenant à la maison paternelle, vaut plus cher qu'avant sa fuite ; et bien certainement M. Donis augmentera la dot en faveur du gendre qui voudra bien prendre sa fille après l'accroc fait à sa réputation. La déchirure n'est pas sérieuse, j'en suis persuadé comme vous, mais enfin c'est une tare qu'on peut estimer à un million... ou deux ; c'est un chiffre à fixer à l'amiable, puisque la marchandise a subi avant livraison une diminution de valeur.

— Je n'avais pas pensé à cela.

— Convaincu, cher ami.

— Enfin, puisque je suis décidé à épouser Marthe, si cela est encore possible, il faut que nous nous occupions activement de la chercher et de la trouver. Pour cela, il me faut Frechina ; voulez-vous me le donner?

— Immédiatement je l'envoie chercher et je le mets à votre disposition. Bonne chasse, cher ami.

Frechina écouta le récit et les explications de Sainte-Austreberthe avec une discrétion admirable ; quand on prononçait un nom propre, il fermait les yeux, et, aux passages compromettants, il prenait une attitude composée, où il y avait à la fois de la sympathie et de la désolation; puis, pour passer d'une expression de visage à une autre, il remontait ou il abaissait ses lunettes sur son nez, et ce n'était plus le même homme.

— Vous avez été content de moi, la première fois que j'ai eu recours à vos services? demanda Sainte-Austreberthe.

— J'ai été comblé; je suis devenu inspecteur de première classe et j'ai reçu une gratification.

— Eh bien! si vous réussissez, on fera davantage pour vous, et je tâcherai de vous faire arriver à Paris, où votre place est marquée.

Promettre Paris à Frechina, c'était lui enfoncer les éperons à l'endroit sensible.

— Je réussirai! s'écria-t-il.

— N'allez pas trop vite, dit Sainte-Austreberthe, car par-dessus tout je tiens à la discrétion; vous devez agir seul et sans que le nom de la jeune personne soit jamais prononcé.

— Il ne le sera pas, monsieur le vicomte. Le hasard veut que j'aie gardé d'elle un souvenir qui me permettra de la suivre; cheveux noirs, front découvert, sourcils noirs, yeux jaunâtres, nez moyen, bouche petite, menton rond, visage ovale, teint rose: j'ai d'elle son signalement gravé là. Seulement je prie M. le vicomte de me faire donner quelque argent, car les recherches coûtent cher quand il faut les mener sous terre, sans l'aide des agents de l'administration.

Sainte-Austreberthe lui tendit un billet de 1,000 fr.

— Je pars immédiatement.

— Et où allez-vous?

— Pas au château en question, M. le vicomte peut en être certain; je ne suis pas assez maladroit pour aller éveiller la curiosité dans le pays même où la personne dont il s'agit est connue. Pour partir d'un endroit, on suit les routes qui s'en éloignent; je vais commencer mes recherches sur ces routes, en les prenant de loin et en les remontant jusqu'à une certaine distance du château. Je trouverai bien un indice qui me prouvera son passage; ce sera le fil, que je n'aurai plus qu'à tirer doucement pour savoir d'où elle est partie. De ce point, je marcherai derrière elle jusqu'à celui où elle est arrivée.

— Vous m'écrirez?

— Tous les jours, monsieur le vicomte.

— Et, s'il est besoin, vous télégraphiez : la jeune fille alors est Henriette; le jeune homme, Arthur; le père, M. Durand; Château-Pignon, la Maison. Écrivez cette clef, je vous prie, comme je l'écris moi-même, afin d'éviter toute hésitation.

Le plan de Frechina était assez habilement construit. Parti de Bordeaux dans la nuit du dimanche, il commença ses recherches le lundi matin, à trois lieues de Château-Pignon. Le premier cantonnier qu'il interrogea ne put rien lui répondre ; le deuxième, le troisième, ne savaient rien. Des voitures, oui, ils en avaient vu passer, et aussi des femmes et des dames à pied ; mais, dans ces renseignements vagues, rien ne se rapportait au signalement de Marthe.

Le quatrième fut plus précis. Le dimanche, dans la matinée, il avait vu le fils de l'Agenais, qui conduisait une jeune dame dans sa carriole.

Frechina tenait sa piste ; il se fit donner l'adresse du fils de l'Agenais et se rendit chez celui-ci pour lui demander de le conduire à Lesparre, mais le paysan refusa.

— Vous avez pourtant bien conduit une dame hier.

— Oui, mademoiselle Donis, mais justement parce que j'ai été à Lamarque hier, je ne peux pas aller à Lesparre aujourd'hui. Mon cheval est fatigué.

Frechina n'en demanda pas davantage. On ne va pas à Lamarque, on va à Blaye ; Marthe avait été à Blaye pour gagner le chemin de fer. C'était indiqué.

A Blaye, l'agent n'eut pas de peine à découvrir le loueur qui avait donné une voiture à Marthe, et le cocher qui l'avait menée à la Grave-d'Ambarès ne demanda pas mieux que de causer en face d'une bouteille de vin.

— Était-elle gentille, cette petite femme-là ! Vrai, si j'avais été jusqu'à Libourne, je ne sais pas ce que j'aurais fait ; je crois bien que j'aurais perdu la tête. Mais, à Cubzac, elle a voulu aller à la Grave-d'Ambarès.

A la Grave-d'Ambarès, le chef de gare se rappela parfaitement avoir délivré un billet de première classe pour Paris à une jeune femme dont le signalement se rapprochait de celui de Marthe.

Elle était donc à Paris, où elle avait rejoint Philippe. Frechina télégraphia cette nouvelle à Sainte-Austreberthe en lui demandant de lui envoyer à Paris, pour qu'il la trouvât à son arrivée, l'adresse de « M. Arthur. »

A Paris, à la gare d'Orléans, les renseignements que put se procurer Frechina furent contradictoires. On n'avait pas vu de jeune femme arriver seule par le train de Bordeaux ; seulement on en avait vu une avec un jeune homme, mais le signalement n'était pas celui de Marthe, au moins pour la toilette.

— Elle a changé de robe, se dit Frechina; le jeune homme était assurément Arthur.

L'adresse d'Arthur était arrivée : hôtel Byron, rue de Grammont. Il n'y avait qu'à établir une surveillance autour de l'hôtel et à suivre Philippe.

Mais cette surveillance n'amena aucun résultat. Arthur promena l'agent dans les quatre coins de Paris sans que nulle part on trouvât trace d'Henriette; puis tout à coup il partit pour Bordeaux.

Cela devenait inexplicable. Frechina, revenu à Bordeaux, tint conseil avec Sainte-Austreberthe, et, malgré le peu de succès obtenu jusque-là, il fut décidé que la surveillance serait continuée auprès de Philippe : c'était par lui, par lui seul, qu'on apprendrait quelque chose. Marthe ne l'avait pas rejoint, mais il devait la voir quelquefois, il devait correspondre avec elle; son retour à Bordeaux n'avait d'autre but que de dérouter les recherches. Tôt ou tard, en persévérant, on arriverait à un indice quelconque.

Le malheur était qu'on ne pouvait pas faire ouvrir ses lettres. Sainte-Austreberthe avait proposé ce moyen à M. de Cheylus, mais le préfet l'avait repoussé. A Bordeaux, ce procédé était dangereux et même jusqu'à un certain point impraticable.

Tout ce qu'on avait pu faire avait été d'acheter

le facteur qui desservait le quartier de Philippe, encore n'avait-on pu obtenir de lui qu'il livrât les lettres; il avait promis seulement de prendre note du timbre de départ de ces lettres. Par ce timbre, on espérait découvrir le lieu où Marthe se cachait. Mais ce moyen n'avait rien produit : Philippe recevait peu de lettres.

Toutes les fois qu'il sortit, Frechina le suivit, mais ce fut inutilement. Un jour cependant l'agent crut qu'il le tenait : « Arthur » avait demandé chez un loueur une voiture pour Pressac. Frechina se rendit dans ce village avant lui et le guetta. Philippe arriva à onze heures par un beau clair de lune et se dirigea vers Château-Pignon. Qu'est-ce que cela signifiait? Frechina le suivit. Pendant deux heures Philippe se promena dans le parc, et revint à Bordeaux sans avoir vu personne : il avait tout simplement voulu parcourir le pays où il avait été heureux; un anniversaire sans doute.

N'apprenant rien avec les lettres que Philippe recevait, Frechina voulut essayer de celles qu'il écrivait. Le temps s'était écoulé en recherches vaines. Sainte-Austreberthe, fatigué, allait partir pour Paris avec M. Donis, nommé député; il fallait trouver.

Mais le domestique de Philippe qui portait ses

lettres à la poste ne se laissa ni séduire ni tromper, et Frechina n'apprit rien.

L'agent aux abois s'attacha exclusivement à ce domestique, et un jour qu'il l'avait suivi au bureau de poste, où celui-ci achetait des timbres, il put faire tomber les lettres qui avaient été posées sur une tablette.

Il se précipita dessus pour les ramasser et il put ainsi en lire les adresses. L'une portait pour suscription : « Madame Heyrem, chez M. Heyrem, Saint-Denis (la Réunion) ; » l'autre : « Monsieur Azimbert, juge de paix, à Gabas (Landes). »

Ce nom fut un trait de lumière pour Frechina. Le lendemain, il était à Gabas, et là il apprenait que M. Azimbert avait avec lui, depuis longtemps déjà, sa petite-fille.

XXIII

Cinq jours après cette visite de Frechina à Gabas, le facteur remit à Marthe, qui se promenait sur la lisière de la Pinède et de la Lande, deux lettres adressées à M. Azimbert.

— Vous voulez bien vous en charger, n'est-ce pas, mademoiselle? dit-il; ça m'épargnera d'aller jusqu'à la maison. Un kilomètre est bon à économiser, quand on en a déjà pas mal dans les jambes.

Si elle voulait s'en charger! L'une de ces lettres était de Philippe; l'autre portait au coin de son adresse une mention imprimée: « Nécessité de clore, » et au-dessous, en écriture manuscrite : « Le procureur général, Yruberry de Capvern. »

Ce ne fut pas celle-là qui lui donna des jambes pour courir jusqu'à la maison, auprès de son grand-père, qui travaillait dans son cabinet.

— Grand-père, voici deux lettres : l'une est du procureur général, l'autre est de M. Heyrem.

— Faut-il faire comme toi? demanda M. Azimbert en souriant; faut-il commencer par celle du procureur général?

— Ah! grand-père.

— Voyons, que dit monsieur... comment l'appelles-tu? M. Heyrem, n'est-ce pas?

— Tu te moques de moi.

— Mais oui, un peu, beaucoup, tendrement. M. Heyrem, sournoise. Mais je ne veux pas te taquiner; tu es pressée de voir ce que dit cette lettre? Ouvrons-la.

« J'ai aujourd'hui une nouvelle importante à
» vous communiquer : M. Donis et M. de Sainte-
» Austreberthe sont partis hier soir pour Paris, et,
» des renseignements que j'ai pu me procurer,
» il résulte que l'absence de M. Donis doit être
» longue; il a acheté un hôtel, avenue de Messine,
» et il doit l'habiter pendant toute la durée de la
» session.

» Dans ces circonstances, je suis assez embar-
» rassé de savoir ce que je dois faire. Faut-il rester
» à Bordeaux? faut-il aller à Paris? A Bordeaux,
» rien ne me retient, si ce n'est le voisinage de Ga-
» bas; à Paris, au contraire, je pourrais continuer

» la surveillance dont j'ai été chargé. Il est vrai
» que cette surveillance n'a pas maintenant grande
» utilité; car, d'après ce que vous ont appris mes
» dernières lettres, vous devez voir que l'intimité
» de M. Donis et de M. de Sainte-Austreberthe est
» telle, que rien ne la rompra.

» Ne me viendrez-vous pas en aide pour me di-
» riger? Jusqu'à ce jour, je me suis scrupuleuse-
» ment conformé à ce qui m'avait été recommandé;
» je n'ai jamais demandé une réponse à mes let-
» tres, jamais je n'ai osé aller à Gabas pour obte-
» nir quelques renseignements qui m'eussent trans-
» porté de joie, si vagues qu'ils eussent été. Mais
» aujourd'hui j'ose élever la voix pour soutenir ma
» cause personnelle; ma position est affreuse dans
» mon isolement, qui ressemble tant à un aban-
» don. »

— Pauvre Philippe! interrompit Marthe.

— Il est de fait, continua M. Azimbert, que la situation de ce brave garçon n'est pas agréable; il
faut faire quelque chose pour lui. J'ai envie d'aller
le voir; maintenant les raisons qui m'empêchaient
de risquer un voyage à Bordeaux n'existent plus,
je ne serais pas fâché de le connaître.

— Ah! grand-père, que tu es bon!

— Nous reparlerons de ça. Pour le moment,

laisse-moi lire la lettre du procureur général qu'il ne faut pas oublier.

— Il ouvrit cette lettre, pendant que Marthe prenait celle de Philippe.

— Allons, dit-il, il faut que je me rende demain à Pau ; on me mande au parquet. Je prévoyais cette lettre, comme je prévois ce que mon chef me dira demain : une bonne réprimande, une répréhension roide et rogue.

— Toi ! on te réprimande, toi, grand-père ?

— Mais parfaitement. Je n'ai pas voulu intervenir dans les élections, et, comme notre gouvernement a fait des juges de paix des agents politiques, je me trouve dans le cas d'être réprimandé et je le serai vertement. Mais, rassure-toi, tu ne me verras pas revenir la tête basse ; je serai même probablement fier du blâme qu'on m'aura adressé. La justice de paix était la magistrature la plus utile du pays, celle qui rendait le plus de services, services modestes, mais réels. L'empire a dénaturé son institution ; pour en faire un instrument docile entre ses mains, il l'a amoindrie et déshonorée. J'aurai la satisfaction de lui avoir résisté. Notre nouveau procureur général ne réussira pas mieux que ses prédécesseurs à me faire céder sur ce point ; s'il n'est pas content de ma résistance, il pourra me destituer.

— Mais, c'est affreux.

— Rassure-toi, je ne mourrai pas de faim. J'ai douze cents francs de rente, c'est plus qu'il ne m'en faut, et, comme les gens du pays ont confiance en moi, quand je ne serai plus juge de paix officiel, je serai toujours leur véritable juge de paix, dans le bon sens du mot; de sorte que je pourrai encore leur rendre service. Ne crains donc rien de mon voyage à Pau. D'ailleurs, à un certain point de vue, ce voyage m'arrange; je voulais te faire une surprise, mais je n'y tiens pas de te la dire. Je vais te rapporter un piano.

— Je te remercie de tout cœur; mais, je t'en prie, laisse ce piano à Pau. Tu n'aimes pas la musique, je te fatiguerais.

— Mais oui, j'aime la musique; seulement je n'aime pas l'abus qu'on en fait. La musique est devenue une maladie épidémique, qui vous accable partout où l'on va. Que dirait-on d'une maison où, après dîner, on imposerait aux convives la tâche d'entendre réciter, pendant deux ou trois heures, par de bonnes bourgeoises ou des écolières, des vers de Racine ou de Hugo? C'est ce qu'on fait cependant avec la musique, pour laquelle paraît-il n'y a ni bourgeoises ni écolières. Voilà ce qui me fâche, car cette mode de la musique a tué la conversation et par là elle a abaissé l'esprit. Où trouver aujourd'hui des femmes qui sachent causer? Elles pianottent. C'est ce qui m'a empêché de te donner un piano quand tu es arrivée ici ; tu te serais jetée dessus, et il serait devenu le confident de ton chagrin et de ta sensibilité. Aujourd'hui ce danger n'est plus à craindre, tu as pris des habitudes plus saines; ton piano sera ce qu'il doit être pour toi, une distraction, non une occupation.

Le lendemain matin, après avoir embrassé Marthe, M. Azimbert partit pour Pau, léger et dispos. Il savait qu'il allait recevoir une mercuriale, mais il n'en était nullement ému à l'avance, bien que le nouveau procureur général eût la réputation méritée de les administrer d'une main lourde et rude.

M. Yruberry, qui se faisait appeler de Capvern du nom de son village natal, était un de ces magistrats dont le portrait, qui ne date pas d'aujourd'hui, nous a été laissé par Saint-Simon: « Juste avec exactitude entre Pierre et Jacques pour la réputation; l'iniquité la plus consommée, la plus artificieuse, la plus suivie, suivant son intérêt, sa passion, et le vent surtout de la cour et de la fortune. » Jurisconsulte remarquable d'ailleurs, éloquent, terrible dans un réquisitoire, d'un esprit profond, d'une érudition solide, brillant par le trait, il eût été l'honneur de son ordre, sans l'ambition et l'envie qui le dévoraient. Pour arriver à la cour de cassation six mois plus tôt et avant un rival, il était prêt à traîner sa robe rouge dans la fange et dans le sang.

Il avait l'habitude de recevoir dans une pièce dont les fenêtres étaient closes par des persiennes fermées et par d'épais rideaux. Assis dans l'ombre, tout au fond de son cabinet, derrière un bureau chargé de dossiers, il voyait venir les personnes qu'on introduisait près de lui, tandis qu'elles ne le voyaient pas : on le cherchait et on le devinait en apercevant deux yeux qui brillaient au milieu de l'obscurité comme ceux d'un chat dans la nuit. Alors, pour ses supérieurs, il se levait à demi ; pour ses égaux, il se renversait dans son fauteuil ; pour ses subalternes, il ne bougeait point, et pendant plusieurs minutes, quelquefois pendant un quart d'heure, il continuait d'écrire ou de lire, comme s'il était seul.

Ce fut cette attitude qu'il prit avec M. Azimbert. En entrant, celui-ci, surpris par l'obscurité, resta un moment hésitant ; puis, entendant une plume d'oie qui criait et crachait sur du papier, il se dirigea vers le coin de l'appartement d'où ce bruit par-

tait. Mais la plume continua de crier et de cracher ;
il prit une chaise et s'assit.

Enfin, au bout de dix minutes environ, une voix
s'éleva derrière le bureau.

— J'apprends d'étranges choses sur votre compte,
monsieur le juge de paix de Gabas.

— Lesquelles, monsieur le procureur général ?
répliqua M. Azimbert sans se troubler.

Le procureur général avait parlé, la tête baissée ;
à cette interrogation il la redressa vivement et fixa
sur M. Azimbert ses yeux foudroyants. Comment
un misérable juge de paix se permettait-il de lui
poser une question ? M. Azimbert, qui avait eu le
temps de s'habituer à l'obscurité, soutint ce regard
avec un calme parfait. Il n'était point homme à se
laisser intimider par ces façons, qui semblent n'avoir
d'autre objet que de blesser et d'accabler ; et
d'ailleurs il avait vu bien d'autres procureurs généraux :
ceux de l'Empire, ceux de la Restauration,
ceux de Louis-Philippe, ceux de la République de
1848, ceux du second Empire. Il en connaissait
toutes les variétés : l'autoritaire, le dévot, le grave,
le libéral, le souple. Celui-là, qui appartenait au
genre brutal, n'était pas fait pour l'émouvoir plus
que les autres.

— Vous ne me répondez pas ? dit M. Yruberry

de Capvern, après l'avoir regardé de haut en bas pendant quelques secondes.

— Et sur quoi voulez-vous que je vous réponde, monsieur le procureur général? Vous me dites qu'il se passe d'étranges choses dans mon canton; j'attends que vous me fassiez connaître ces choses pour vous les expliquer.

— Ce n'est pas pour écouter vos explications que je vous ai mandé, c'est pour vous donner mes instructions.

— Alors je les écoute. Je ne pourrai vous répondre que lorsque je saurai de quoi il s'agit; je n'ai pas l'habitude de m'engager avant de savoir à quoi je m'engage.

— Nous savons que vous avez la prétention de ne faire que ce qui vous convient et que ce qui est conforme à vos opinions; mais c'est là une prétention que nous ne sommes pas disposé à admettre. Nous voulons la discipline et l'obéissance; ce qui nous résiste, nous le brisons.

Ce mot fut prononcé avec une énergie à faire rentrer en terre un homme moins ferme que M. Azimbert. Mais celui-ci ne parut pas intimidé; au contraire, il se redressa sur sa chaise, de sorte qu'il domina le procureur général, enfoncé dans son fauteuil.

— Nous sommes des hommes, dit-il lentement, nous ne sommes pas des soldats. L'obéissance passive n'est pas un devoir pour nous.

M. Yruberry de Capvern n'était pas habitué à ce qu'on lui tînt tête. La contradiction et la résistance le mettaient hors de lui ; toujours disposé à s'incliner lorsque c'était un supérieur qui lui parlait, il ne comprenait pas qu'on ne fût point avec lui ce qu'il était avec les autres. Humble et soumis devant le ministre, il voulait que ses magistrats fussent humbles et soumis devant lui ; la résistance le blessait non seulement dans son besoin de domination, mais encore dans sa fierté. On ne veut pas chez les autres les qualités qu'on ne trouve pas en soi.

— Assez, dit-il, et au fait. Vous retenez chez vous votre petite-fille, mademoiselle Donis, que vous détournez de ses devoirs et que vous enlevez à la maison paternelle.

M. Azimbert était prêt à soutenir la lutte contre son procureur général et à se défendre pied à pied ; à vrai dire même, il ne lui déplaisait point de donner une leçon de fermeté et de dignité à ce terrible magistrat, qui ne lui inspirait aucune crainte. Mais il avait cru que cette lutte devait se livrer sur le terrain politique, et, comme sa conscience n'avait rien à lui reprocher, il attendait, la tête haute et le cœur léger, qu'on précisât ses fautes. Cette attaque le déconcerta, et durant quelques secondes il resta interloqué, pensant à Marthe bien plus qu'à lui-même. Pauvre enfant, son secret était donc découvert ? Maintenant il allait donc falloir se séparer.

— Eh bien, dit vivement le procureur général, vous ne répondez pas ?

— Je n'ai rien à répondre ; vous m'avez demandé pour me parler d'affaires de service, vous me parlez d'affaires de famille ?

— Et quelle affaire de service fut jamais plus importante que celle-là, monsieur ? Vous donnez l'exemple du mépris des droits paternels, de la désobéissance à la loi, et vous trouvez que ce n'est point une affaire de service de faire cesser un tel scandale ? Je compte que vous allez reconduire mademoiselle Donis chez son père.

— Si M. Donis me le demande, oui, monsieur le procureur général.

— Et si je vous l'ordonne, moi ?

— Vous n'êtes pas son père.

XXIV

M. Yruberry de Capvern avait cru qu'il intimiderait facilement le juge de paix de Gabas, et qu'avec quelques paroles sévères, un coup d'œil menaçant, il l'amènerait tremblant et soumis à ses pieds.

Il fut surpris et même jusqu'à un certain point déconcerté, de voir ce vieux bonhomme si peu troublé. Un esprit moins sûr de soi-même et moins convaincu de l'excellence des moyens qu'il employait, se fût dit que l'intimidation n'était peut-être pas efficace sur M. Azimbert. Mais une pareille idée ne pouvait pas naître si facilement dans la tête du procureur général : qu'un juge de paix ne tremblât pas devant lui quand il fronçait le sourcil, allons donc ! c'était invraisemblable. Il avait été trop mou sans doute. Pour réduire ce vieux révolté, il n'y avait qu'à forcer la note.

— Monsieur le juge de paix, écoutez-moi, dit-il,

et veuillez me comprendre, car je crois que vous ne sentez pas toute l'étendue de votre faute.

— Si j'ai commis une faute, c'est à M. Donis seul que j'en dois compte.

— Vous vous trompez, monsieur, et c'est là chez vous une étrange aberration du sens moral. De votre faute envers M. Donis, je veux bien ne pas m'occuper en ce moment : j'en aurais trop long à dire ; mais je dois vous réprimander de celle dont vous vous êtes rendu coupable envers le gouvernement de l'empereur.

— Ma foi, dit M. Azimbert avec simplicité, je vous serai reconnaissant de m'éclairer, car je ne vois pas du tout ce que le gouvernement et l'empereur viennent demander à ma petite-fille, qui, je vous en donne ma parole, est complétement étrangère à la politique.

— Trêve de plaisanteries ; elles sont fort déplacées dans un pareil sujet, et vous comprenez parfaitement ce que je veux dire ; votre petite-fille doit épouser M. le vicomte de Sainte-Austreberthe, n'est-ce pas ?

— Mais non pas du tout. M. le vicomte de Sainte-Austreberthe désire épouser ma petite-fille, M. Donis consent à ce mariage, et ma petite-fille s'y refuse : voilà la vérité.

— Enfin il y a projet de mariage entre M. le vicomte de Sainte-Austreberthe et votre petite-fille. Cette jeune personne, qui paraît singulièrement élevée, ne veut pas de ce mari ; elle s'enfuit de la maison paternelle, elle se réfugie chez vous, et vous l'encouragez dans sa résistance.

— C'est là ce que j'appelle une affaire de famille.

— Et moi, monsieur, c'est ce que j'appelle une affaire politique. Vous savez très-bien par quelles attaches M. de Sainte-Austreberthe tient au gouvernement. Le gouvernement désire son mariage avec votre petite-fille. Vous vous opposez à ce mariage, vous faites donc opposition au gouvernement.

— J'avoue que je ne me serais jamais douté que le gouvernement s'occupait de pareilles choses. Par cela seul qu'il passe par la tête d'un courtisan ou plutôt du fils d'un courtisan...

— M. le général de Sainte-Austreberthe n'est point un courtisan ; c'est un général qui a rendu les plus grands services au pays dans des circonstances décisives, c'est un ami fidèle, un conseiller sûr.

— Qu'il soit tout cela, peu importe ; je dis que, par cela seul qu'il passe par la tête d'un ami du gouvernement d'épouser une fille riche, cela ne fait pas que ce mariage devienne une affaire politique.

— Et quand le rival qu'on lui oppose est un orléaniste déclaré, un ennemi mortel de la dynastie qui n'attend qu'une occasion pour lever le drapeau de la révolte et qui compte faire servir la fortune de sa femme à ses desseins coupables, croyez-vous que cela soit de la politique? Croyez-vous qu'un gouvernement prévoyant n'a pas mille fois raison de s'opposer à une pareille intrigue? Ce sont les prétentions de M. Heyrem, qui rendent celles de M. de Sainte-Austreberthe respectables pour les amis du gouvernement. Je trouve étrange que vous ne l'ayez pas compris ainsi, et je vous trouve coupable que vous n'ayez pas usé de l'influence que vous avez sur votre petite-fille pour appuyer M. de Sainte-Austreberthe et combattre M. Heyrem. Vous avez manqué à votre devoir, monsieur.

— Vous parlez de devoir à propos de cette spéculation? s'écria M. Azimbert.

Mais le procureur général ne lui laissa pas prendre la parole. Du haut de son siége, il avait contenu de plus dangereux interrupteurs que le vieux juge de paix de Gabas. Il le domina du geste et de la voix; puis, lui ayant imposé silence, il continua:

— Vous êtes fonctionnaire, n'est-ce pas? Vous avez prêté serment de fidélité au gouvernement. Qui devez-vous servir? Le gouvernement ou ses ennemis? Qui avez-vous servi dans cette affaire? Vous voyez donc que je n'ai que trop raison quand je vous dis que vous avez manqué à votre devoir professionnel, à la loyauté, à la fidélité de votre serment. Un pareil scandale est intolérable; il doit cesser et vous n'avez qu'une chose à faire pour en effacer le souvenir honteux. Décidez-vous, monsieur, et dites qui vous voulez servir désormais : le gouvernement ou ses ennemis? Réfléchissez; vos paroles peuvent avoir un résultat fâcheux pour vous.

— Il n'est pas besoin de réflexion, répliqua M. Azimbert, pouvant enfin parler; ce serait déshonorer ma vieillesse que de servir le gouvernement dans des conditions aussi honteuses.

— Prenez garde, monsieur le juge de paix.

— A quoi, monsieur le procureur général? La crainte n'a jamais fermé ma bouche, l'intérêt n'a jamais pesé sur mes sentiments; je suis à soixante-quinze ans ce que j'ai été toute ma vie.

— C'est votre révocation que vous prononcez vous-même.

— Je m'en ferai honneur. Plus d'une fois j'ai voulu donner ma démission : après le 2 décembre d'abord, sous le coup de l'indignation ; puis plus tard.

— Vous ne l'avez pas donnée.

— C'est vrai, et je n'ai pas été retenu, comme vous pourriez le croire, par l'appât irrésistible des 1,440 francs de traitement que me donnait votre gouvernement, mais par la considération que je pouvais rendre des services dans ce canton, où je suis depuis quarante-cinq ans.

— Vous vous êtes sacrifié au bien de tous?

— Oui, monsieur, si ridicule que la chose puisse vous paraître ; mais aujourd'hui le sacrifice serait trop grand, la mesure est pleine d'ailleurs. Monsieur le procureur général, je vous salue.

Sur ce mot, il se leva.

Mais M. Yruberry de Capvern le maintint du geste.

— Arrêtez, monsieur le juge de paix, dit-il vivement ; arrêtez !

Décidément l'intimidation ne valait rien avec M. Azimbert, il fallait le reconnaître ; c'était un des mérites du procureur général de ne pas s'obstiner dans son erreur. Tous les moyens lui étaient bons quand il voulait réussir, et si celui qu'il avait adopté tout d'abord ne donnait pas de bons résultats, il se hâtait d'en prendre un autre diamétralement opposé

Or, dans le cas présent, il voulait réussir à tout prix, car il considérait que s'il pouvait rendre M. Azimbert favorable au mariage de Sainte-Austreberthe, ce serait un bon office qui lui serait largement payé ; il recourut donc à sa tactique ordinaire.

— Monsieur le juge de paix, asseyez-vous, et causons, je vous prie. Il ne faut pas que dans un mouvement d'emportement, nous nous laissions entraîner plus loin qu'il ne convient, et que nous nous préparions ainsi à tous deux des regrets irréparables ; il ne faut pas que nous nous séparions à la suite d'un coup de tête. J'ai pour vous beaucoup de considération, de l'estime, du respect. Je sais que vous êtes un des meilleurs juges de paix du ressort, et quand j'ai dit tout à l'heure que, pour rendre service à vos justiciables, vous vous étiez sacrifié au bien de tous, j'ai parlé avec une entière sincérité. C'est l'ardeur de la discussion qui vous a fait voir de l'ironie dans des paroles d'une bonne foi absolue. Je sais que vos opinions ne sont pas les nôtres, mais toutes les opinions sont respectables, quand elles savent s'enfermer dans les limites de la modération et reconnaître les lois qui sont au-dessus d'elles.

M. Yruberry de Capvern eût pu continuer longtemps ainsi à enfiler des phrases de palais, M. Azimbert ne l'écoutait pas; interdit, stupéfié, il se demandait ce que signifiait ce brusque changement.

— Je n'accepte donc pas votre démission, continua M. Yruberry de Capvern, au moins je ne l'accepte pas en ce moment. Quand vous aurez réfléchi, pesé le pour et le contre, vous vous prononcerez à nouveau; mais je ne veux pas que ce soit ici; je veux que ce soit dans votre canton, au milieu de vos souvenirs, au milieu du bien que vous faites. En même temps je vous demande aussi de réfléchir à une autre chose, qui a une importance très-grande; je veux parler du mariage de votre petite-fille.

Ce mot fixa les hésitations de M. Azimbert, il comprit où le procureur général voulait en arriver : ses premières paroles étaient une amorce.

— Ce mariage, continua M. Yruberry de Capvern, présente des avantages considérables pour votre famille dans le présent et dans l'avenir. Influencé par votre petite-fille, vous n'avez vu qu'une chose dans ce mariage, c'est qu'il ne plaît point à mademoiselle Donis, et par là vous lui avez été hostile.

— C'est bien assez, il me semble.

— Sans doute, et, en me plaçant à votre point de

vue, je comprends parfaitement le sentiment auquel vous avez obéi. Quoi de plus naturel, de plus légitime, que d'écouter la voix d'une enfant qu'on aime, et je sais que vous aimez tendrement votre petite-fille? Mais il y a d'autres considérations à observer dans ce mariage. La voix de l'affection n'est pas la seule à laquelle nous devions ouvrir notre oreille; il y a aussi celle de l'intérêt, qu'un père de famille doit entendre. Or, l'intérêt vous commande d'accepter la proposition de M. de Sainte-Austreberthe. C'est ce qu'a parfaitement compris M. Donis, qui n'est pas un mauvais père, et qui de plus est un homme d'un esprit sagace et sûr.

— Mon gendre et moi, nous ne nous sommes jamais déterminés par les mêmes considérations.

— Oui, je sais, je sais. Mais on peut dire que dans l'espèce M. Donis, mieux éclairé que vous, s'est déterminé par des raisons plus solides que celles de sa fille, qui sont les vôtres; il a vu l'intérêt qu'il y avait à faire ce mariage et il l'a accepté. Considérez, monsieur le juge de paix, que M. le vicomte de Sainte-Austreberthe est un des hommes les plus remarquables de la jeune génération, celle qui doit nous remplacer dans la conduite des affaires; sa place est marquée dans le gouvernement du pays, et elle est belle. Il va être nommé secrétaire d'ambassade dans une des grandes capitales de l'Europe ; c'est un stage indispensable, qui n'a d'autre objet que de respecter les usages ; avant peu il sera chargé d'affaires, puis ambassadeur. Sa femme aura certainement une charge à la cour. C'est non seulement le présent que vous assurez, mais c'est encore l'avenir. Votre petite-fille, aidée par la fortune de son père, et son mari, porté par la faveur et par son propre mérite, vont fonder une famille puissante, qui sera une des premières de l'État. Sa position sera des plus hautes, son nom sera des plus beaux ; car vous n'ignorez pas que le nom de Sainte-Austreberthe appartient à la meilleure noblesse.

— Je ne m'inquiète pas du passé, mais seulement du présent, et je sais qu'en ce moment ce nom est porté par deux...

— Je sais ce que vous allez me dire, s'écria M. Yruberry de Capvern en lui coupant la parole. La jeunesse du vicomte, n'est-ce pas, qui a été assez orageuse? Et qu'importe cela? Il n'y faut voir que l'emportement d'un tempérament ardent. Le mariage calmera cela. Le vicomte de Sainte-Austreberthe a tout ce qu'il faut pour faire un bon mari et un bon père de famille. Réfléchissez donc, mon cher juge de paix, et voyez les avantages de cette union. Déjà ils se sont affirmés. M. Donis n'est-il pas député ? Il sera probablement ministre du commerce un jour. Quant à vous, ce serait une occasion de rendre enfin justice à vos longs services et d'attacher à votre boutonnière un ruban qui devrait s'y trouver depuis longtemps ; bien entendu sans que vous ayez besoin de le demander officiellement, ce qui serait désagréable pour un homme tel que vous, et aussi sans que son obtention modifie en rien vos sentiments et vos opinions.

— Ce que je vous demande, dit M. Azimbert en se levant, c'est ma destitution, car, à partir d'aujourd'hui, je ferai tout ce que je pourrai pour combattre M. de Sainte-Austreberthe. Si je ne vous donne pas ma démission, c'est pour avoir l'honneur d'être révoqué. Monsieur le procureur général, je vous salue pour la dernière fois.

Et, sans se retourner, il sortit, marchant à grands pas.

XXV

M. Azimbert s'en revint à Gabas, partagé entre deux sentiments opposés, heureux et désolé.

Il était fier de n'être plus juge de paix. Ainsi se trouvait rompue l'attache qui, malgré lui, l'avait pendant tant d'années retenu ; désormais il pourrait parler, il pourrait agir, il ne resterait point étouffé par le mépris qui s'amassait en lui, comme cela était arrivé si souvent; il était libre.

Mais cette satisfaction orgueilleuse de l'esclave qui a brisé sa chaîne, était attristée par la pensée de Marthe. La pauvre enfant, qu'allait-elle devenir? Maintenant que M. Donis savait où elle était, il allait la faire revenir près de lui. Le voudrait-elle?

Si elle ne le voulait pas, c'était une nouvelle fuite, sans avoir personne chez qui se réfugier. Où irait-elle? A l'aventure, c'était impossible.

Si elle obéissait au contraire, si elle rentrait à Château-Pignon, ou bien si elle allait à Paris, c'était se livrer aux entreprises de Sainte-Austreberthe. Comment résister à un homme qui employait des moyens de la nature de ceux qui venaient d'être mis en jeu? Elle était perdue. Fallait-il la voir devenir la femme d'un pareil homme?

De quelque côté qu'il se retournât, il ne voyait que des dangers pour sa chère petite-fille et, pour lui, il voyait une séparation certaine, dans un délai rapproché; dans quelques jours, le lendemain peut-être, elle lui serait arrachée. Il était si heureux près d'elle; son vieux cœur s'était si bien habitué à cette tendresse douce et jeune. Il ne verrait plus son sourire; il n'entendrait plus sa voix joyeuse qui emplissait la maison. Il resterait seul, comme il l'avait été si longtemps, dans cette maison déserte. Et leurs projets qu'ils faisaient la veille, et leur travail, et leurs promenades? Plus rien.

La route pour lui se fit tristement. En descendant sur le quai à Morcenx, il lui sembla entendre prononcer son nom derrière lui; il se retourna et se trouva en face de madame Donis.

— Vous, madame, seule?

— Je vais chez vous chercher Marthe, si vous voulez la rendre à son père.

Ses craintes s'étaient vite réalisées, le moment était arrivé.

— Je n'ai rien fait pour attirer Marthe chez moi, elle est venue librement ; elle partira comme elle est venue.

— Ce coup de tête est déplorable.

— Le désespoir nous inspire autrement que le calme ; il est fâcheux que la pauvre enfant ait été réduite au désespoir.

Madame Donis ne voulait pas continuer la conversation sur ce ton ; elle changea de sujet en demandant à M. Azimbert comment il se rendait à Laqueytive.

— Dans ma voiture, qui n'est qu'une carriole, ce qui fait que j'hésite presque à vous proposer une place ; cependant, comme il n'est pas facile de trouver mieux ici, je vous engage à l'accepter, si peu confortable qu'elle soit. Mais j'y pense, comment vous trouvez-vous à Morcenx, arrivant par la ligne de Tarbes, au lieu d'arriver par la ligne de Bordeaux ?

— C'est que je suis venue de Paris par Lyon, Cette et Toulouse. Afin de sauver l'absence de Marthe, j'ai été m'établir au bord de la mer, et l'on a répandu le bruit que Marthe était avec moi. Si j'avais été rencontrée seule dans la gare, à Bordeaux, cela aurait pu éveiller des soupçons. Nous retournerons à Paris par le chemin que j'ai suivi ; comme cela, rentrant ensemble, les apparences seront sauvegardées, même pour les domestiques.

— Marthe ne serait pas compromise dans sa réputation, il me semble, pour avoir passé quelque temps chez son grand-père.

— Il ne convient pas, pour M. de Sainte-Austreberthe, que Marthe paraisse l'avoir fui.

— Alors c'est pour M. de Sainte-Austreberthe que vous la ramenez à Paris ?

— Je ne sais pas ; mon mari ne s'est pas expliqué avec moi à ce sujet ; il m'a demandé de venir chercher Marthe, je suis venue.

Il ne fut pas question de Marthe pendant tout le voyage. Madame Donis paraissait peu disposée à s'ouvrir, et M. Azimbert n'était point d'humeur à soutenir une conversation de simple politesse. Parler de Marthe, chercher un moyen pour lui venir en aide, s'occuper d'elle avec amitié ou sympathie, pour cela il eût été prêt d'esprit et de cœur ; mais parler de choses insignifiantes ne pouvait pas lui convenir. Il avait d'autres soucis que d'entretenir cette jeune femme, pour laquelle d'ailleurs il n'avait jamais eu des sentiments bien tendres.

Marthe était venue au-devant de son grand-père

dans la lande, à moitié chemin à peu près, entre Laqueytive et Gabas, et en l'attendant elle s'était assise au pied d'un chêne-liége qui se trouve isolé au milieu des bruyères, formant un petit dôme de verdure au centre de ce désert. Il y avait environ une demi-heure qu'elle était là, lorsqu'elle entendit au loin un roulement sur la route empierrée. Elle se leva et regarda dans les profondeurs vaporeuses du soir aussi loin que ses yeux purent plonger; mais elle ne vit rien, car dans ces solitudes dénudées et silencieuses les bruits se perçoivent à des distances considérables.

Enfin elle aperçut un point noir qui émergea de la bruyère, puis peu à peu elle distingua le cheval et la voiture; mais elle ne crut pas que ce fût son grand-père, car dans la carriole se trouvaient deux personnes. A mesure que la voiture se rapprocha, ses doutes s'accentuèrent, car l'une de ces personnes était une dame, dont le voile gris flottait au vent. Une dame à Laqueytive, c'était impossible!

Cependant la voiture approchait rapidement, c'était bien le cheval, c'était bien la carriole de son grand-père, c'était bien son grand-père lui-même. Quelle pouvait être cette dame? La distance diminua encore. Sa belle-mère! Le sang l'étouffa au cœur.

Le cheval s'arrêta, et M. Azimbert sauta à bas de la carriolle lestement, comme un homme de 30 ans. Il prit Marthe dans ses bras et s'approchant de son oreille :

— Du courage! dit-il à voix basse, je serai avec toi.

Et il la serra contre sa poitrine dans une étreinte passionnée.

Il n'y avait que deux places dans la cariole.

— Monte, dit M. Azimbert; tu conduiras le cheval, j'irai à pied.

Mais Marthe repoussa cette offre avec vivacité, presque avec effroi; puis, par un serrement de main, elle fit comprendre à son grand-père étonné qu'il ne devait pas insister.

— C'est à moi d'aller à pied, dit-elle; puis tout bas elle ajouta : — Marche vite sans m'attendre, que je reste seule pour me remettre.

M. Azimbert reprit sa place et fit comme Marthe l'avait demandé, c'est-à-dire qu'il mit son cheval au trot en la laissant derrière eux; elle n'avait échangé que quelques paroles avec sa belle-mère, sans même lui toucher la main.

Elle revint lentement : comme tous les coups imprévus, celui-là l'avait jetée hors d'elle-même. Que faire? Elle cherchait avec angoisse, elle ne trouvait rien. Un moment, l'idée lui vint de se sauver à travers la lande en courant droit devant elle tant qu'elle aurait de forces. Mais c'était là une idée d'enfant révolté : quand elle aurait mis entre elle et sa belle-mère quelques lieues, où irait-elle ? On la découvrirait de nouveau. Ce serait à recommencer. On ne pouvait la marier sans son consentement ; elle devait lutter. Maintenant Philippe était certain de son amour. Elle serait seule à souffrir.

En approchant de la maison, elle aperçut son grand-père qui venait au-devant d'elle. Elle se jeta dans ses bras ; il la tint longtemps embrassée.

— Tu es décidée à obéir à ton père, n'est-ce pas, mon enfant ? dit-il.

— Oui, grand-père.

— C'est bien. Je t'accompagnerai à Paris, je te soutiendrai, je te défendrai s'il le faut ; enfin tu m'auras près de toi ; à nous deux, nous serons forts. Personne ne peut t'obliger à dire « oui », si tu ne veux pas.

— Je ne le voudrai jamais.

— Alors tu ne le diras pas.

En quelques mots il lui raconta sa visite à Pau.

— Tu vois, dit-elle avec effroi, quels sont leurs moyens et de quoi ils sont capables.

— Il ne leur manque qu'une chose, c'est de faire

entrer en ligne de compte l'honnêteté chez leurs adversaires; quand ils rencontrent cette honnêteté, ils sont tout de suite battus.

Ils étaient arrivés à la maison.

— J'y pense, dit M. Azimbert en s'arrêtant; veux-tu que je fasse préparer le lit de ta belle-mère dans ta chambre?

— Oh! non, non, s'écria Marthe vivement, non, je t'en prie, qu'elle prenne la grande chambre.

M. Azimbert avait déjà été surpris du refus de Marthe lorsqu'il lui avait demandé de prendre place à côté de madame Donis; ce nouveau cri de répulsion, plus accentué encore que le premier, le frappa. Évidemment il y avait là quelque chose de significatif. Mais quoi? Il était peu questionneur, il ne voulut pas l'interroger. D'ailleurs il était en réalité assez satisfait de la voir dans des dispositions de froideur envers sa belle-mère : il n'aimait pas madame Donis, et ce lui était une satisfaction que sa petite-fille partageât ses sentiments.

Le souper était servi, non pas, comme à l'ordinaire, dans la cuisine, mais dans la salle à manger : trois couverts sur une nappe blanche. On n'était plus en famille, il y avait une étrangère.

Personne n'était en appétit, le souper fut vite terminé

— Quand devons-nous partir? demanda Marthe à sa belle-mère.

— Demain, si vous voulez.

— Je n'ai qu'à obéir; demain.

Marthe ne se coucha point aussitôt qu'elle fut rentrée dans sa chambre; il y avait une heure à peu près qu'elle allait et venait, lorsqu'elle entendit un bruit de pas lourd dans le corridor, puis on frappa à sa porte. C'était son grand-père.

— Tu me fais plaisir, dit-il après avoir regardé autour de lui, grand plaisir; je vois que tu emportes les choses qui t'ont servi ici. Ce sera un souvenir, n'est-ce pas?

— Je te le promets.

— Allons, allons, ne nous laissons pas attendrir : cela serait mauvais pour tous deux. Viens plutôt m'aider. C'est pour cela que je suis venu te chercher, en entendant du bruit chez toi.

Ils passèrent dans sa chambre.

M. Azimbert s'était aussi occupé de ses préparatifs. Il avait sorti d'une armoire une vieille valise en forme de porte-manteau, qui datait de Louis XV ou de Louis XIV, et il avait tâché d'y entasser les objets qu'il voulait emporter; mais il était malhabile à cette besogne et il n'avait pas réussi.

— C'est là ta malle? demanda Marthe.

— Crois-tu qu'elle soit trop petite? Il me semble cependant qu'elle est suffisante : avec six chemises, douze mouchoirs, des bas, c'est tout ce qu'il me faut. J'emporte aussi sur mon dos ma redingote neuve.

— Tu as donc une redingote neuve?

— Mais oui, celle que j'ai fait faire il y a cinq ans; avec un chapeau que j'achèterai à Paris, me trouveras-tu assez beau?

En un tour de main, Marthe eut arrangé les chemises, les mouchoirs et les bas dans la valise.

Et le lendemain matin, on se mit en route comme on en était convenu la veille. Marthe et M. Azimbert, lorsqu'ils virent les pins de Laqueytive disparaître derrière eux, se regardèrent dans un même mouvement; des larmes roulaient dans leurs yeux.

Cependant le chagrin de ce qu'ils quittaient devait s'affaiblir devant l'angoisse de ce qui les attendait.

Quel allait être l'accueil de M. Donis? quelles allaient être ses dispositions?

Le voyage se fit sous le coup de cette inquiétude; il fut triste, et l'attitude que Marthe conserva envers sa belle-mère le rendit plus désagréable encore : autant elle se montrait douce et tendre avec M. Azimbert, autant elle était roide avec madame Donis.

Enfin ils arrivèrent à Paris.

M. Donis les attendait, avenue de Messine, prévenu par une dépêche.

Le père et la fille se regardèrent durant une seconde ; M. Donis ouvrit les bras, Marthe se jeta à son cou : ils étaient aussi émus, aussi tremblants l'un que l'autre.

M. Azimbert poussa un soupir de soulagement, et, après que le premier moment d'émotion fut passé, il s'approcha.

— Donis, dit-il, j'ai à vous parler, mon ami.

— Et moi aussi, dit M. Donis d'un ton sérieux ; si vous voulez bien venir dans mon cabinet, je serai tout à vous.

XXVI.

M. Azimbert entra rassuré dans le cabinet de M. Donis ; maintenant il n'y avait plus rien à craindre.

— Mon cher ami, dit-il en s'asseyant, vous m'avez fait plaisir : vous avez reçu votre fille en vrai père.

— Ce n'était pas ainsi que je voulais la recevoir ; mais, en l'apercevant, je n'ai pas été maître de ma faiblesse : la tendresse paternelle l'a emporté sur la raison.

— Ne regrettez pas un bon mouvement ; chez les honnêtes gens comme vous, le cœur l'emporte toujours sur la tête.

— Ce premier mouvement involontaire ne changera rien à ma détermination ; c'est ce qui fait que je ne suis pas fâché de m'y être laissé aller. Au moins et quoi qu'il arrive, Marthe sera bien certaine que je l'aime comme je l'ai toujours aimée.

— Comment! quoi qu'il arrive? Pensez-vous donc encore la marier malgré elle à M. de Sainte-Austreberthe?

— Je ne sais pas quelles peuvent être aujourd'hui les intentions de M. de Sainte-Austreberthe.

— Mais je les connais, moi, ses intentions. Le jour où madame Donis est arrivée à Laqueytive, j'avais été appelé à Pau par le procureur général, et celui-ci a usé de tous les moyens imaginables pour me rendre favorable aux prétentions de M. de Sainte-Austreberthe. Si je contrariais ce mariage, je serais destitué; si je l'appuyais, je serais décoré. Vous voyez que M. de Sainte-Austreberthe veut toujours épouser Marthe, et qu'il ne recule devant rien pour réussir.

En écoutant ces paroles, M. Donis laissa échapper un geste de mécontentement.

— Je ne sais quelles ont pu être les intentions de votre procureur général, qui a tenu un étrange langage, si vous l'avez bien compris.

— Comment? si je l'ai compris!

— Il a pu mal s'expliquer; c'est ce que je veux dire. Mais enfin, si M. de Sainte-Austreberthe vient aujourd'hui me rappeler l'engagement que j'ai pris envers lui, je suis prêt à le tenir.

— Malgré l'aversion bien prouvée de Marthe, trop prouvée par sa fuite, vous voulez encore la donner à ce vicomte ?

— Marthe a été trompée sur le compte de M. de Sainte-Austreberthe par des personnes intéressées à l'abuser. M. de Sainte-Austreberthe n'est pas ce qu'elle croit ; elle n'a qu'à le connaître pour l'aimer. Depuis que je vis avec lui dans une étroite intimité, j'ai pu l'apprécier ; il a toute mon estime, toute mon amitié. Pendant l'absence de Marthe et de ma femme, il a été ma consolation, je sais ce qu'il vaut.

— C'est vous, mon cher Donis, qui vous êtes laissé tromper par d'habiles manœuvres ; il est de notoriété publique que M. de Sainte-Austreberthe est... je ne veux pas vous blesser, tout le monde sait qu'il est le contraire de ce que vous dites. Son mariage avec Marthe est une spéculation, voilà pourquoi il le poursuit avec tant d'activité.

— Arrêtez, interrompit M. Donis avec impatience ; ce que vous me dites n'a aucun fondement, et vous devez comprendre qu'à Paris, je suis mieux en position de savoir à quoi m'en tenir sur ce sujet, que vous à Gabas. Vous n'êtes qu'un écho.

— Un écho bien informé.

— Mal, très-mal ; car je crois savoir de quelle bouche sortent les paroles que vous répétez, et cette bouche ne mérite aucune confiance.

— Je ne dois pas vous cacher que ces renseignements me viennent de M. Heyrem, qui plus que personne avait intérêt à se les procurer.

— Vous l'avez vu, vous l'avez reçu ? s'écria M. Donis ; vous, monsieur, vous ?

— Je ne l'ai point vu, je ne l'ai point reçu, je ne le connais pas ; seulement j'ai lu des lettres de lui.

— Ainsi, non content d'aider ma fille à me fuir, de la recevoir chez vous, de la garder, vous l'avez de plus autorisée à entretenir une correspondance avec un homme que j'ai chassé.

— Marthe n'a point entretenu de correspondance avec M. Heyrem ; mais, comme elle vous aime tendrement, elle n'a pu, pendant le temps de son exil, rester sans nouvelles de vous. C'est M. Heyrem, qui nous a donné ces nouvelles ; chaque semaine, il m'a écrit à moi directement, et dans ces lettres il m'a parlé de M. de Sainte-Austreberthe.

Ces paroles produisirent un double effet sur M. Donis. D'un côté, il fut touché d'apprendre que Marthe avait voulu le suivre par la pensée ; d'un autre, il fut blessé de voir que des relations s'étaient établies entre M. Azimbert et Philippe, « l'homme qu'il avait chassé, » comme il disait : ce qui pour lui était tout dire.

— Jamais je n'aurais cru, dit-il, que je trouverais en vous un adversaire, et que, dans une difficulté soulevée entre un père et son enfant, ce serait le parti de l'enfant que vous prendriez, et cela contrairement aux usages, contrairement à la loi naturelle et au droit. Permettez-moi de m'en plaindre.

— Je reconnais que vos reproches ont quelque chose de fondé, et je comprends très-bien que ma conduite ait pu vous blesser.

— Me peiner.

— Vous blesser et vous peiner ; mais vous devez reconnaître aussi qu'il m'était difficile d'agir autrement. Si je n'avais pas accueilli Marthe, où aurait-elle été emportée par le désespoir qui la poussait ? D'ailleurs, si pour moi elle était blâmable d'avoir quitté votre maison, elle n'était pas coupable d'avoir voulu échapper au mari que vous lui imposiez et qu'elle n'aimait pas. Je ne pense pas sur le mariage comme vous, et je crois qu'on ne se marie que pour soi, pour soi seul.

— Dans ma position...

— Je sais ; mais les idées de votre position ne sont pas celles de la mienne.

— Ne suis-je pas le père de ma fille ?

— Sans doute, vous l'êtes, mais moi, je suis le père de sa mère ; je représente sa mère, et vous savez bien que, si ma pauvre fille était encore de ce monde, elle ne ferait point violence à Marthe pour l'obliger à accepter un mari.

— Et qui parle de faire violence à Marthe ? s'écria M. Donis avec véhémence. Où avez-vous vu que je voulais la contraindre à prendre M. de Sainte-Austreberthe pour mari ? Cela n'est pas, cela n'a jamais été.

— Vous ne voulez pas que M. de Sainte-Austreberthe soit votre gendre ?

— Oui, cela je le veux ; mais je ne prétends pas l'imposer à Marthe malgré elle. Si Marthe veut me faire plaisir, si elle veut avoir égard à mon désir, elle épousera M. de Sainte-Austreberthe ; si elle me refuse et si elle le refuse, elle ne l'épousera pas. Je n'ai pas la prétention de lui imposer un mari de mon choix, mais par contre j'ai la prétention de ne pas accepter le gendre qu'elle veut m'imposer. C'est ainsi qu'il faut envisager la question, et, réduite à ces termes, elle est bien simple. Je désire que Marthe épouse M. de Sainte-Austreberthe ; je ne veux pas qu'elle soit la femme de M. Heyrem ; en agissant ainsi, je crois être un bon père. Jamais je

ne donnerai mon consentement à un mariage avec
M. Heyrem; si Marthe persiste dans son amour,
si, après plusieurs années de réflexions, elle veut
quand même épouser M. Heyrem, elle le fera lorsqu'elle n'aura plus besoin de mon consentement. Je
serai désolé, mais j'aurai la satisfaction d'avoir obéi
à ma conscience.

— Vos griefs contre Philippe sont donc bien
graves?

— Il a séduit ma fille.

— Séduit?

— Ne vous récriez pas, le mot est malheureusement vrai, car si matériellement il l'a respectée, il
s'est emparé de son cœur et il en a abusé. Ma fortune étant le but qu'il visait, Marthe a été le moyen
qu'il a pris pour l'obtenir. En commençant par se
faire aimer de Marthe, il a voulu m'obliger à la lui
donner; il a tâché de forcer ma réponse. C'est
exactement comme s'il l'avait mise dans la nécessité
de l'épouser. Ce procédé est aussi criminel que
celui de l'homme qui fait un enfant à une jeune
fille pour agir sur les parents. M. Heyrem n'est pas
un honnête homme; si je l'acceptais pour gendre,
je suis certain que j'aurais à lutter sans cesse
contre lui pour défendre ma fortune, dont il
voudrait s'emparer petit à petit, comme il s'est

emparé du cœur de Marthe. Voilà mes griefs.

M. Azimbert resta silencieux pendant quelques secondes, car si grand que fût son désir de servir les intérêts de Marthe, il se trouvait embarrassé pour opposer de bonnes raisons à M. Donis, au moins des raisons qui pussent toucher celui-ci.

— Je n'ai rien à vous répondre, dit-il enfin ; puisque je ne connais pas M. Heyrem, je ne peux pas le défendre. Je suis peiné de penser que Marthe a mal placé son amour, car ce sera pour elle, si tendre et si aimante, un terrible chagrin qui pèsera sur toute sa vie ; mais d'un autre côté j'ai trouvé dans notre entretien la consolation de savoir que vous n'imposerez pas à Marthe la présence de M. de Sainte-Austreberthe.

— Ah! permettez. M. de Sainte-Austreberthe est mon ami, je serai toujours heureux de le recevoir, et je compte que Marthe sera avec lui ce qu'elle doit être avec un ami de son père. Je vous serai même reconnaissant de traiter ce sujet avec elle et de lui faire entendre raison.

Une chambre avait été préparée pour M. Azimbert, mais il ne voulut pas l'accepter et il alla loger à l'hôtel.

— Tu me livres à M. de Sainte-Austreberthe, dit Marthe avec reproche.

— Laisse-moi ma liberté, je te servirai mieux ; d'ailleurs j'étoufferais dans cette belle maison, où je n'ose ni marcher ni me moucher.

Le soir même du retour de Marthe, Sainte-Austreberthe vint faire visite à M. Donis.

Il fut parfait de politesse avec Marthe, et, dans toute sa conversation il parut croire qu'elle avait accompagné sa belle-mère en Normandie ; mais il n'aborda les sujets qui pouvaient toucher à ce voyage qu'avec une exquise légèreté, de manière à éviter toute cause d'embarras.

Cependant Marthe étouffait. Jamais Sainte-Austreberthe ne lui avait inspiré une telle horreur ; elle lui trouvait même, en le regardant à la dérobée, des défauts qu'il n'avait pas : il lui paraissait laid et bête. Enfin, n'y pouvant plus tenir, elle se retira après être restée au salon jusqu'à la dernière limite de l'irritation.

Son attitude avait été telle que M. Donis éprouva un sentiment de soulagement en la voyant sortir ; plus d'une fois il avait eu peur qu'elle ne laissât échapper quelque parole irréparable.

— Elle est fatiguée du voyage, dit madame Donis comme excuse de ce départ.

— Sans doute, répliqua Sainte-Austreberthe, cela est bien naturel, et vous-même, madame, devez avoir aussi besoin de repos. J'ai voulu m'informer seulement de votre santé.

Il se leva et M. Donis le reconduisit. En traversant un petit salon, Sainte-Austreberthe s'arrêta.

— Je ne veux pas me retirer, dit-il, sans auparavant m'expliquer franchement avec vous au sujet de mademoiselle Marthe. Vous vous souvenez, n'est-ce pas, que lorsque vous avez cru devoir me rendre ma liberté, je n'ai pas voulu la reprendre je vous ai demandé d'attendre.

— Parfaitement.

— Nous avons attendu, et maintenant nous savons toute la vérité. J'avoue que cette vérité est terrible pour moi, cruelle pour mon amour et mortifiante pour ma fierté. Ainsi en venant ici tout à l'heure, j'étais à peu près décidé, après plusieurs jours de lutte et d'hésitation douloureuse, à renoncer à la main de mademoiselle Marthe.

— Ah! fit M. Donis.

— Oui, et en chemin je plaidais toutes les bonnes raisons pour m'appuyer dans cette résolution. Mais cela se passait en chemin, je n'avais pas vu mademoiselle Marthe. Maintenant que je l'ai vue, je sens qu'il m'est impossible de renoncer à elle; toutes les bonnes raisons que j'ai pu me donner ont été emportées lorsque je suis entré dans votre salon. Mon amour est plus fort que ma volonté. Je vous demande donc de me garder votre parole. Seulement, comme nous ne pouvons pas rester éternellement dans cette situation indécise d'être accepté par vous et refusé par mademoiselle Marthe, voici la prière que je vous adresse : accordez-moi encore un mois, et si dans un mois je n'ai pu vaincre sa résistance, je renonce à notre projet. Pendant ce mois, permettez-moi de la voir souvent et donnez-moi toutes les occasions possibles de lui faire ma cour. Ainsi je voudrais la voir demain, et si vous ne le trouvez pas mauvais, je serais bien aise d'avoir avec elle un entretien particulier de quelques minutes.

— A demain, mon cher ami.

— Je viendrai vers cinq heures.

— Vous nous trouverez vous attendant.

Et M. Donis serra la main de Sainte-Austroberthe avec émotion. Cet homme-là un intrigant, un flibustier ! Que le monde parlât, il savait, lui, à quoi s'en tenir.

XXVII

Le lendemain, un peu avant cinq heures, M. Donis fit prier Marthe de venir le rejoindre au salon. Elle descendit rapidement.

— On me dit que tu as besoin de moi, fit-elle en entrant.

— Besoin n'est pas le mot juste; j'ai quelques instants de liberté, je voudrais les passer avec toi. Ne trouves-tu pas qu'il y a longtemps que nous sommes privés de ce plaisir?

— Ah! oui, bien longtemps.

— Si ce temps a été long pour toi, sois persuadée qu'il l'a été pour moi aussi. Mais ce que je te dis là n'est pas pour récriminer ni revenir dans le passé; laissons-le derrière nous et tous deux tâchons de n'y plus penser.

Marthe s'approcha lentement et, passant son bras autour du cou de son père, elle l'embrassa.

— Ah! que n'es-tu toujours la petite fille d'autrefois! dit M. Donis avec un long soupir.

— Mais je la suis.

— Eh! non, chère enfant; pour le cœur, pour les sentiments de tendresse, tu l'es peut-être toujours, et encore, si l'on pouvait comparer la place que j'occupe dans ce cœur à celle que j'occupais autrefois, peut-être verrait-on qu'elle est plus petite aujourd'hui qu'elle n'était quand tu étais vraiment petite fille. Mais ce n'est pas cela que je veux dire. Ce que je regrette, s'il est permis de se fâcher contre les lois de la vie, c'est que ton âge et ta position nous imposent à tous deux des devoirs qui sont durs, bien durs à pratiquer.

A ce moment, un domestique entra dans le salon pour annoncer que M. le vicomte de Sainte-Austreberthe faisait demander si M. Donis pouvait le recevoir.

— Certainement.

Marthe s'était levée instinctivement en entendant prononcer ce nom détesté. Elle voulut se retirer, mais son père la retint.

— Je pensais qu'il voulait te parler d'affaires.

— C'est une visite d'amitié; ton grand-père a dû te dire ce que j'attendais de toi lorsque ces visites avaient lieu; je te prie de ne pas l'oublier; ainsi hier soir tu n'aurais pas dû quitter le salon.

— J'étais morte de fatigue.

— Aujourd'hui tu n'as pas cette excuse à faire valoir.

Sainte-Austreberthe, en entrant, mit fin à cette conversation rapide, dont le ton haussait de parole en parole.

Marthe se rassit, et aux politesses de Sainte-Austreberthe elle répondit par une simple inclinaison de tête : mouvement auquel l'intention n'avait aucune part.

Pendant quelques instants, la conversation roula sur des sujets divers qui n'avaient aucun intérêt pour Marthe ; puis Sainte-Austreberthe l'amena sur les travaux de la Gironde.

— Si vous avez trouvé les renseignements que je demandais hier pour le ministre, dit-il, je vous serais reconnaissant de me les donner ; l'affaire est pressante.

— J'aurais besoin de les accompagner d'une petite note ; si vous voulez me donner dix minutes, je vais la faire tout de suite. Marthe, pendant ce temps, voudra bien vous tenir compagnie.

Marthe eût voulu répondre ; mais son père était déjà sorti et il n'y avait aucun moyen d'échapper à ce tête-à-tête.

— Mademoiselle, dit Sainte-Austreberthe en s'approchant d'elle et en parlant à mi-voix, je vous demande pardon d'avoir employé ce moyen pour me trouver seul avec vous; mais j'ai besoin de vous entretenir.

— Et moi, monsieur, j'ai besoin de ne pas vous entendre; mes sentiments n'ont pas changé, ils ne changeront jamais; ils sont aujourd'hui ce qu'ils étaient la dernière fois que nous nous sommes vus, ils seront toujours tels, toujours, monsieur, toujours.

— Il ne s'agit pas de nos sentiments, mademoiselle; il ne s'agit pas de vous, il ne s'agit pas de moi. Il s'agit de M. votre père, menacé d'un grand danger, du plus terrible qui puisse l'atteindre.

— Mon père !

— Oui, mademoiselle, M. votre père peut être frappé d'un moment à l'autre d'un coup épouvantable, d'un coup mortel dans son bonheur, dans son honneur. Et c'est pour lui éviter ce coup que j'ai voulu vous parler, car à nous deux nous pouvons le détourner.

— Parlez, monsieur, je suis prête à écouter, prête à agir. Parlez.

Sainte-Austreberthe resta, durant quelques secondes, la tête appuyée dans sa main.

— Parlez, répéta Marthe.

— Je le voudrais, je le veux; mais ce que j'ai à vous dire est tellement difficile, tellement délicat, que les paroles s'arrêtent sur mes lèvres ou plus justement ne me viennent pas pour m'expliquer.

— N'ayez pas souci de vos paroles, monsieur; il s'agit de mon père.

— S'il ne s'agissait pas de lui, croyez bien que je ne me serais pas engagé dans une pareille démarche; il faut toute l'amitié que je lui porte, tout le respect qu'il m'inspire, pour me décider.

Sur ce mot il s'arrêta et il la regarda, comme s'il attendait qu'elle l'engageât à continuer; mais elle ne dit rien et, à son tour aussi, elle le regarda avec une fixité étrange.

— Si je ne peux pas entendre ce que vous voulez dire, fit-elle enfin, ne le dites pas, monsieur.

— Certes je voudrais me taire; mais, pour M. votre père, il faut que je parle. Si grande que soit votre innocence et votre pureté, mademoiselle, vous n'avez pas pu vivre dans cette maison sans voir qu'il s'y passe un drame qui, un jour ou l'autre, peut avoir un dénoûment terrible.

— Quel drame? balbutia Marthe en rougissant sous le regard de Sainte-Austreberthe; si ce drame touche mon père, je ne veux pas le savoir; je ne veux pas qu'on me dise ses secrets, ce n'est pas à moi de les connaître.

— Ce ne serait pas à vous, si vous ne pouviez pas détourner le malheur qui menace M. Donis; mais comme vous le pouvez, vous devez tout savoir, et moi je dois tout vous dire. M. votre père est trompé dans son amour, demain il peut être déshonoré.

— Monsieur, s'écria Marthe en se levant affolée, éperdue ; monsieur, ne parlez pas, ne parlez plus !

Et comme elle voulait reculer, échapper, il la prit par la main et la retint.

— Oui, la voilà cette vérité hideuse que je n'osais dire ; comprenez-vous maintenant, mademoiselle, que, si jamais elle est connue, et elle peut l'être, livrée au hasard, elle doit l'être certainement dans un temps donné, comprenez-vous que ce jour-là il faut que cet excellent homme, qui est votre père et qui est mon ami, il faut que ce malheureux, ce désolé ait un cœur pour y épancher sa douleur, qu'il ait une main ferme qui vienne soutenir son désespoir et son anéantissement?

Sainte-Austreberthe cacha sa tête entre ses deux mains, puis après un moment de silence, il reprit :

— Ce cœur qui devra le recevoir, c'est le vôtre ; cette main qui se tendra vers lui, ce ne peut être que celle de l'homme qui connaît ce honteux secret. Vous voyez donc bien, mademoiselle, que nous devons être unis et que c'est Dieu lui-même qui le veut.

Marthe resta atterrée, la tête basse. Deux ou trois minutes longues comme une agonie s'écoulèrent ainsi ; puis Sainte-Austreberthe reprit la parole.

— Je vous ai montré ce qui pouvait, ce qui devait arriver quand la vérité serait découverte ; mais il ne faut pas aller si loin, car elle peut ne pas l'être, et, si vous le voulez, elle ne le sera pas. Elle est entre vos mains ; c'est vous seule qui pouvez les ouvrir pour qu'elle s'échappe ou les fermer pour la retenir.

— Moi, monsieur ? dit Marthe bouleversée par cette parole qui n'avait pas d'éclats et qui n'avait pas d'emportement, mais qui n'en était que plus terrifiante dans le ton voilé et discret qu'elle gardait toujours.

— Ce qu'il faut, n'est-ce pas, c'est ce que vous voulez savoir. Une seule chose, difficile à obtenir, je le sais, mais possible cependant pour qui pourra la poursuivre. C'est que les relations qui existent cessent sans retard. Mais pour cela il faut avoir le droit d'élever la voix dans cette maison ; il faut avoir la force pour en chasser le misérable qui s'y est introduit, sans qu'il se retourne et se défende ;

Il faut enfin avoir l'autorité pour ouvrir les yeux à la malheureuse femme qui s'est laissée tromper. Et il n'y a qu'un seul homme qui puisse faire cela, mademoiselle, c'est votre mari.

Ce fut au tour de Marthe de cacher sa tête entre ses mains, car elle voyait le gouffre vers lequel on la poussait, sans qu'elle pût résister ou échapper.

— Je vous jure, reprit bientôt Sainte-Austreberthe, que si M. Heyrem pouvait être votre mari, j'irais le chercher et je vous l'amènerais pour que vous sauviez avec lui ce cher M. Donis. Ah! oui, moi qui ne suis que son ami, je me sacrifierais de bon cœur pour le sauver. Mais cela est impossible, car jamais M. Donis n'acceptera M. Heyrem pour gendre, et c'est pour cela que je vous ai dit en commençant que si vous le vouliez, nous pouvions à nous deux sauver votre père.

— En devenant votre femme! s'écria Marthe qui recula avec horreur.

— Mon Dieu! mademoiselle, reprit-il tristement, je connais vos sentiments pour moi : mais laissez-moi vous dire qu'on vous a trompée sur mon compte et que je ne suis pas l'homme qu'on vous a peint. Si j'étais cet homme, savez-vous ce que j'aurais fait, vous aimant comme je vous aime? Le jour où j'ai été, par suite d'un hasard, maître du secret qui m'a livré l'honneur de votre famille, je serais venu à vous et je vous aurais dit : Je vous aime; pour obtenir votre main, je suis capable de tout, même d'un crime; acceptez-moi pour mari ou je parle. Et vous m'auriez accepté, car vous avez l'âme assez haute pour faire passer le bonheur de votre père avant le vôtre. Est-ce là ce que j'ai fait? Cela dit, je n'ajoute plus un mot. Réfléchissez, mademoiselle, pesez votre résolution; pensez à vous, pensez à votre père. Seulement n'oubliez pas que le temps presse, car aujourd'hui, demain, la vérité peut se révéler à tous.

A ce moment, M. Donis rentra dans le salon.

— Eh bien, dit-il en remarquant l'animation de Sainte-Austreberthe et la pâleur de Marthe, de quoi donc avez-vous parlé?

Marthe resta décontenancée; mais Sainte-Austreberthe ne se troubla point :

— De vous, mon cher monsieur, dit-il; de madame Donis, de M. de Mériolle, de tout ce qui vous touche.

— Voici vos renseignements, dit M. Donis, et une note.

Quelques paroles furent encore échangées entre

M. Donis et Sainte-Austreberthe, puis celui-ci se leva et quitta le salon.

Sa voiture l'attendait dans la cour de l'hôtel.

— Chez moi, dit-il.

En rentrant dans son vestibule, le domestique lui annonça que M. Brazier l'attendait dans le parloir.

— Eh bien, demanda celui-ci en voyant entrer Sainte-Austreberthe, arrivez-vous à un résultat, monsieur le vicomte? Je ne puis plus contenir vos créanciers; de retards en retards, nous sommes arrivés à la dernière limite. Ils disent que vous vous moquez d'eux, que vous les lanternez, et comme je n'ai rien de précis à leur annoncer, ils ne me laissent pas parler; si vous n'obtenez pas un résultat certain et rapide, je ne réponds plus de rien. Je vous en préviens franchement, afin que vous avisiez; il n'en est que temps, pensez-y.

— Faites faire des frais aux huissiers, cela leur donnera de la patience.

— Ils en ont fait tout ce qu'ils en pouvaient faire.

— Eh bien, dites à ceux qui nous harcèlent que s'ils veulent me laisser tranquille, ils verront la publication de mon mariage avec mademoiselle Donis, de Bordeaux, dans huit jours, juste huit jours.

Alors ils seront intégralement payés. Au contraire, s'ils nous tourmentent, ils n'auront rien, ce qui s'appelle rien. A eux de choisir. Au revoir, Brazier.

L'homme d'affaires, ainsi congédié, s'en alla sans répliquer. Alors Sainte-Austreberthe s'étendit sur un canapé après avoir sonné.

— Qu'on me prépare un bain, dit-il, et qu'on ne reçoive personne ; j'ai besoin de repos.

Et il alluma un cigare, qu'il fuma doucement, délicieusement, en souriant aux spirales de fumée qui se déroulaient devant lui. Enfin il touchait le but : dans un mois, il serait marié. L'avenir s'ouvrait devant lui.

XXVIII

M. Azimbert avait naturellement gardé à Paris ses habitudes de la campagne : il se couchait à neuf heures et se levait à cinq.

Il eût aimé à passer les premières heures de la journée avec Marthe, mais il avait vu une telle stupéfaction sur la figure du concierge et des domestiques, lorsque le lendemain de son arrivée il s'était présenté avenue de Messine à huit heures du matin, qu'il avait compris que ces visites matinales avaient quelque chose de prodigieusement choquant. Or comme il connaissait le respect de M. Donis pour ce qui, de près ou de loin, touchait aux usages du savoir-vivre, il s'était imposé la règle de ne venir voir Marthe qu'après midi. C'était par peur de blesser ces usages qu'il avait refusé d'accepter la chambre que M. Donis lui offrait, il pouvait bien leur faire ce nouveau sacrifice.

Le surlendemain il n'arriva qu'à une heure.

— Es-tu malade? demanda Marthe en le voyant entrer; comme tu viens tard!

— Je viens à une heure convenable. Nous ne sommes plus à la campagne, nous sommes à Paris; il faut se conformer aux usages du pays dans lequel on vit.

— Je me lève matin ici comme à Laqueytive.

— Oui, mais tes domestiques se lèvent tard, et je ne veux pas donner prise à leurs critiques, cela pourrait déplaire à ton père, et en ce moment je tiens essentiellement à ne pas le blesser, même dans les choses les plus indifférentes; d'ailleurs tu sais que ces choses-là sont précisément pour lui très-importantes. Je viendrai donc toujours maintenant vers midi ou une heure, et, quand tu le pourras, nous ferons une promenade ensemble.

— Aujourd'hui, si tu veux; je suis à ta disposition; papa est sorti, me voilà maîtresse de mon temps.

— Aujourd'hui, ce n'est pas une promenade que j'ai à te proposer, c'est une course.

— Ce que tu voudras.

— Voici de quoi il s'agit : tu te souviens peut-être que je t'ai parlé d'acheter un chapeau; le mien est encore solide et dans la lande il pourrait durer deux ou trois ans, mais à Paris il manque de brillant; il est roussi, pelé sur les bords, et de place en place il a reçu des coups qui l'ont amolli. Comment le trouves-tu?

Disant cela, M. Azimbert le prit et le présenta à Marthe. C'était un chapeau de soie, bas de forme et très-large de bords; la soie avait été rougie par le soleil et la pluie, les bords étaient déformés.

— Très-bien, dit Marthe, qui le regarda à peine et répondit comme si elle ne savait pas trop ce qu'elle disait.

— Sais-tu que, pour une jeune fille élégante, tu es bien froide pour l'élégance des autres; tu n'as donc de coquetterie que pour toi? Enfin je suis moins indulgent pour ce vieux serviteur, et je trouve que le moment est venu de le remplacer. Je ne veux pas, quand nous sortirons, qu'on se retourne pour me regarder. Avec un chapeau neuf et ma belle redingote, il me semble que je serai convenable.

— Très-bien.

— Hier, n'ayant rien à faire, je me mets à flâner pour trouver un chapeau, et passe devant toutes les boutiques en cherchant ce qu'il me faut, c'est-à-dire un bon chapeau solide, qui aille à ma physionomie de campagnard. Fatigué de ne rien trouver, je me décide à entrer dans un magasin et je demande un chapeau. On prend le mien, on le regarde avec dégoût ou avec mépris, — je ne sais trop s'il y avait plus de dégoût que de mépris ou plus de mépris que de dégoût, mais enfin il y avait des deux; — puis on le jette dans un coin, sur un tas de papiers. Alors on me pose un chapeau sur la tête et l'on me conduit en face d'une glace. Je regarde dans cette glace et je pars à rire : on m'avait coiffé d'un petit chapeau pointu qui me donnait l'air le plus grotesque du monde. « Monsieur ne trouve pas ce chapeau à son goût? me dit le chapelier, indigné de mon rire; il est cependant parfait, c'est ce qui se porte : ni trop petit ni trop grand, aucune exagération. C'est un chapeau qui fera honneur à monsieur. » Là-dessus, tu comprends que j'ai été reprendre mon vieux chapeau dans les ordures, et que je suis sorti. Veux-tu m'aider aujourd'hui à trouver mieux?

— Je te demande le temps de m'habiller; dans un quart d'heure je descends.

Marthe avait reçu son grand-père au rez-de-chaussée, dans un parloir; elle l'y laissa pour monter à sa chambre.

L'hôtel de l'avenue de Messine avait été construit par un Russe qui ne l'avait jamais habité, car au moment de venir se fixer à Paris il était mort, et l'hôtel avait été alors vendu à M. Donis.

Bien qu'il fût meublé de fond en comble, prêt à recevoir son propriétaire, M. Donis, en s'y installant, avait fait entreprendre quelques travaux d'appropriation commandés par ses goûts et ses habitudes. On changeait de place les portières, les tentures, les glaces, et les tapissiers, allant sans cesse du rez-de-chaussée au premier étage et du premier étage au rez-de-chaussée, avaient mis partout un désordre presque aussi grand que pour un emménagement complet. Le parloir surtout était particulièrement encombré ; on y avait entassé les meubles, les glaces et les tableaux, en attendant qu'on les distribuât définitivement dans les pièces qui étaient destinées à les recevoir.

Pour passer le temps, M. Azimbert tira un journal de sa poche, et comme le parloir ainsi encombré se trouvait assombri, il alla s'asseoir dans l'embrasure d'une fenêtre, derrière une grande glace qui le cachait.

Il était là depuis dix minutes à peu près, parcourant son journal, quand le bruit d'une porte qui s'ouvrait lui fit lever la tête ; mais il ne vit rien, car la grande glace derrière laquelle il était assis se trouvait entre lui et la porte. Croyant que c'était un ouvrier qui passait, il reprit son journal.

Mais ce n'était point un ouvrier, car il entendit presque aussitôt une voix de femme qui parlait bas. Il reconnut madame Donis ; elle avait ouvert la porte qui du parloir communiquait avec la pièce voisine.

— Venez, disait-elle ; il n'y a personne.

Presque aussitôt des bottines craquèrent sur le tapis.

— Alors, adieu, dit une voix d'homme.

— Maintenant rien ne presse ; le danger était qu'on nous surprît dans cette pièce, où notre présence n'était pas facilement justifiable. Mais ici il n'en est pas de même ; je peux très-bien vous avoir reçu dans ce parloir, tout l'hôtel étant en désarroi.

M. Azimbert avait commencé par n'écouter cette conversation que d'une oreille distraite, mais ces quelques mots forcèrent son attention. Il avait déjà entendu cette voix d'homme, mais ses souvenirs étaient trop vagues pour qu'il se rappelât à qui elle appartenait.

— C'est entendu, n'est-ce pas? reprit cette voix, vous viendrez demain ; je vous attendrai de trois à cinq heures. N'oubliez pas le numéro : 33, c'est bien facile.

— Ne me demandez pas cela, Raymond.

— Pourquoi me refuser?

— J'ai peur.

— Peur de quoi? Il n'y a aucun danger; la présence d'une femme au Grand-Hôtel est bien naturelle, et, en tous cas, facilement explicable. Ma chambre est au premier étage : vous traversez la cour, vous montez le grand escalier : rien n'est plus facile. Vous courrez bien moins de risques que quand vous veniez me voir à Bordeaux.

— Je vous en prie...

— Vous ne m'aimez donc plus à Paris, comme vous m'aimiez à Bordeaux?

— Après les jours heureux que nous venons de passer ensemble, pouvez-vous dire cela?

— C'est parce que nous avons été heureux au bord de la mer que je veux l'être encore ici. Vous viendrez, n'est-ce pas? Tu viendras?

— Eh bien, oui, j'irai; mais si j'y vais une fois, ne vous armez pas de cette faiblesse pour me demander d'y retourner tous les jours : ce serait me perdre. Songez que mon mari a déjà trouvé bizarre de vous voir à Paris.

— Est-il jaloux?

— Non, seulement hier il m'a dit : « Pourquoi donc Mériolle est-il à Paris, précisément pendant que nous y sommes? »

— Quand je le verrai, je lui donnerai une bonne explication pour le rassurer.

— Ne le rassurez pas trop, ce serait le moyen d'éveiller ses soupçons.

— A demain.

Ils sortirent tous deux.

— Adieu, madame.

— Au revoir, cher monsieur; à bientôt.

Et la porte fut refermée.

M. Azimbert était resté sur sa chaise, sans penser à se jeter à travers cet entretien. D'ailleurs cette courte scène s'était passée avec une rapidité qui ne lui avait pas donné le temps de la réflexion : les paroles se succédaient, vives, pressées, et ce qu'elles révélaient était tellement inattendu pour M. Azimbert qu'il se refusait à croire ce qu'il entendait. Eh! quoi, c'était là la femme qui occupait la place de sa fille?

Marthe revint avant qu'il eût pris pleine possession de lui-même.

— Eh bien! dit-elle en le voyant debout au milieu du parloir, sortons-nous?

— Ah! oui, sortir, certainement.

Il se laissa conduire par elle. Ils descendirent ainsi jusqu'au boulevard Malesherbes sans parler.

— Où veux-tu acheter ton chapeau ? demanda Marthe.

— C'est vrai, je n'y pensais plus ; allons droit devant nous.

Ils recommencèrent à marcher en silence. Enfin M. Azimbert remarqua que ce mutisme chez Marthe était extraordinaire ; elle n'avait pas comme lui des raisons pour être troublée ; déjà en arrivant il avait été frappé de son attitude contrainte.

— Qu'as-tu ? dit-il, es-tu souffrante ? Il ne faut pas te désoler d'avance ; j'ai déjà appris sur M. de Sainte-Austreberthe certaines choses qui, je crois bien, ouvriront les yeux à ton père. Avant peu, j'aurai complété mon enquête, et alors je pourrai parler.

— Ne prends pas tant de peine, dit-elle d'une voix brisée ; je crois que je suis décidée à épouser M. de Sainte-Austreberthe.

— Comment ?

— Je ne crois pas, je suis certaine que je suis décidée ; il le faut.

— Tu veux maintenant épouser ce vicomte ? Est-ce que je rêve ?

— Tu as bien entendu.

— Alors tu es folle ?

— Malheureusement non ; je le voudrais, les fous ne savent pas ce qu'ils font.

— Parles-tu sérieusement ?

— Regarde si je plaisante.

Elle se tourna vers lui, et il vit son visage désolé, ses yeux navrés, ses lèvres crispées.

— Voyons, ma chère enfant, qu'est-ce que cela signifie ?

— Je vois bien qu'il faut que j'accepte M. de Sainte-Austreberthe.

— Mais non, il ne le faut pas, et je te dis que j'espère obtenir, que je suis certain d'obtenir des preuves qui arracheront ton père à ses fatales illusions ; d'ailleurs, il ne t'impose pas M. de Sainte-Austreberthe.

— Il veut que je l'épouse, et je sais maintenant qu'il faut que je m'y résigne. Il le faut pour la tranquillité de papa, pour son bonheur, je le sais.

— Mais, pauvre enfant, pour le bonheur de ton père tu ne peux pas faire ton malheur : ce serait un suicide, ce serait un crime ; le devoir d'une fille ne va pas jusque-là ; ce n'est plus du dévouement, c'est du sacrifice.

— Je dois faire ce sacrifice et je le ferai, je t'assure qu'il le faut.

— Voyons, ne nous exaltons pas.

— Je ne m'exalte pas, et c'est la raison qui parle en moi.

— Tu n'aimes pas M. de Sainte-Austreberthe ?

— Jamais je ne l'ai tant méprisé, tant haï.

— Et tu veux l'épouser ?

— Il veut m'épouser, je me rends.

— Allons, décidément c'est incompréhensible. Comment! tu le fuis, pour lui échapper, tu te sauves de chez ton père, tu prends la résolution la plus terrible qu'une honnête fille puisse prendre, et maintenant tu n'es pas de retour depuis trois jours, tu cèdes.

— Il le faut.

— Alors je te répète ce que je t'ai déjà dit, c'est de la folie, ou bien le cœur des femmes renferme de prodigieux mystères.

— J'ai compris que, pour mon père, je devais épouser M. de Sainte-Austreberthe, je l'épouse : voilà la vérité.

Ils allaient entrer dans la foule, M. Azimbert s'arrêta et retourna sur ses pas. Pendant une demi-heure, il tâcha d'obtenir des explications de Marthe, des éclaircissements, mais inutilement.

— Et Philippe ? dit-il enfin.

— Pauvre Philippe! crois-tu que je n'y pense pas ; il se sacrifiera pour moi qui l'aime, comme je me sacrifie pour papa.

Ils étaient revenus à l'hôtel de M. Donis.

— Voyons, tu n'es pas pressée d'accomplir ce sacrifice? dit M. Azimbert.

— Ah ! mon Dieu !

— Eh bien ! ne dis rien, ne t'engage à rien avant trois jours.

M. Azimbert ne rentra pas avec Marthe ; mais, en la quittant, il se fit indiquer un bureau de télégraphe, et il envoya une dépêche à Philippe pour lui dire qu'il l'attendait le lendemain matin par le premier train, et il le priait de venir le trouver à son hôtel en descendant du chemin de fer.

XXIX

Cette dépêche, expédiée à trois heures, arriva à Bordeaux à cinq heures ; Philippe n'était pas chez lui et il ne rentra qu'à six heures. Le train part de Bordeaux pour Paris à six heures trente minutes.

Sans se donner le temps de changer de costume, sans rien prendre avec lui, Philippe courut jusqu'à la gare Saint-Jean. Le guichet allait fermer. Il fit un signe désespéré : on lui donna le dernier billet. A cinq heures et demie du matin, il descendait à la gare d'Orléans, et, une demi-heure après il arrivait rue Saint-Honoré, à l'hôtel de Rochester, où logeait M. Azimbert.

Levé depuis longtemps déjà, celui-ci se promenait de long en large devant la porte de son hôtel, et, bien qu'il n'eût jamais vu Philippe, il n'hésita pas à le reconnaître.

— M. Heyrem? dit-il en s'avançant.

— M. Azimbert, je suppose?

— Assurément.

— Que se passe-t-il? J'arrive dans une angoisse affreuse, Marthe?...

— Elle n'est pas malade, rassurez-vous. Cependant j'aimerais presque autant qu'elle le fût; le corps se guérit, mais le cœur, mais l'esprit!

— La réalité est-elle donc plus terrible que ma crainte?

— Marchons, je vais vous expliquer pourquoi je vous ai fait venir.

Ils se dirigèrent vers les Champs-Élysées à cette heure déserts comme un bois, et tout en marchant, M. Azimbert raconta à Philippe son entretien de la veille avec Marthe.

— Elle ne m'aime plus! s'écria Philippe bouleversé.

— Supposez tout, cela seul excepté.

— Mais alors comment s'expliquer cette résolution? Si elle m'aime toujours, elle ne peut pas vouloir épouser M. de Sainte-Austreberthe; cela est monstrueux, cela est impossible! Ah! non, non, elle ne m'aime plus; elle m'a oublié.

— Si vous ne trouvez en vous que le doute et le désespoir pour me répondre, j'ai eu tort de vous faire venir.

— Et que voulez-vous? Je suis accablé, je me demande si je rêve ou si j'ai ma raison. Que voulez-vous de moi, je vous prie? Guidez-moi, je suis incapable d'avoir une idée. Ah! Marthe, Marthe!

— Cela, je le comprends. Soyez désolé, soyez malheureux, soyez fou, criez, pleurez si vous ne pouvez pas vous contraindre, c'est bien; mais ne doutez pas d'elle et n'accusez pas son cœur.

— Je ne l'accuse pas, je ne sais pas, je cherche; je suis en présence d'un fait inexplicable que je ne peux pas comprendre, que je ne peux pas croire.

— Pour moi, Marthe a été entraînée à cette résolution par sa tendresse pour son père. Revenue près de lui après une longue absence, le trouvant désolé de sa fuite et cependant indulgent, le voyant toujours désireux de ce mariage, elle s'est décidée à céder; et comme l'idée du sacrifice est la plus troublante pour les femmes, elle s'est exaltée pour cette idée et elle en est arrivée à croire que, si elle n'acceptait pas M. de Sainte-Austerberthe, elle faisait le malheur de son père, elle empoisonnait sa vie, elle abrégeait ses jours. Jusqu'où ne va-t-on pas sur ce chemin? Alors, de bonne foi, elle a été convaincue qu'il fallait que ce mariage se fît et elle s'y est résignée. C'est cette explication que je crois juste, qui m'a décidé à vous appeler ici pour que vous agissiez.

— Que puis-je, puisque je ne la vois pas?

— C'est dans la solitude que Marthe s'est affolée de cette idée; j'ai cru qu'il suffirait de votre présence pour l'en guérir. Vous allez la voir tantôt, et j'espère qu'elle ne vous répétera pas ce qu'elle m'a dit.

— Ah! monsieur, s'écria Philippe.

Sans en pouvoir dire davantage, il saisit les deux mains de M. Azimbert, qu'il serra dans les siennes.

— Ce que je veux faire, continua M. Azimbert, est bien grave. C'est me mettre en opposition avec la volonté d'un père et, jusqu'à un certain point, c'est abuser de sa confiance. Il faut pour m'y décider toute l'horreur que m'inspire M. de Sainte-Austreberthe. Depuis que je suis à Paris, j'ai eu la preuve que vos renseignements n'avaient point été exagérés.

— N'est-ce pas? c'est un misérable.

— Je ne peux pas souffrir que ma petite-fille devienne sa femme. J'irai prendre Marthe à midi; où puis-je vous voir? Il nous faudrait un endroit écarté, où nous ne fussions pas dérangés. Est-ce possible au bois de Boulogne? Renseignez-moi, car je ne connais pas le Paris nouveau.

— A la mare d'Auteuil.

— Soit; nous partirons vers midi, attendez-nous. Ne désespérez pas avant de l'avoir vue.

En sortant, à midi, avec son grand-père, Marthe fut surprise de trouver une voiture attendant à la porte, car M. Azimbert ne se servait que de ses jambes pour les courses les plus longues.

— C'est pour nous conduire au bois de Boulogne, dit-il.

Marthe ne fit pas d'objections et ne remarqua pas que le cocher partait sans demander où on allait.

En arrivant au bout de l'allée qui débouche sur la mare, elle aperçut Philippe, qui se promenait lentement, et, par un mouvement involontaire, elle se rejeta au fond de la voiture en étouffant un cri.

— Oui, dit M. Azimbert, c'est M. Heyrem; je l'ai fait venir à Paris et je t'amène ici pour que tu lui répètes ce que tu m'as dit.

— Ah! grand-père, dit-elle tristement, quel chagrin tu m'as préparé!

— Veux-tu que nous passions sans parler?

— Maintenant c'est impossible.

La voiture s'arrêta, et Philippe accourut pour les aider à descendre.

Il tendit la main à Marthe.

— Ah! Philippe! Philippe! dit-elle.

Et elle resta la main dans les siennes, le regardant sans pouvoir détacher ses yeux de ceux de Philippe.

— Ce n'est pas vrai, n'est-ce pas? dit-il enfin, ce n'est pas possible!

Elle regarda autour d'elle; M. Azimbert s'était éloigné de quelques pas, se dirigeant lentement vers l'allée qui longe les pépinières et s'enfonce sous le bois épais.

— Suivons mon grand-père, dit-elle en prenant le bras de Philippe et en se serrant contre lui avec un frisson.

Ils marchèrent ainsi durant quelques minutes sans échanger une parole; car, bien qu'ils fussent seuls dans le bois désert, un tiers était entre eux, les oppressant, les écrasant : Sainte-Austreberthe, qu'ils ne pouvaient chasser de leur pensée.

— Vous ne m'avez pas répondu? dit enfin Philippe, cédant le premier à son angoisse.

— Mon grand-père vous a raconté notre entretien?

— Oui, du premier mot au dernier.

— Eh bien! je ne puis que vous répéter ce qu'il vous a dit.

— Vous voulez épouser cet homme?

— Je veux ne pas faire le malheur de mon père.

— Et pour cela vous voulez faire le vôtre et le mien. C'est impossible; vous n'avez pas réfléchi, vous ne parlez pas sérieusement. Vous savez bien qu'une honnête fille ne peut pas épouser M. de Sainte-Austreberthe.

— Il ne s'agit pas de ce que je sais, moi; il s'agit de mon père. Ce n'est pas M. de Sainte-Austreberthe que j'accepte, c'est l'homme que choisit mon père. M. de Sainte-Austreberthe! Je ne l'ai jamais haï si profondément que depuis que je suis décidée à devenir sa femme.

— Marthe, regardez-moi.

Elle s'arrêta, et, tournant vers lui son visage pâli, elle le regarda avec un sourire navré.

— Vous voulez voir si je suis folle? dit-elle. Hélas! non, j'ai ma raison, toute ma raison, et c'est elle qui me contraint à ce mariage. Je vous en conjure, Philippe, ne tentez pas de changer ma résolution; j'ai tant souffert pour la prendre. Ne me rejetez pas, par vos paroles, par vos regards, par votre douleur, dans les irrésolutions affreuses que j'ai dû traverser. Il faut que j'épouse M. de Sainte-Austreberthe, je l'épouserai. Ne me dites pas que c'est impossible, que c'est un crime, que c'est un suicide : il le faut. Si vous pouviez savoir la vérité, vous verriez qu'il le faut. Je vous en prie, Philippe, au nom de notre amour.

— Vous parlez de notre amour.

— Si vous ne voulez pas que je parle de notre amour, je m'adresse à votre tendresse, à votre cœur, à votre loyauté, cher Philippe, et je vous demande de ne pas m'accabler, de ne pas me tenter. N'essayez pas de me retenir; soutenez-moi au contraire, aidez-moi à accomplir mon sacrifice. Ne redoublez pas ma douleur par la vôtre, ne m'enlevez pas ce que j'ai de force, et j'en ai bien peu!

— Cependant vous en avez encore plus que vous n'avez d'amour.

— Vous me reprochez de ne pas vous aimer, ô Philippe! Est-ce que pour vous je n'ai pas quitté la maison de mon père? J'ai cru que votre jalousie souffrirait, si vous me saviez exposée à subir chaque jour les hommages d'un homme dont on m'imposait la présence, et, pour vous épargner cette torture, j'ai pris la résolution la plus grave que puisse prendre une jeune fille : je me suis sauvée. Savez-vous ce que je me disais, au milieu de ma fuite, pour me donner du courage? Je me répétais : « Au moins il ne doutera pas de mon amour. »

— Alors oui, vous m'aimiez; tandis que maintenant non-seulement il n'est plus question de fuite, mais encore il n'est plus question de résistance.

— C'est vrai; maintenant je ne résiste plus parce que je ne peux plus résister. J'ai lutté tant que j'ai pu jusqu'au bout; maintenant je cède parce que je sais que la lutte est inutile et qu'il faut que ce mariage s'accomplisse.

— Il faut?...

— Oui, il faut, il le faut pour mon père. Comprenez donc qu'il n'y a qu'une raison irrésistible qui puisse me contraindre; cette raison existe, elle m'étreint, elle me pousse et je dois la subir. Si je ne vous la dis pas, si je ne vous la montre pas, c'est qu'il s'agit de mon père, et que je ne peux pas, que je ne dois pas vous livrer des secrets terribles, qui ne sont pas les miens. Plaignez-moi, ne m'accusez pas.

— Je ne vous accuse pas, mais je ne peux pas oublier : je ne peux oublier ni nos jours heureux, ni nos projets, ni nos espérances.

— Ne croyez pas que je les oublie plus que vous; je n'oublie même pas le serment que je vous ai fait de ne me marier jamais, si je ne pouvais pas être votre femme.

— Et cependant vous épousez cet homme?

— Quand je me suis résignée, j'ai pensé à vous

écrire pour vous demander de me rendre ma parole. Me la refuserez-vous, Philippe?

— Jamais je ne vous la rendrai.

— Vous êtes dur pour moi, Philippe, bien dur, car vous m'imposez une nouvelle douleur. J'ai fait le sacrifice de ma vie, je ferai encore celui de ma foi : c'est un sacrifice de plus. Il eût été généreux à vous de me l'épargner.

— Êtes-vous généreuse pour moi, vous qui prenez mon amour, mon bonheur, ma jeunesse, ma vie, et qui les sacrifiez?

— Cruelle, cela est vrai, et vous avez le droit de m'accuser; mais accusez surtout la fatalité, qui nous écrase tous deux. Nous ne nous verrons plus, cet entretien si douloureux est notre dernier entretien; laissez-moi donc vous dire que je vous aime. Bien des fois vous m'avez demandé de prononcer ces mots, c'est moi qui vous supplie aujourd'hui de les écouter : Je vous aime, Philippe, et je vous aimerai toujours. Maintenant il faut nous séparer; mais avant je voudrais vous laisser un souvenir, si vous voulez bien en accepter un de moi. Voici un portrait qu'on a fait de moi quand j'avais deux ans, pour ma mère : c'est ce que je possède de plus précieux. Le voulez-vous?

Elle lui tendit un petit médaillon qu'elle avait détaché de la chaîne de sa montre.

— Marthe, Marthe ! s'écria Philippe en voulant la prendre dans ses bras.

Mais elle le repoussa doucement, et à haute voix elle appela son grand-père, qui se retourna vivement.

Ils étaient revenus, en suivant l'allée courbe, aux abords de la mare.

— Adieu, dit Marthe, prête à monter en voiture ; Adieu, cher Philippe !

Il voulut la retenir, elle s'élança dans la voiture et se cacha le visage dans son mouchoir.

— Eh bien ? demanda M. Azimbert à Philippe.

— Rien, rien, je n'ai rien pu obtenir ; c'est à devenir fou.

— Rentrez à Paris et attendez-moi à l'hôtel, il faut que je vous parle.

XXX

M. Azimbert voulait interroger Marthe ; mais, lorsqu'il fut assis près d'elle, il la trouva si accablée qu'il eut pitié d'elle ; elle suffoquait dans son mouchoir, et malgré les efforts qu'elle faisait pour se retenir, elle était secouée par des mouvements convulsifs. Il était évident que, dans cet état, toute question, toute parole, feraient éclater sa douleur et la redoubleraient.

Le trajet de la mare d'Auteuil à l'avenue de Messine se fit donc sans qu'il y eut un seul mot d'échangé entre eux.

En approchant de la maison de son père, Marthe tâcha de se remettre ; elle essuya son visage et se roidit de toutes ses forces contre son émotion.

— Je reviendrai tantôt, dit M. Azimbert en lui donnant la main pour descendre ; tu sais que tu m'as promis trois jours, nous ne sommes encore qu'au premier.

Il revint vivement à son hôtel ; Philippe arrivait.

— Ainsi, dit M. Azimbert en le prenant par le bras, elle persiste, la malheureuse enfant, dans sa résolution d'épouser M. de Sainte-Austreberthe?

— Elle n'a pas eu un moment d'hésitation, pas même un moment de faiblesse.

— Si elle a été forte avec vous, elle a été faible avec moi : depuis qu'elle vous a quitté, ses larmes n'ont pas cessé de couler ; elle est dans un état pitoyable, la chère petite. C'est là un premier indice pour ce que je veux savoir, mais ce n'est pas tout ; que vous a-t-elle dit ?

— Elle m'a dit qu'il fallait qu'elle acceptât M. de Sainte-Austreberthe, que c'était pour elle un terrible sacrifice, mais qu'elle s'y résignait pour son père ; et, comme je me récriais, elle a ajouté que, si je savais la vérité, je comprendrais que ce mariage était inévitable, et que je devais la croire, sans lui demander un secret qui n'était pas le sien.

— Un secret qui n'est pas le sien ?

— Ce sont ses propres paroles.

— Et c'est là tout ?

— Au moins, c'est l'essentiel et c'est ce qui m'a le plus frappé ; car, dans le trouble douloureux où me jetaient ces étranges paroles, bien des choses m'ont échappé. La surprise, l'indignation, la colère, la douleur, le désespoir, m'enlevaient ma raison ; en même temps qu'elle me portait ces coups, elle m'assurait de son amour.

— Cela vous prouve qu'elle n'agit pas librement et qu'elle est poussée par une volonté plus forte que la sienne. Ce matin, je vous disais qu'elle était entraînée par l'exaltation du sacrifice ; maintenant je vois qu'il y a autre chose dans sa résolution. Assurément elle est victime d'une machination.

— Laquelle ? Sauvons-la ?

— Je crois être sur la voie, mais il me faut encore des renseignements que vous pouvez, je l'espère, me donner. C'est le préfet, n'est-ce pas, qui a introduit M. de Sainte-Austreberthe chez M. Donis ? Quelles étaient les relations de M. de Cheylus avec M. de Mériolle, et quelles étaient celles de M. de Mériolle avec M. de Sainte-Austreberthe ?

— Je ne sais s'il existait des relations entre M. de Cheylus et M. de Mériolle, cependant je ne le crois pas. Quant à Mériolle, il ne connaissait pas M. de Sainte-Austreberthe, lorsque celui-ci est venu pour la première fois à Château-Pignon.

— Vous en êtes sûr ?

— J'étais présent à l'entrevue, j'en suis certain ;

seulement ils se sont liés très-rapidement et ils sont devenus inséparables.

— Inséparables ?

— A ce point qu'une affaire qui eût pu les brouiller n'entama même pas leur intimité. Dans une partie qui a duré deux nuits et un jour, M. de Sainte-Austreberthe a gagné 70,000 fr. à Mériolle.

— Et M. de Mériolle pouvait-il payer ces 70,000 francs ?

— Je crois que cela le gênait beaucoup, car il est ruiné ; en tous cas, il n'a pas tenu rancune à son vainqueur.

— La demande de M. de Sainte-Austreberthe était-elle faite lorsque cette partie a eu lieu ?

— Je ne crois pas.

— Bien, cela suffit.

— Croyez-vous donc que M. de Sainte-Austreberthe s'est fait appuyer par Mériolle ? Celui-ci n'a aucune influence sur M. Donis.

— Je cherche et je crois que je trouverai ; pour le moment, restons-en là.

— Me permettez-vous de vous revoir ?

— Assurément ; je vous engage même à vous loger dans cet hôtel : nous pourrons nous voir ainsi plusieurs fois par jour, et je vous tiendrai au courant de mes démarches. Je ne peux pas vous dire que vous épouserez Marthe ; cependant je vous engage à ne pas désespérer, tout n'est pas fini. Au revoir.

M. Azimbert retourna à l'hôtel de l'avenue de Messine ; il était deux heures et demie lorsqu'il y arriva. Il fit demander à madame Donis si elle pouvait le recevoir ; presque aussitôt elle entra au salon, et M. Azimbert remarqua qu'elle était en toilette de ville et coiffée d'un chapeau.

— Je regrette de vous empêcher de sortir, dit-il ; mais j'ai à vous entretenir d'un sujet de la plus grande importance.

— J'ai tout le temps de vous entendre, dit madame Donis en s'asseyant ; je sortirai plus tard, rien ne presse.

Elle souriait à M. Azimbert en prononçant ces quelques mots de politesse : elle fut surprise du regard étrange qu'il fixait sur elle, mais elle ne s'en inquiéta pas autrement : M. Azimbert sans doute subissait l'influence de Marthe.

— Le sujet qui m'amène, continua M. Azimbert, c'est le mariage de ma petite fille : Marthe consent à épouser M. de Sainte-Austreberthe.

— C'est là une bonne nouvelle. M. Donis désire vivement ce mariage ; jamais il n'aurait consenti à accepter M. Heyrem pour gendre. Il serait résulté de cette situation un embarras très-grand, sans parler des souffrances de Marthe, qui eussent été pénibles. Cette détermination, qui tranche tout, me paraît sage et heureuse.

— Je n'en doute pas; mais, à moi, elle paraît déplorable.

— Vous n'aimez pas M. de Sainte-Austreberthe?

— J'ai pour lui le plus profond mépris, car je le connais ou tout au moins je sais sur son compte des choses qui me mettent à même de l'apprécier à sa juste valeur. Mais ce n'est pas de lui que j'ai souci, c'est de ma petite-fille. Marthe n'a pas pris la détermination que je vous annonce librement; on a pesé sur elle, on l'a circonvenue et, par une série d'intrigues et de machinations, on a violenté sa volonté. Aussi suis-je bien décidé à m'opposer à ce mariage, qui ne se fera pas.

— Il faut faire connaître ces machinations et ces intrigues à M. Donis; car, si Marthe a été trompée comme vous le soupçonnez...

— Je ne soupçonne pas, je sais.

— Si Marthe a été trompée, M. Donis a dû l'être aussi?

— Il l'a été comme Marthe; on a pesé sur lui, comme on a pesé sur elle.

— Il faut le détromper.

— C'est sur vous que je compte, et c'est ce que je viens vous demander de faire.

— Il est dit que de tous côtés on me demandera d'intervenir dans ce mariage : M. de Sainte-Austreberthe d'abord, mon mari ensuite, puis Marthe ; vous enfin, monsieur. Tout le monde a voulu successivement m'obliger à entrer dans cette affaire, en dehors de laquelle je tenais tant à rester.

— Il est bien malheureux que vous n'ayez pas réalisé votre intention ; mais, puisque ce mariage n'est pas fait, il est temps encore pour vous de revenir en arrière.

— Et que voulez-vous de moi, monsieur ?

— Je veux que vous empêchiez ce mariage et que vous répariez le mal que vous avez fait.

— Mais quel mal ai-je donc fait ?

— Ne m'obligez pas à entrer dans des détails pénibles ; vous devez me comprendre, vous me comprenez trop bien.

— Je vous jure, monsieur, que je ne vous comprends pas du tout ; et votre accusation est tellement extraordinaire que je vous demande de l'expliquer ; je le désire, vous le devez.

M. Azimbert hésita un moment ; puis, baissant la voix et détournant la tête :

— J'étais hier dans le parloir quand vous avez

reconduit M. de Mériolle ; placé derrière une glace qui me cachait, j'ai entendu votre conversation... entière.

Madame Donis était sur un canapé faisant face à M. Azimbert, assis sur un fauteuil ; en entendant ces paroles, elle se cacha le visage entre ses deux mains.

Ils restèrent, durant deux ou trois minutes, silencieux ; madame Donis, la tête enfoncée dans le coussin vers lequel elle s'était détournée ; M. Azimbert les yeux attachés sur une fleur du tapis. Enfin le silence devenant trop long, M. Azimbert reprit la parole, mais sans relever les yeux.

— Vous m'avez contraint à parler, il faut maintenant aller jusqu'au bout et je dois vous indiquer ce que j'attends de vous. Quant à ce qui touche Donis, je n'ai rien à vous dire : une femme qui a eu le malheur de commettre une pareille faute doit trouver en elle des moyens d'expiation ; je laisse à votre conscience le soin de trouver ce que vous devez faire pour votre mari.

Madame Donis n'avait pas bougé : la tête enfoncée dans le coussin, elle avait l'immobilité d'une morte ; au soulèvement saccadé de ses épaules, on devinait seulement qu'elle était vivante.

— C'est de Marthe seule que j'ai souci pour

l'heure présente, et voici ce que vous devez faire pour elle : vous devez empêcher son mariage avec M. de Sainte-Austreberthe, et dans deux jours M. de Sainte-Austreberthe doit-être consigné à votre porte.

Madame Donis resta toujours immobile, ne bougeant pas, ne répondant pas.

— Ne m'avez-vous pas compris, madame? dit M. Azimbert après avoir attendu durant assez longtemps.

— Non, monsieur, dit enfin madame Donis à voix basse et en parlant entre ses mains.

— Ce que je demande est cependant bien simple : défaites ce que vous avez fait, ouvrez les yeux que vous avez fermés, éclairez l'esprit que vous avez abusé ; empêchez M. de Sainte-Austreberthe d'épouser Marthe.

— Je vous entends, je ne vous comprends pas ; je n'ai jamais appuyé les prétentions de M. de Sainte-Austreberthe.

— Madame !

— Je vous le jure, monsieur.

— Que vous veuillez me tromper, cela n'a malheureusement rien qui m'étonne ; mais je ne peux croire ni vos paroles, ni vos serments, et le moyen de défense que vous paraissez vouloir adopter n'a aucune prise sur moi, car je sais comment ce mariage a été préparé et comment M. Donis a été amené à l'accepter. M. de Sainte-Austreberthe s'est fait l'ami de M. de Mériolle; il lui a gagné une somme considérable, que celui-ci n'a pu payer. Pour s'acquitter M. de Mériolle lui a donné en payement l'influence qu'il avait sur vous ; de votre côté, vous avez donné à M. de Mériolle, à qui vous ne pouvez rien refuser, l'influence que vous aviez sur votre mari. Et voilà comment ce pauvre Donis en est arrivé à vouloir ce mariage.

— Je vous jure que je ne sais pas un mot de ce que vous me dites, je vous jure que je n'ai jamais influencé M. Donis.

— Il m'est pénible de vous dire que je ne peux pas accepter vos serments, et que je ne veux pas entrer dans une discussion avec vous. En deux mots, voici ce que je veux : agissez sur M. de Sainte-Austreberthe, agissez sur M. de Mériolle, agissez sur votre mari, agissez sur qui vous voudrez, cela m'importe peu. Ce que je demande, ce que j'exige, c'est que ce mariage ne se fasse pas.

— Vous me demandez une chose impossible.

— Je vous ai dit que je ne voulais pas discuter. Si vous ne voulez pas éclairer votre mari, je m'en chargerai; cela me sera douloureux, mais il n'y a rien que je ne sois décidé à faire pour sauver ma petite-fille. Ne m'obligez pas à montrer à Donis les moyens qui ont été employés pour forcer son consentement.

A ce moment, un valet annonça M. le vicomte de Sainte-Austreberthe.

Madame Donis voulut répondre qu'elle ne pouvait pas recevoir, mais M. Azimbert intervint.

— Recevez-le, au contraire, dit-il, et profitez de l'occasion que la Providence vous envoie.

XXXI

Sainte-Austreberthe entra dans le salon, léger, souriant comme à l'ordinaire, et il vint serrer la main de madame Donis avec ces démonstrations de politesse respectueuse qui étaient un des traits de son caractère.

Quant au vieux bonhomme à cheveux blancs qu'il aperçut devant lui, il y fit à peine attention : un indigène de la Gironde de passage à Paris sans doute, une espèce.

— M. Azimbert, dit madame Donis rappelée à ses devoirs de maîtresse de maison, permettez-moi de vous présenter M. le vicomte de Sainte-Austreberthe.

A ce nom, la physionomie de Sainte-Austreberthe changea instantanément d'expression : elle était indifférente, elle devint affable.

—Ah ! monsieur ! dit-il en s'inclinant, que je

suis heureux de vous rencontrer; ce m'est un vrai bonheur de connaître enfin le grand-père de mademoiselle Marthe, de celle dont j'espère être bientôt le mari.

— L'honneur serait grand, en effet, dit M. Azimbert après un long instant de silence, pendant lequel il avait regardé Sainte-Austreberthe en face; mais vous allez beaucoup trop vite, monsieur, en vous disant déjà le mari de ma petite-fille; vous ne l'êtes pas encore.

— J'espère le devenir, et c'est là seulement ce que j'ai dit.

— En tout cas, vous prenez vos désirs pour des espérances : c'est un tort, et je dois vous prévenir que ces espérances ne se réaliseront pas.

Décontenancé par le regard de M. Azimbert, Sainte-Austreberthe se troubla :

— Ce langage, dit-il, a tout lieu de me surprendre.

— Je comprends cela, vous ne vous attendiez pas, n'est-ce pas, à l'entendre? Madame voudra bien vous l'expliquer ou tout au moins vous donner les raisons qui me l'ont dicté ; je lui laisse ce soin, certain qu'elle s'en acquittera mieux que je ne pourrais le faire moi-même.

Et avant que madame Donis et Sainte-Austreberthe fussent revenus de leur surprise, il se leva et partit sans se retourner.

Madame Donis et Sainte-Austreberthe restèrent assez longtemps sans parler après cette sortie extraordinaire : elle était haletante sur son canapé, et lui se tenait debout dans une attitude embarrassée. Enfin il rompit le silence :

— Voilà un brave vieillard, dit-il d'un air railleur, qui a le parler rude. Comme il y va! Les Landes sont décidément un pays tout à fait primitif, et les aborigènes sont comme leur pays.

Sainte-Austreberthe croyait que madame Donis allait l'interrompre pour lui faire des excuses : c'était ce qu'elle devait, puisque l'injure avait été commise dans sa maison. Mais il vit qu'il pouvait continuer longtemps ainsi, sans la tirer de sa réflexion ; il changea de sujet. En réalité, il se souciait fort peu de l'accueil de ce bonhomme, et il avait une préoccupation plus sérieuse. Que signifiaient au juste ces paroles sur ses espérances?

— Quoique brutal, dit-il, il n'est pas clair dans ses discours ; heureusement vous devez les compléter et les expliquer. Je suis curieux de connaître les raisons qui ont dicté ses paroles; comme dit M. Azimbert, est-il vrai que vous puissiez me les donner?

Madame Donis releva la tête ; Sainte-Austreberthe ne l'avait jamais vue si pâle.

— Ces raisons, dit-elle d'une voix tremblante, mais qui s'affermit bientôt, sont toujours les mêmes : ce sont celles qui ont décidé la fuite de Marthe.

— Alors il est inutile de vous fatiguer à me les répéter, je les connais.

— Je crois au contraire devoir insister ; car leur persistance leur donne une valeur de jour en jour plus sérieuse, au moins à mes yeux.

— A vos yeux, madame ?

— Sans doute. Que Marthe ait, aux premières propositions de son père, répondu par un refus, cela n'avait rien de bien grave, et l'on pouvait croire qu'elle reviendrait sur ses premières impressions formées à la légère ; mais, au lieu de revenir, elle a avancé dans un sens opposé : elle a pris la fuite pour se soustraire à...

— Dites à ma présence, cela est vrai.

— Maintenant revenue ici ou plus justement ramenée malgré elle, et voyant le désir de plus en plus persistant de son père de vous la donner en mariage, elle accentue son refus et emploie tous les moyens pour échapper à ce mariage. Je dis que cela est grave, très-grave, et de nature à vous donner à réfléchir. Ce sont ces raisons que M. Azimbert vient de m'apporter de la part de Marthe, en me demandant de les faire valoir auprès de vous

— Êtes-vous bien certaine qu'elles viennent de mademoiselle Marthe elle-même, et non de ce vieux philosophe seulement ?

— Il me semble que Marthe s'est prononcée assez de fois, pour qu'il ne soit pas possible de douter de ses sentiments.

— Qu'elle se soit prononcée autrefois dans ce sens, cela n'est que trop certain ; mais je ne parle pas d'autrefois, je parle d'aujourd'hui. Êtes-vous bien certaine qu'aujourd'hui mademoiselle Marthe refuse de ratifier le consentement de son père ?

— Vous venez d'entendre M. Azimbert.

—M. Azimbert, oui, parfaitement ; mais non mademoiselle Marthe.

— Il a parlé au nom de Marthe, il est le confident de toutes ses pensées ; elle a pour lui une vive amitié, elle a une confiance absolue en lui, inspirée autant par la tendresse que par l'estime. Il est bien certain qu'il vient de nous répéter ce qu'elle l'a chargé de dire ; ce sont les propres paroles de Marthe que vous venez d'entendre, prononcées seulement avec plus de force. Elle n'a pas osé affronter votre présence, c'est son grand-père qui a pris sa place.

— Il y a du vrai là-dedans, mais ce vrai ne se rapporte pas à la situation présente. M. Azimbert a traduit les sentiments que mademoiselle Marthe éprouvait lorsqu'elle était près de lui, mais j'ai tout lieu de croire que ces sentiments ont changé. J'ai eu le plaisir en effet de me trouver en tête-à-tête avec mademoiselle Marthe avant-hier, et j'ai pu lui parler; je crois que mes paroles ont produit sur elle un certain effet.

C'était donc Sainte-Austreberthe qui avait arraché à Marthe sa résolution. Comment? Par quels moyens? En tout autre moment, madame Donis eût peut-être pu diriger l'entretien de manière à l'apprendre. Mais elle était dans un tel état d'excitation et d'angoisse, qu'elle ne se sentait pas maîtresse de sa parole. Les mots lui échappaient sans qu'elle eût conscience de leur portée, et elle suivait mal les réponses de Sainte-Austreberthe. Si grand besoin qu'elle eût de savoir la vérité, elle n'osait pas la provoquer; elle avait peur de se livrer en la cherchant, et même elle avait peur de l'apprendre. Cependant il fallait parler; il fallait faire une tentative, — la dernière.

— Si habiles qu'aient été vos paroles, dit-elle, elles n'ont pu changer les sentiments de Marthe, et il me semble qu'elles n'ont dû changer que sa volonté, si réellement cette volonté s'est modifiée dans le sens que vous espérez.

— La nuance est délicate entre le consentement et le sentiment.

— Et c'est pour cela qu'elle doit vous toucher. Vous ne voudriez pas d'une femme qui aurait dit « oui » des lèvres et « non » du cœur. Eh bien! je crains que ce ne soit là ce qui arrive avec Marthe. En parlant à Marthe de son père, en intéressant, en exaltant sa tendresse.

— C'est précisément ce que j'ai fait; je lui ai montré que notre mariage assurait la tranquillité et le bonheur de son père.

Sous le regard de Sainte-Austreberthe, qui soulignait ces paroles, madame Donis sentit que le cœur lui manquait, elle espéra qu'elle allait étouffer; mais bientôt elle se remit. Elle était comme l'oiseau qui est enfermé dans une chambre, et qui voltige çà et là, éperdu, espérant trouver une issue, il vole à la fenêtre, se brise la tête contre la vitre, tombe, se relève, vole de nouveau, retombe encore, et persiste toujours, tant qu'il lui reste un souffle. Elle continua :

— Vous avez pu par ce moyen tout-puissant, amener Marthe à céder; mais après? On ne se marie pas pour son père, on se marie pour soi parce qu'on aime. Croyez-vous que Marthe vous aime?

—C'est une question que j'examinerai plus tard.

— Oui, mais c'est une question que nous devons, nous, examiner tout de suite. Quand je dis nous, je veux parler de M. Donis et de moi.

— De vous, madame?

— Sans doute. Jusqu'à ce jour, j'ai voulu ne pas intervenir dans le mariage de la fille de mon mari, mais c'est parce que j'espérais qu'il se ferait en toute liberté.

— Est-ce que vous allez me déclarer la guerre et vous ranger parmi mes adversaires?

— Je trouve que le mariage de Marthe dans ces conditions est impossible.

—Et vous voulez-vous y opposer, vous, madame, vous?

— Mon devoir m'oblige à éclairer mon mari.

— Allons, décidément, vous voulez m'amener à renoncer à ce mariage, et, en me montrant M. Azimbert, mademoiselle Marthe et vous ligués pour me barrer le passage, vous espérez me repousser. Il faut vraiment, pour risquer cette entreprise, que vous obéissiez à une pression irrésistible, ou bien il faut que je me sois bien mal expliqué avec vous lors des deux entretiens que nous avons eus au sujet de ce mariage. Je dois donc m'expliquer aujourd'hui plus clairement; je vais le faire. Seulement, n'oubliez pas que c'est vous, madame, qui m'y obligez par votre opposition.

Madame Donis ne répondit pas, mais elle pâlit au point d'être complétement décolorée. Cependant elle resta la tête haute, regardant devant elle; ses yeux, perdus dans le vague, ne voyaient pas.

— Je pensais, continua Sainte-Austreberthe, que vous aviez apprécié à sa valeur la discrétion avec laquelle j'avais demandé votre concours, et vous l'avais fait demander par M. de Mériolle; il m'en coûte beaucoup de vous dire aujourd'hui qu'au lieu de me présenter en suppliant, j'aurais pu parler haut et exiger, si j'avais été un autre homme.

— Monsieur...

— Je n'avais qu'à mettre en vos mains la lettre que voici, en vous demandant un échange.

Il lui présenta la photographie du billet qui lui avait été confié par M. de Mériolle; puis, sans regarder, il se tourna vers la fenêtre. Le froissement d'un papier le fit se retourner.

— Vous pouvez le détruire, dit-il. J'ai dix autres copies pareilles que j'ai fait faire quand M. de Mériolle a eu la coupable faiblesse de me livrer l'original; car je voulais vous débarrasser de ce sot personnage, et je n'avais que ce moyen de le tenir.

Madame Donis était atterrée; Sainte-Austreberthe lança un rapide coup d'œil de son côté, mais il ne put pas voir son visage, sa tête étant inclinée sur sa poitrine.

— Comprenez, dit-il, qu'il ne faut pas pousser à bout l'homme qui a aux mains une arme pareille : la nature humaine est faible et le désespoir peut l'entraîner à un crime, même à une lâcheté. Ne me réduisez pas au désespoir ; ne vous opposez pas à mon mariage qui se ferait malgré vous. Soyons amis plutôt. Je vous assure que j'ai pour vous une sympathie vive, très-vive, pour votre esprit, pour votre beauté. Je vous débarrasserai de ce grand garçon, qui n'est qu'un niais, dangereux par sa naïveté ; vous ne le reverrez jamais et par moi vous n'entendrez jamais parler de lui. C'est un grand malheur pour une femme de mal placer ses affections : que n'était-il un homme intelligent au lieu d'être un sot ! Oublions tous deux ce qui vient de se passer dans ce salon, et vous trouverez toujours en moi l'homme que j'ai été depuis que j'ai le bonheur de vous connaître.

Il y eut un moment de silence qui se prolongea pendant plusieurs minutes. Enfin madame Donis releva la tête, et regardant Sainte-Austreberthe en plein visage :

— Vous pouvez me déshonorer, dit-elle, mais je ne me déshonorerai pas moi-même.

— J'aurai le plaisir de vous voir demain ; la réflexion, madame ! ne vous roidissez pas contre la réflexion et son influence salutaire.

XXXII

Après que Sainte-Austreberthe fut parti, madame Donis s'affaissa; elle était écrasée par les coups qui venaient de s'abattre sur elle, frappant sans relâche, sans pitié, sans lui laisser le temps de respirer. Les murs dansaient autour d'elle; il lui semblait que le plafond s'abaissait sur sa tête et que le parquet se soulevait sous ses pieds.

Peu à peu elle parvint à ressaisir sa volonté et à se reconnaître. La lumière qu'elle porta alors dans sa situation lui en fit sonder l'horreur dans toute son étendue. Elle était perdue, sans secours possible, puisqu'elle l'était à ses propres yeux. Se défendre contre M. Azimbert, à quoi bon? contre Sainte-Austreberthe, dans quel but? elle ne pouvait pas se défendre contre elle-même.

Elle se leva et, allant s'appuyer sur la tablette de la cheminée, elle se regarda longuement dans la glace. Comme elle était pâle! De sa main tremblante, elle lissa ses cheveux sur son front ; puis, ayant baissé sa voilette, qui lui cacha le visage jusqu'aux lèvres, elle sortit.

Un valet était assis dans le vestibule.

— Savez-vous à quelle heure monsieur doit rentrer ? dit-elle.

A six heures.

— Et quelle heure est-il maintenant ?

— Trois heures et demie.

Elle descendit l'avenue de Messine ; elle marchait comme si elle avait été enveloppée d'un épais brouillard, ne voyant rien, ni les maisons, ni les voitures, ni les passants.

Arrivée sur le boulevard Malesherbes, elle releva sa voilette et se mit à regarder autour d'elle en s'efforçant de surmonter son trouble. Mais, ne trouvant pas ce qu'elle cherchait, elle arrêta un sergent de ville.

— Voulez-vous avoir la complaisance de m'indiquer un pharmacien ? dit-elle.

— Au coin de la première rue à droite.

En voyant entrer chez lui une femme élégamment vêtue, le pharmacien vint au-devant d'elle en soulevant sa toque de velours bleu.

— Je voudrais une fiole de laudanum, dit-elle.

— Vous avez une ordonnance de votre médecin ?

— Non, mais c'est inutile; je sais la quantité qui m'est nécessaire.

— Désolé, dit le pharmacien en se décoiffant tout à fait et en tournant sa toque entre ses mains; mais nous ne pouvons donner du laudanum sans ordonnance. Madame doit savoir que cela nous est interdit.

— Je ne puis avoir d'ordonnance de mon médecin à cette heure, dois-je attendre jusqu'à demain?

— Puis-je demander à quel usage vous voulez employer ce laudanum?

— C'est pour des douleurs de dents.

— Une odontalgie nerveuse alors, car madame a des dents magnifiques.

— Oui, c'est cela.

— En frictions sur la partie douloureuse sans doute?

— Oui.

— Alors une petite quantité suffit.

Il alla vers son élève et lui dit quelques mots. Bientôt celui-ci tendit à madame Donis une petite fiole dans laquelle il avait versé huit ou dix gouttes à peine de laudanum, et sur laquelle il n'avait pas collé d'étiquette.

— La quantité que vous avez là, dit le pharmacien, ne peut pas causer d'accidents; cependant je suis en contravention avec la loi, car enfin, en allant chez plusieurs pharmaciens et en réunissant ainsi beaucoup de petites quantités, on finirait par en faire une grande.

Et, enchanté de cette malice naïve, il frisa ses deux longues mèches de cheveux, qui, prises derrière son crâne dénudé, se rejoignaient sur son front.

Madame Donis continua à descendre le boulevard. En marchant, elle serrait convulsivement dans la poche de sa robe la fiole qui allait lui donner la délivrance; en même temps, elle examinait les magasins devant lesquels elle passait. Elle ne tarda pas à trouver un nouveau pharmacien et elle entra.

A sa demande, ce second pharmacien fit la réponse qu'avait faite le premier : on ne donnait pas de laudanum sans ordonnance.

— Une petite quantité, quelques gouttes seulement.

— Ni grande ni petite quantité : la loi est formelle, je me conforme à la loi.

Puis, levant les yeux sur madame Donis et la regardant à travers sa voilette :

— Si je devais y manquer, ajouta-t-il, ce ne serait

pas pour une personne que je verrais dans un tel état de surexcitation nerveuse.

Elle sortit. Où aller? Elle resta un moment indécise sur le trottoir; un engourdissement l'avait anéantie. Elle ne savait plus; son plan si difficultueusement ébauché venait de s'écrouler. Que faire? où aller?

Ses yeux furent attirés par un cocher qui, s'étant arrêté devant elle, lui faisait des offres de services. Une idée lui traversa l'esprit, elle monta en voiture.

— Au Grand-Hôtel, dit-elle.

La cour de l'hôtel était comme à l'ordinaire pleine de monde; il y avait foule surtout au café, dont les tables avaient été avancées jusque devant le perron. En toute autre circonstance, elle eût tremblé d'affronter les regards de ces curieux qui, le cigare à la bouche et le lorgnon dans l'œil, dévisagent les femmes obligées de traverser la cour : elle eût cru qu'on lirait dans ses yeux ou qu'on devinerait dans sa démarche le numéro de la chambre qu'elle cherchait. Mais elle avait l'esprit ailleurs qu'à ces timidités, et elle passa la tête haute, marchant vite, ne voyant personne.

Dans l'escalier cependant, elle fût obligée de s'arrêter : le cœur lui manquait; la honte et l'émotion l'étouffaient. A la pensée qu'elle allait revoir celui qui l'avait perdue, elle se sentait défaillir : lui qu'elle avait tant aimé !

Elle réagit contre ce trouble et ses souvenirs ; la volonté lui rendit des forces, elle continua de monter. Un domestique qu'elle rencontra sur le palier lui indiqua le corridor qu'elle devait suivre, car elle était incapable de se diriger elle-même ou de se rappeler les indications qui lui avaient été données. Que lui importait d'ailleurs de dire où elle allait ? Que lui importait la curiosité de ceux qui la regardaient passer ? C'est le sentiment de la conservation et le ménagement du lendemain qui font la peur : elle n'avait plus rien à conserver, ni son honneur ni sa vie ; elle n'avait pas de lendemain.

Elle passa devant une chambre où se tenaient les domestiques chargés du service de cette partie de l'hôtel ; ils la regardèrent curieusement, et, quand elle se fut éloignée de quelques pas, elle entendit une femme de chambre qui disait à une de ses camarades :

— En voilà une qui a joliment l'air de chercher son amant.

Son amant ! Oui, c'était son amant qu'elle cherchait, c'était à un rendez-vous qu'elle allait ! Tout le monde savait donc maintenant qu'elle avait un amant, tout le monde connaissait ce secret horrible : Sainte-Austreberthe, M. Azimbert, Marthe, qui en avaient les preuves; ces femmes de chambre, qui le devinaient rien qu'à la voir passer. Cela était écrit sur son visage : elle portait un écriteau sur lequel on lisait sa honte, comme ces malheureuses qu'on promenait nues par les rues, sur un âne, au moyen âge.

Elle n'eut pas besoin de frapper à la porte du numéro 33 ; lorsqu'elle arriva devant ce numéro, la porte s'ouvrit d'elle-même, tirée de l'intérieur par une main invisible.

Elle s'arrêta un moment, indécise, puis elle entra résolûment.

C'était M. de Mériolle, qui, guettant son arrivée, avait ouvert la porte lorsqu'il avait entendu le bruissement de sa robe et le craquement de ses bottines.

Au lieu de se tourner vers elle et de la suivre, il resta occupé à fermer soigneusement la porte à clef et au verrou. Alors seulement qu'il eut pris cette précaution contre la curiosité d'un domestique ou l'erreur d'un voyageur, les seules choses qu'il craignît, il se retourna et se dirigea vers elle, les bras ouverts, souriant.

— Comme tu viens tard ! dit-il ; je désespérais presque de te voir arriver.

Il avait fait toilette pour la recevoir — une toilette négligée : un veston bleu brodé d'or et des pantoufles vernies brillantes comme un miroir ; — dans le vase posé sur la table, s'épanouissait un gros bouquet de roses dont le parfum, se mêlant à l'odeur des cosmétiques, avait formé une atmosphère qui portait à la tête ; les rideaux des fenêtres avaient été hermétiquement clos et la chambre se trouvait plongée dans une sorte d'obscurité.

Madame Donis s'était appuyée contre le marbre de la cheminée, et elle restait là, haletante, sa voilette toujours abaissée sur son visage.

— Comme tu trembles ! dit M. de Mériolle en s'approchant d'elle. Pourquoi cette émotion ? Tu n'as rien à craindre, la porte est bien fermée.

Il ouvrit les bras pour l'enlacer ; mais de la main, sans le toucher, elle l'arrêta devant elle.

— Ne m'approchez pas ! dit-elle.

— Es-tu folle ? Je t'assure qu'il n'y a aucun danger ; nous n'avons jamais été aussi bien en sûreté que dans cette chambre.

Restant sa main toujours tendue, elle quitta la cheminée et se dirigea vers la fenêtre. Elle tâtonna un moment dans la draperie, puis ayant enfin trouvé le cordon de tirage; elle ouvrit en grand les rideaux.

— C'était pour toi, dit-il, car pour moi j'aime bien mieux la lumière.

Elle se retourna vers lui. Alors il vit son visage éclairé, et il recula épouvanté.

— Qu'as-tu, dit-il, que se passe-t-il ? Tu me fais peur. As-tu rencontré quelqu'un ?

Elle releva son voile sans répondre et le regarda longuement.

Il n'osa plus l'interroger et resta interdit sous ce regard qui le glaçait. Était-elle folle ? Pourquoi paraissait-elle vouloir plonger dans son âme et fouiller sa conscience ?

Enfin elle détourna les yeux et, ayant tiré de sa poche un papier froissé, elle le lui tendit :

— Lisez cela.

Au premier coup d'œil, il reconnut la lettre photographiée qu'il avait vue entre les mains de Sainte-Austreberthe.

— C'est donc cela ? dit-il d'une voix sourde en baissant la tête ; le misérable ! il vous a montré cette lettre.

— Qui est le misérable ?

— Il faut que je vous explique, s'écria-t-il ; si vous saviez...

— Vous l'avez vendue, vous m'avez vendue pour une somme d'argent.

— Cela n'est pas vrai, j'ai été trompé par lui ; il m'a arraché cette lettre d'une façon lâche.

— Qui est le lâche ?

— Écoutez-moi, Éléonore.

— Ne prononcez pas mon nom.

— Ne me condamnez pas sans m'entendre, j'ai été victime d'une infâme machination.

— Que m'importe votre justification ? dit-elle avec un suprême dédain ; croyez-vous que je suis venue ici pour entendre votre plaidoyer et vous demander des preuves de votre innocence ? Je suis venue pour vous dire que vous m'avez tuée, et pour faire de ma main cette blessure à votre conscience, si vous avez une conscience.

— Écoutez-moi au moins, écoutez-moi !

— Votre voix me fait horreur.

Elle se dirigea vers la porte ; il voulut la retenir : d'un geste, elle le cloua sur le parquet.

— Ouvrez cette porte, dit-elle.

Il voulut obéir, mais il fut longtemps avant de pouvoir faire jouer la serrure ; alors il revint vers elle.

Elle passa devant lui, la tête haute, les yeux baissés. Il tendit vers elle ses mains suppliantes ;

elle ne se détourna point et continua de marcher d'un mouvement automatique.

Cependant, arrivée à la porte, elle s'arrêta et revint sur ses pas.

— Vous ne partirez pas ainsi, s'écria-t-il, vous m'écouterez !

Mais il se trompait, elle ne revenait pas l'écouter. Elle prit la lettre qui était restée sur la table et, ayant allumé une allumette, elle brûla ce terrible morceau de papier, qui tomba sur le tapis.

— Voilà ce que vous avez fait de ma vie, dit-elle.

— Éléonore !

Elle lui tourna le dos et sortit, sans qu'il osât la retenir.

XXXIII

Elle descendit l'escalier en trébuchant; mais pour traverser la cour elle se remit; elle était comme ces gens ivres qui sur un chemin plat titubent avec des zigzags effrayants, et qui dans un passage dangereux retrouvent leur aplomb pour quelques secondes.

Elle ne remonta point en voiture et se dirigea vers l'avenue de Messine à pied : l'indignation la portait.

Quel misérable! C'était à cet homme qu'elle avait donné sa vie, à lui qu'elle avait sacrifié l'honneur et le bonheur de son mari. Elle l'avait aimé, quelle honte! Tout ce qu'il y avait de souvenirs d'amour dans sa tête lui revint d'un seul coup et la suffoqua. Le rouge de la pudeur et de la fierté lui empourpra le visage. Elle avait permis qu'il la tutoyât, elle s'était donnée à lui ; elle s'était livrée, abandonnée; pour lui elle avait inventé des caresses, il y avait des mots d'elle, des mots d'amour, qu'il pouvait se rappeler et répéter.

En arrivant à la Madeleine, elle fut arrêtée par un défilé de voitures qui allaient au bois. Dans leurs calèches, de jeunes femmes passaient vêtues de toilettes brillantes ; à leurs côtés ou en face d'elles étaient assis des hommes qui leur souriaient. Ces gens-là étaient heureux, ils s'aimaient. Les insensés, quel serait leur réveil ?

Elle entra dans l'église et se jetant à genoux sur la pierre, elle pria dans un élan désespéré. Elle avait été élevée dévotement, et au seuil de la mort les idées de sa jeunesse lui revenaient impérieuses : elle ne voyait plus de refuge qu'en Dieu. Le suisse s'approcha d'elle, car dans cette église mondaine, il n'était point habitué à voir les femmes élégantes se prosterner dans un tel abandon ; il était convaincu que quand « on est comme il faut, » même dans la prière la plus ardente, on reste « comme il faut ».

En voyant cet homme majestueux tourner autour d'elle, elle se releva et sortit de l'église. Elle remonta le boulevard Malesherbes et ne tarda pas à arriver chez elle.

— Monsieur n'est pas rentré ? demanda-t-elle au valet, qui n'avait pas quitté le vestibule.

— Non, madame ; il n'est pas cinq heures.

— Où est-elle, mademoiselle Marthe ?

— Dans sa chambre, je pense.

— C'est bien, je n'y suis pour personne.

Au lieu de monter à sa chambre, elle entra dans celle de son mari, et elle alla droit au bureau de celui-ci, dont elle ouvrit le premier tiroir qui ne fermait pas à clef. Il s'y trouvait un revolver. Elle le prit et regarda s'il était chargé. Il l'était. Elle l'emporta dans sa chambre.

Alors elle défit son chapeau et son manteau ; puis, s'asseyant devant un secrétaire, elle prit du papier et une plume pour écrire. Mais elle resta assez longtemps la main levée au-dessus de son encrier, cherchant ce qu'elle allait dire et ne le trouvant pas.

Quoi dire, en effet ? C'était à son mari qu'elle voulait écrire. Comment lui apprendre qu'elle se tuait ? Quel coup, quelle douleur pour lui ! Cependant mieux valait encore cette douleur que celle que lui causerait la vérité. Morte, il la pleurerait, le malheureux ! lui qui l'aimait tant.

Ce fut à cela qu'elle s'arrêta. Elle n'avait pas le temps de chercher. Dans sa tête affolée d'ailleurs les idées passaient comme des éclairs sans qu'elle pût les saisir et leur donner une forme. Elle se précipitait dans un tourbillon vertigineux. Il lui semblait qu'elle roulait dans un abîme, et les sensations qui se succédaient en elle étaient tellement douloureuses qu'elle avait hâte de tomber enfin au fond.

Elle écrivit :

« Mon ami, je vais vous causer, à vous qui avez
» toujours été si bon, si tendre, si généreux pour
» moi, une douleur affreuse ; mais il le faut, et je
» n'ai pas la liberté de résister à la mort qui m'appelle : je suis sous la main de la fatalité qui
» m'écrase. S'il m'avait été possible de vivre, soyez
» convaincu que j'aurais vécu pour vous ; mes
» jours auraient été consacrés à vous remercier du
» bonheur que vous avez voulu me donner, mais
» qui n'était pas fait, hélas ! pour moi. Dans votre
» généreuse bonté, ne vous reprochez rien ; vous
» avez été pour moi le meilleur des maris. Je suis
» seule coupable de ma destinée. Je n'ose vous demander de me pardonner ; cependant je vous sais
» si bon que j'espère que vous ne maudirez pas
» ma mémoire. Au moment de mourir, ce m'est
» une force de penser que je vivrai dans votre sou-

» venir. Je veux rester sur cette idée consolante,
» je termine donc ici cette lettre.

» Adieu, mon ami, je meurs en pensant à vous,
» votre nom sur mes lèvres, votre image dans mon
» cœur.

» ÉLÉONORE. »

Elle relut cette lettre, écrite rapidement au courant de la plume, dans une écriture heurtée ; puis elle y ajouta les lignes suivantes :

« Je vous adresse une dernière prière et j'espère
» que vous voudrez bien l'exaucer : ne donnez pas
» Marthe à M. de Sainte-Austreberthe, elle ne
» l'aime pas ; il faut qu'une femme aime son mari. »

L'adresse mise, elle porta cette lettre dans la chambre de son mari et la déposa sur son bureau ; puis elle revint dans sa chambre. La demie après cinq heures sonnait à sa pendule. Il fallait se hâter ; son mari pouvait rentrer avant le moment qu'il avait fixé, il ne devait pas la retrouver vivante.

Elle se déshabilla rapidement et revêtit un simple peignoir de linge ; puis, ayant armé le revolver, elle se plaça devant la glace et le dirigea sur sa poitrine.

Mais elle avait l'habitude des armes ; elle eut

peur qu'en tirant sur la gâchette le canon déviât et que la balle glissât en effleurant seulement les chairs.

Elle changea donc la position du revolver, et elle prit la crosse dans sa main droite en dirigeant le canon sur son poignet ; de cette façon, en tenant le bras droit tendu devant elle et en poussant la gâchette de la main gauche, elle était certaine de se frapper en pleine poitrine.

Elle désarma son revolver et répéta ce mouvement deux fois comme un exercice, car la fièvre de la résolution s'était emparée d'elle et elle ne tremblait plus, elle n'hésitait plus : elle n'avait plus l'effroi vague de l'irrésolution et de l'inconnu, elle avait la mort certaine devant elle.

Elle arma de nouveau son revolver et poussa la gâchette : elle ressentit une commotion qui la fit chanceler, mais elle ne tomba pas et ne lâcha même pas son arme. S'était-elle manquée ? Elle regarda avec angoisse dans la glace : elle était horriblement pâle et une plaque de sang mouillait son peignoir. Si le coup n'était pas mortel ? Elle remit tant bien que mal son bras en position, car elle sentait une douleur profonde dans la poitrine, et elle tira un second coup. Cette fois elle roula sur le tapis.

Au moment où cette seconde détonation retentissait dans la maison, un domestique accourut dans la chambre et presqu'en même temps Marthe arriva.

Ils coururent à madame Donis qui était étendue sur le côté, inondée de sang ; ils la relevèrent et la portèrent sur son lit.

Les domestiques étaient accourus.

— Un médecin, cria Marthe; qu'on aille chercher un médecin! Courez vite.

Madame Donis ouvrit les yeux.

— Renvoyez tous ces gens, dit-elle.

— Mais pour vous soigner.

— C'est inutile, il n'y a rien à faire; vous n'épouserez pas M. de Sainte-Austreberthe, ma chère enfant.

En entendant ce mot prononcé dans cette terrible catastrophe, Marthe fut touchée au cœur; pour la première fois depuis son retour dans la maison paternelle, elle leva les yeux sur sa belle-mère et leurs regards se confondirent.

— Pardonnez-moi le mal que je vous ai fait, dit madame Donis; je ne suis pas coupable comme vous devez le croire.

Marthe voulait lui porter secours. Mais que faire? Elle n'en savait rien. Cependant on lui présenta du linge et avec l'aide de la femme de chambre elle en fit des compresses pour arrêter le sang qui s'échappait par les deux blessures.

Pendant qu'elle s'occupait fiévreusement à ces soins, un médecin arriva; le docteur Horton, qui, demeurant rue Miromesnil, était le premier auquel on s'était adressé.

— Votre père va rentrer, dit madame Donis à Marthe, allez l'attendre en bas; préparez-le au coup qui va le frapper; trompez-le; dites-lui que c'est un accident; qu'il n'arrive que progressivement à la vérité.

Puis, quand elle fut seule avec le médecin :

— C'est bien fini, n'est-ce pas? dit-elle. Rassurez-moi; ne me laissez pas, par une fausse pitié, l'idée que je puis être sauvée, adoucissez mes dernières minutes par la certitude que c'est fini.

Il examina les blessures : l'arme, poussée par la pression de la main sur la gachette, s'était relevée, et les balles, glissant sur la poitrine, avaient pénétré dans le cou.

— C'est bien grave, dit Horton; je vais envoyer chercher un chirurgien.

A ce moment on entendit un grand bruit dans l'escalier, et M. Donis se précipite dans la chambre. Il courut au lit.

— Ce ne sera rien, dit madame Donis lui tendant la main et s'efforçant de sourire.

Il vit le sang qui inondait le lit, et sur le tapis il suivit la traînée brune jusqu'à la place où elle était tombée.

— Qu'est-ce donc? dit-il au médecin.

Celui-ci baissa la tête.

— J'ai envoyé chercher Carbonneau.

M. Donis se pencha sur le lit, et, prenant doucement la main de sa femme :

— Comment êtes-vous? Pouvez-vous me parler? pouvez-vous me regarder?

— Ce ne sera rien, dit-elle d'une voix qui faiblissait; et elle tourna vers lui ses yeux dans lesquels la mort flottait déjà.

Il fut épouvanté, et, se relevant, il fit un signe au médecin pour l'appeler dans sa chambre

— C'est très-grave, dit Horton.

— Mais vous ne désespérez point, n'est-ce pas?

— Il faut toujours espérer.

M. Donis était devant son bureau, ses yeux tombèrent sur la lettre qui y avait été placée; il reconnut l'écriture de sa femme. Il saisit cette lettre et la lut.

Tuée! Elle s'était tuée. Éperdu, chancelant, il courut à son lit.

— Pourquoi, dit-il en se jetant à genoux et en prenant sa main, qu'il embrassa, pourquoi? Je vous aimais tant, Éléonore, ma chère femme, que vous ai-je fait? Je n'ai donc pas été bon pour vous? Je ne vous aimais donc pas assez? Mon Dieu! mon Dieu!

Il éclata en sanglots.

— Pauvre ami, dit-elle en lui posant la main sur la tête, pauvre ami!

Ils restèrent ainsi assez longtemps : M. Donis étouffait, et le docteur Horton, habitué cependant au spectacle de la douleur, était ému par ce désespoir.

Carbonneau arriva.

— Sauvez-la! s'écria M. Donis en pressant le célèbre chirurgien dans ses bras.

— Emmenez monsieur votre père, dit Carbonneau en s'adressant à Marthe.

Les deux médecins restèrent seuls; puis, après dix minutes d'examen, Carbonneau vint rejoindre M. Donis dans sa chambre.

— Vous allez la sauver! s'écria celui-ci. Sauvez-la, rendez-la moi, ma fortune est à vous!

— Du courage, mon cher monsieur, dit Carbonneau.

— Ne vous en allez pas, je vous en prie; sauvez-la !

— Rentrez près d'elle, mais ne la faites pas parler, ne la fatiguez pas; je reviendrai ce soir.

M. Donis revint près de son lit.

— Donnez-moi votre main, dit-elle faiblement, et restez là près de moi.

Elle tourna la tête vers lui.

— Oui, vous êtes bon, dit-elle. Pauvre ami, quelle douleur je vous apporte !

M. Azimbert entra dans la chambre, elle le reconnut; alors elle dégagea doucement sa main de celle de son mari et cessa de parler. Devant ce vieillard qui savait sa faute, elle avait honte de se montrer tendre.

— Je voudrais parler à M. Azimbert, dit-elle.

M. Donis s'éloigna, soutenu par Marthe.

— J'ai fait justice, dit-elle; Marthe épousera Philippe.

Elle mourut dans la soirée.

XXXIV

Après le départ de madame Donis, M. de Mériolle était resté debout au milieu de sa chambre, abasourdi, stupéfié. Hé quoi! c'était ainsi qu'elle le quittait. Elle n'avait voulu rien entendre.

Ses yeux tombèrent sur le bouquet de roses qui s'épanouissait joyeusement au milieu de la table. Il l'arracha de dedans le vase et le jeta avec colère sur le tapis.

Jamais il n'avait éprouvé pareille honte, pareille humiliation. Comme elle lui avait parlé! Quel accent de mépris! Quel regard outrageant!

Après le premier moment donné à sa propre douleur, il pensa à celle de la femme qu'il avait perdue. La malheureuse, comme elle devait souffrir, elle si fière et si orgueilleuse! Qu'allait-elle faire? Elle avait parlé de mourir. Était-ce possible? Bien souvent, lui faisant des recommandations d'être prudent et discret, elle lui avait dit que si jamais on savait qu'elle avait un amant, elle se tuerait ; et ce qu'elle avait dit, elle était femme à le faire. Mais alors ce serait épouvantable ; jamais il ne pourrait vivre avec cette responsabilité sur sa conscience, avec ce remords.

Il fallait l'en empêcher, mais comment? Le temps s'écoula sans qu'une idée possible se présentât à son esprit bouleversé; il suait d'impatience et d'impuissance.

Enfin il se décida à aller à l'avenue de Messine. C'était imprudent, dangereux peut-être ; mais il n'avait pas à choisir. Il la verrait, il lui parlerait.

Il s'habilla, et, tenant entre ses mains son beau veston brodé d'or, il le déchira dans un mouvement de rage.

Pour se recueillir et se préparer, il décida d'aller à pied; peut-être en marchant trouverait-il une bonne idée, l'idée, le mot décisif qu'il fallait prononcer.

En entrant dans l'avenue de Messine, fort peu habitée à cette époque, il fut surpris de la voir pleine de monde ; il y avait des groupes sur le trottoir, et l'ont causait avec animation en poussant des exclamations et en faisant de grands bras.

Un sinistre pressentiment lui serra le cœur; mais,

n'osant interroger directement ces gens, il ralentit le pas pour les écouter.

— Deux coups de pistolets ; je les ai entendus, un d'abord, puis après quelques secondes, l'autre.

— Elle est morte ?

— Parbleu !

— Non, elle n'est pas morte ; on dit qu'elle est à peine blessée. C'est en prenant le revolver par le canon, que les coups sont partis.

— Allons donc ! elle s'est suicidée.

Tuée, morte ! Il allait interroger ces curieux quand un domestique de l'hôtel passa en courant. Il l'arrêta.

— Ah ! monsieur, dit le domestique, le reconnaissant, quel malheur ! Madame a reçu deux coups de revolver dans la poitrine ; elle est mourante.

Puis le domestique continua sa course, le laissant au milieu de l'avenue.

Il resta là pendant quelques minutes, n'entendant rien de ce qui se disait autour de lui, se répétant machinalement le même mot : Mourante, mourante !

C'était par lui qu'elle était tuée, exactement comme s'il eût tiré la balle qui venait de la frapper.

Il n'eut pas le courage d'aller jusqu'à l'hôtel et il n'osa même point passer devant. Revenant en arrière, il descendit la rue Miroménil, marchant à petits pas et s'arrêtant de place en place.

Arrivé à la rue Saint-Honoré, son hésitation cessa : il avait pris sa résolution. A grands pas, il monta les Champs-Élypées jusqu'à la Sainte-Barbe. On lui-répondit que Sainte-Austreberthe était sorti.

— Je vais l'attendre.

— M. le vicomte ne rentrera pas dîner.

— Où puis-je le trouver? C'est pour une affaire pressante.

— Quand M. le vicomte ne dîne pas chez des amis, il dîne à son club ou bien chez Durand, ou chez Voisin, ou au café Anglais.

— Et ce soir?

— Oh! ce soir, M. le vicomte ira sans doute au Théâtre-Français pour les débuts de mademoiselle Balbine.

M. de Mériolle redescendit les Champs-Élysées; aux environs du Cirque, il lut l'affiche des Français; on donnait le vieux répertoire; Balbine jouait Lisette du *Legs*, au milieu de la soirée.

A neuf heures, il entra au théâtre et chercha Sainte-Austreberthe ; à l'orchestre, dans les loges, il ne l'aperçut point. On finissait les *Plaideurs*, et autour de lui il y avait des gens qui riaient aux éclats. Pendant l'entr'acte, il se promena dans les corridors, au foyer; Sainte-Austreberthe ne se montra nulle part. Ne viendrait-il pas?

Au moment où le rideau se levait sur le *Legs*, une loge vide jusque-là s'ouvrit, et Sainte-Austreberthe parut avec deux amis. M. de Mériolle respira; il quitta son fauteuil et alla se promener dans le corridor des premières loges. La pièce lui parut d'une longueur mortelle; les ouvreuses le regardaient passer d'un air étonné.

Enfin le rideau baissa, les portes des loges s'ouvrirent et Sainte-Austreberthe sortit pour aller au foyer; M. de Mériolle le suivit. Sainte-Austreberthe l'aperçut et le salua du bout de la main. Alors il l'aborda.

— J'ai à vous parler, dit-il.

Les deux amis qui accompagnaient Sainte-Austreberthe voulurent s'éloigner.

— Ne vous éloignez pas, messieurs, je vous en prie; je n'ai qu'un mot à dire à M. le vicomte et je suis bien aise que vous l'entendiez. Alors, élevant la voix : — M. de Sainte-Austreberthe m'a volé 70,000 francs au jeu et je viens les lui redemander.

Sainte-Austreberthe pâlit affreusement, mais il ne se laissa pas emporter.

— Où êtes-vous descendu? dit-il.

— Au Grand-Hôtel.

— C'est bien, vous recevrez mes témoins demain matin.

En sortant du théâtre, M. de Mériolle se fit conduire au numéro 8 de la rue de Luxembourg. C'était là que demeurait une espèce d'hidalgo gascon, le baron de Castelmagnac, qui s'était fait un nom dans le monde parisien en se trouvant mêlé à plusieurs affaires d'honneur. M. de Mériolle l'avait rencontré à Biarritz, et, disciple né de toutes les célébrités à la mode, il s'était lié avec lui. Mais le baron n'était pas chez lui et il dut l'attendre jusqu'à minuit.

Quand le baron vit M. de Mériolle installé à pareille heure dans son salon, il devina tout de suite de quoi il était question.

— Un duel, n'est-ce pas, cher ami?
— Oui, mon cher baron.
— Avec quelqu'un de notre monde, j'espère?
— Avec le vicomte de Sainte-Austreberthe.
— Très-bien.

M. de Mériolle raconta ce qui venait de se passer au Théâtre-Français.

— Cela est très-grave, et vous savez que si vous me confiez votre affaire, elle n'est plus la vôtre, elle est la mienne; ce sera un duel sérieux, très-sérieux.

— Je tuerai M. de Sainte-Austreberthe ou il me tuera.

— Parfait alors, je suis votre homme ; qui me donnez-vous pour second ?

— Qui vous voudrez.

— De mieux en mieux ; vous êtes un charmant garçon, je vais vous arranger un duel digne de vous.

Et le baron de Castelmagnac serra chaudement la main de M. de Mériolle. Il s'ennuyait, se reposait depuis longtemps ; il allait avoir une nouvelle affaire à raconter, qui serait *son* affaire.

Les dispositions arrêtées entre les témoins furent qu'on se battrait à Marnes, dans le parc d'une maison appartenant à un ami de Sainte-Austreberthe ; on échangerait cinq balles à vingt pas, on tirerait à volonté.

— Je crois que vous n'irez pas jusque-là, dit le baron en rendant compte de ces conventions à M. de Mériolle ; vous savez que Sainte-Austreberthe est un tireur de premier ordre. Ce sera un beau duel ; avec des témoins comme le marquis de Virrieux et le commandant Montfort, tout se passera d'une façon correcte. Je compte sur vous, cher ami. Commandez une bonne voiture, que nous ne fassions pas une piteuse arrivée. Rien n'est triste

dans un duel comme une guimbarde qui s'avance
cahin-caha : il ne faut pas arriver en casse-cou,
mais il ne faut pas arriver en invalide. C'est là votre
tenue, n'est-ce pas? Mes compliments, elle est parfaite.

Il allait partir, il revint sur ses pas.

— J'oubliais : nous n'avons pas besoin de nous
occuper d'un médecin, le vicomte emmène le docteur Horton. A tantôt, cher ami ; à trois heures
précises nous serons ici.

Pendant le trajet du Grand-Hôtel à Marnes, le
baron de Castelmagnac raconta les duels auxquels
il avait pris part : tous corrects.

Ils furent rejoints, dans le village, par la voiture
de Sainte-Austreberthe, et ils firent ensemble leur
entrée dans le parc où le duel devait avoir lieu.

L'endroit choisi était une pelouse entourée de
bois. Les préparatifs furent vite faits, et l'on plaça
les adversaires en face l'un de l'autre. M. de Mériolle était extrêmement pâle, mais ferme et résolu ; son attitude donnait un sourire de satisfaction
au baron de Castelmagnac. Sainte-Austreberthe
avait, comme toujours, son air de ne s'intéresser à
rien. A le voir, on eût pu penser qu'il était un curieux, venu là avec une parfaite indifférence pour
ceux qui allaient se tuer.

Au signal, le coup de Sainte-Austreberthe partit. M. de Mériolle ouvrit les deux bras ; on le vit chanceler ; puis, presque aussitôt, il s'abattit en avant comme une masse inerte.

Le docteur Horton accourut et le retourna pour le palper : il était mort.

Il se produisit un moment de trouble qui n'eut rien de correct ; mais on se remit bien vite, et tandis que l'on transportait le corps dans la maison du concierge, Sainte-Austreberthe et ses témoins remontèrent en voiture. Il était cinq heures et demie.

— Marchez vite, dit Sainte-Austreberthe à son cocher.

Arrivé à la place de la Concorde, il déposa à terre ses deux témoins et il continua sa route jusque chez son père.

Le général allait se mettre à table.

— Tu arrives bien, dit-il en apercevant son fils ; nous allons dîner ensemble.

— Je vous remercie.

— Si, si, tu vas dîner ; un couvert ? J'ai reçu d'Écosse un coq de bruyère, je veux que tu en prennes ta part.

— Je ne suis pas en appétit ; je viens de me battre et j'ai tué mon adversaire.

— C'est ton affaire du Théâtre-Français ? J'avais entendu parler de cela, mais je ne croyais pas que ton duel fût pour aujourd'hui. Ce garçon t'avait reproché de lui avoir volé 70,000 francs, tu l'as tué : il n'a eu que ce qu'il méritait, c'était un sot. On tue tous les jours un homme pour moins que cela. Un verre de sauterne, n'est-ce pas ?

Sainte-Austreberthe tendit son verre, mais il le reposa sur la table sans le vider.

— Comment ! un duel te met dans cet état ? s'écria le général ; je ne te reconnais pas.

— C'est que j'ai en même temps d'autres soucis. Ce garçon était l'amant de madame Donis ; celle-ci s'est tuée, et, avant de mourir, elle a fait rompre mon mariage. Je n'ai plus de moyens d'action sur la famille, et je n'épouse plus mademoiselle Donis.

— Oh ! oh ! voilà une mauvaise nouvelle, mon pauvre garçon.

Et pour faire passer cette mauvaise nouvelle, le général dégusta, à petits coups, un verre de sauterne.

— Mauvaise nouvelle, mauvaise nouvelle ! répéta-t-il plusieurs fois. Et comment comptes-tu te retourner ?

— En m'adressant à vous, et en vous priant de demander pour moi la fille d'Éphraïm aîné.

— Celle dont tu n'as pas voulu quand je te l'ai proposée, il y a quelques mois.

— Précisément.

— Mon cher ami, tu me fais plaisir; tu es un homme, tu sais manœuvrer dans l'adversité. C'est entendu, je demanderai mademoiselle Éphraïm en mariage pour toi.

— Il y a urgence; car si mes créanciers apprennent que mon mariage est rompu, sans apprendre en même temps qu'un nouveau est arrêté, ils vont mettre le feu à la Sainte-Barbe.

— J'irai dès demain, et d'avance je crois pouvoir t'assurer que tu seras reçu les bras ouverts.

— C'est bien cela qui m'a empêché de l'accepter quand vous me l'avez proposée : les bras ouverts, c'est une habitude.

— Laisse-moi te dire que tu as eu tort d'être si difficile, il y a quelques mois; la dot de mademoiselle Éphraïm vaut celle de mademoiselle Donis, et, en la prenant tout de suite, tu aurais épargné ta peine et ton temps, sans compter les frais d'huissier que tu aurais économisés.

XXXV

Marthe avait espéré qu'après la triste cérémonie elle pourrait amener son père à Château-Pignon; mais, quand elle lui avait parlé de ce voyage, il s'était refusé à l'entreprendre.

— J'ai affaire à Paris, avait-il répondu.

Ce qu'il appelait avoir affaire, c'était s'enfermer dans la chambre où sa femme était morte et rester là à marcher de long et de large, en regardant la traînée de sang qui avait taché le tapis. Il n'avait pas voulu qu'on touchât à cette chambre, et elle était restée dans l'état où elle se trouvait au moment où l'on avait emporté pour jamais celle qu'il avait tant aimée.

Marthe alors avait prié son grand-père de retourner à Laqueytive.

— Devant toi il a honte de pleurer ; lorsque je serai seule avec lui, il ne se roidira plus contre sa douleur et se laissera peut-être plus facilement guider.

M. Azimbert avait accepté cette proposition avec bonheur ; maintenant, qu'il n'avait plus rien à craindre pour sa petite-fille, Paris lui brûlait les pieds, comme il disait lui-même. D'un autre côté, il était bien aise d'échapper aux questions de M. Donis ; car, aussitôt que celui-ci était seul avec lui, c'était pour l'interroger sur ce qui s'était dit au lit de sa femme.

— C'est vous qui avez eu ses dernières paroles, mon ami ; répétez-les moi.

M. Azimbert répétait ce que madame Donis lui avait dit pour le mariage de Marthe ; mais ce n'était point assez pour satisfaire la curiosité de ce malheureux, qui cherchait toujours, sans oser aller franchement au fond des choses, et sans oser se préciser à lui-même ses craintes.

Restée seule avec son père, Marthe ne le quitta plus. Tout d'abord, il voulut aller sans elle au cimetière ; mais, alors qu'il se prépara à sortir, il la trouva sous le vestibule, le chapeau sur la tête, et il ne put pas l'empêcher de prendre son bras. Il voulut aussi continuer à s'enfermer dans la chambre de sa femme : mais elle lui demanda de rester pendant ce temps dans la chambre voisine, et il n'osa pas la refuser. Une fois qu'elle eût obtenu cette concession, elle demanda de laisser la porte de communication ouverte, et il céda, comme il avait toujours cédé.

C'était beaucoup d'avoir gagné qu'il ne restât pas concentré dans son désespoir, mais ce n'était pas assez : cette triste vie inoccupée, dans cette maison lugubre où tout lui parlait de sa douleur, le dévorait rapidement ; la fièvre ne le quittait plus ni le jour ni la nuit.

Marthe, le voyant s'affaiblir chaque jour, se plaignit d'être malade et demanda à consulter Carbonneau, auquel elle écrivit en secret pour lui expliquer l'état de son père.

Carbonneau arriva le lendemain, et après avoir examiné Marthe, il demanda à M. Donis un entretien particulier.

— Si cette jeune fille reste à Paris, son état, qui n'a rien d'inquiétant en ce moment, peut devenir très-grave ; si vous l'emmenez à la campagne, je vous donne ma parole qu'elle se portera bien.

M. Donis, déjà inquiet, ne pouvait pas résister à cette ordonnance, et, le soir même, il partait pour Bordeaux.

Marthe avait espéré qu'il voudrait, en arrivant, aller à son comptoir du quai des Chartrons ; mais, pendant tout le voyage, il n'en dit pas un mot, et, si, en descendant de chemin de fer, elle ne lui en avait pas parlé, il serait immédiatement parti pour Château-Pignon.

— Allons donc voir comment les choses se passent aux bureaux quand on ne t'attend pas, dit-elle ; ce sera une surprise, et puis en même temps cela fera plaisir à M. La Rauza, que tu ne passes pas à Bordeaux sans le voir.

M. La Rauza était le gérant que M. Donis avait mis à la tête de sa maison pour la diriger pendant son séjour à Paris. Il se laissa conduire sans résistance, mais aussi sans empressement, et quand il s'assit dans le fauteuil, devant le pupitre où, pendant si longtemps, il avait travaillé, il ne laissa paraître sur son visage éteint aucune émotion.

— Je suis bien heureux de vous voir, dit le gérant; j'allais vous envoyer une dépêche. Faut-il vendre les cargaisons attendues du *Congo*, des *Deux-Frères* et du *Phénix?* Il y a une hausse considérable.

— Faites ce que vous voudrez et comme vous voudrez, vous êtes le maître de la maison, je ne suis rien.

Il fut impossible d'en tirer une autre réponse, et, après être resté une heure, il demanda à s'en aller :

il n'avait pas voulu regarder un seul livre ni ouvrir une seule lettre.

Au lieu de revenir par la route directe, Marthe voulut suivre les quais et passer par la bourse et le théâtre pour gagner les allées de Tourny. Elle avait espéré rencontrer des amis de son père et rejeter ainsi celui-ci dans ses anciennes idées : on l'interrogerait, il parlerait, il serait secoué et forcément tiré de son inertie morale.

Mais l'heure était trop matinale: ils ne rencontrèrent pas ceux sur lesquels elle comptait. Cependant, en arrivant au milieu des allées de Tourny, elle aperçut M. de Cheylus. Mais celui-là, elle eût voulu l'éviter; par malheur cela était impossible, car le préfet, qui n'était qu'à une courte distance, arrivait sur eux.

Il vint à M. Donis, le bras ouvers, la figure désolée; jamais comédien n'avait pris meilleure attitude pour représenter la douleur sur la scène, ce qui, comme chacun le sait, s'obtient par des procédés traditionnels qui n'ont rien de commun avec la nature.

— Ah! mon cher ami, s'écria-t-il d'une voix étouffée par l'émotion, mon pauvre ami!

Et devant les passants matineux, au pied de la statue de Napoléon III, qui, du haut de son cheval de bronze, semblait contempler cette scène, il embrassa M. Donis.

— Comme j'ai pris part à votre malheur, continua M. de Cheylus, comme j'ai pensé à vous!... Quelle catastrophe! Une personne si accomplie, si remarquable, si belle, si pleine de qualités et de vertus! Au moins ce vous est un soulagement de penser que Dieu l'a reçue près de lui.

Il eût continué longtemps à enfiler ainsi des phrases toutes faites qui traînaient dans sa mémoire, s'il n'avait pas rencontré le regard de Marthe; mais ce regard, posé sur lui avec une fixité étrange, lui fit croire qu'il jouait à faux : il changea de manière.

— Ainsi, dit-il, ce malheur affreux est arrivé au moment où elle pronait votre revolver dans un meuble.

— Oui. dit M. Donis, qui éprouva un sentiment de satisfaction à voir que la fable qu'on avait inventée pour le monde, était admise à Bordeaux.

— Ce que c'est que la vie; aussi je comprends très-bien, malgré le désappointement que cela me cause, que, dans votre désespoir, vous ayez donné votre démission. Nous nous devons à notre pays, cela est vrai; mais avant tout nous nous devons à nos sentiments. De même je comprends que mademoiselle ait renoncé à certains projets pour se consacrer entièrement à son père : c'est une Antigone.

Et, après avoir serré les mains de M. Donis, il s'éloigna fort satisfait de lui-même.

Marthe, en quittant Paris, avait envoyé une dépêche télégraphique à Château-Pignon pour que la calèche vînt les attendre à l'hôtel des allées de Tourny. Ils purent monter immédiatement en voiture et partir pour Château-Pignon.

Enfoncé dans le coin de sa voiture, M. Donis ne disait pas un mot : ses souvenirs l'étouffaient. Combien de fois il avait fait cette route avec elle ! Devant ses yeux il avait toujours le voile gris dont elle s'enveloppait la tête. Cependant elle n'était plus là, et sa place dans la calèche était vide ; car Marthe, qui n'avait pas voulu la prendre, s'était assise à reculons en face de son père comme autrefois.

En arrivant à la montée, les chevaux s'arrêtèrent comme ils en avaient l'habitude, et la vieille mendiante vint leur tendre la main, elle était devenue complétement aveugle.

— C'est M. Donis, dit-elle ; j'ai reconnu la calèche. Vous allez bien, mon bon monsieur ? et vous aussi, ma bonne dame ?

Les larmes emplirent les yeux de M. Donis.

—. Donne-lui ce que tu as d'argent sur toi, dit-il à sa fille.

— Ah! c'est la demoiselle qui est là! Pardonnez, je suis tout à fait aveugle maintenant.

En arrivant au château, M. Donis voulut aller s'enfermer seul dans sa chambre, mais Marthe monta avec lui, et, après quelques instants de repos, elle le décida à faire une promenade dans les jardins. Il se laissa conduire, mais partout ce fut le même abattement; il ne dit rien aux jardiniers et il leur répondit à peine. De temps en temps seulement, devant un arbre, devant une plante, il s'arrêtait et des larmes lui montaient aux yeux.

La journée fut longue à passer; le dîner surtout fut cruel dans la grande salle déserte, sous les regards du maître d'hôtel, qui, pour cette circonstance, avait cru devoir accentuer davantage la sévérité de sa tenue.

Marthe avait fait dresser un lit dans un cabinet auprès de la chambre de son père, mais M. Donis ne voulut pas qu'elle l'occupât.

Vers le milieu de la nuit, elle crut entendre du bruit chez son père; elle descendit rapidement et elle écouta à sa porte : on entendait des soupirs et des sanglots étouffés.

Comme la porte de la chambre était fermée, elle

entra dans un cabinet de toilette. Ce n'était point de la chambre de son père que partaient ces soupirs et ces sanglots, mais de celle de sa belle-mère.

En arrivant sur le seuil de cette chambre, elle aperçut son père à genoux au milieu du tapis, la tête appuyée sur un fauteuil. Il avait allumé toutes les bougies des candélabres, et autour de lui, sur les fauteuils, sur les tables, par terre, il avait étalé les objets qui avaient appartenu à sa femme. Entouré de ces souvenirs qui pas à pas l'avaient fait remonter dans sa vie heureuse, il s'était laissé aller à son désespoir et il pleurait en toute liberté.

Marthe s'approcha doucement de lui, mais en l'entendant il poussa un grand cri et se renversa. Elle vint vivement à lui et l'aida à se relever; il était brûlant, dévoré par la fièvre.

Avec de douces paroles, le plaignant, l'embrassant comme un enfant, elle le décida à se coucher; puis, lui ayant préparé une boisson calmante, elle le força à la boire. Alors elle s'installa auprès de son lit pour le veiller et plus encore pour tenir sa main dans les siennes. Il finit par s'endormir, et peu à peu les mouvements convulsifs qui le secouaient s'apaisèrent.

Au jour levant, il s'éveilla, s'agita dans son lit; Marthe se pencha sur lui. Il ouvrit les yeux et, la reconnaissant, il l'embrassa tendrement, plus tendrement qu'en ces derniers jours.

Elle poussa les volets et la fraîche lumière du matin emplit la chambre : dans le jardin les oiseaux chantaient, au loin des petits flocons de brouillard s'élevaient au-dessus du cours de la Gironde.

M. Donis resta, durant près d'une heure, les yeux tournés vers la campagne suivant évidemment sa pensée intérieure; puis serrant la main de sa fille :

— Il faut lui écrire, dit-il, lui écrire de venir ; il faut que j'aie tes enfants à aimer. Je ne me consolerai jamais qu'avec un petit être faible et enfant comme moi.

Le mariage se fit quelques mois après, à la mairie de Pressac, qui ce jour-là se trouvait précisément en désarroi, à cause d'un grand banquet donné aux pompiers pour leur présenter Sainte-Austreberthe. C'était le candidat que M. de Cheylus promenait maintenant et appuyait pour remplacer M. Donis.

Naturellement l'élection fut favorable à Sainte-Austreberthe, qui fut nommé avec une magnifique majorité.

Par malheur, le 4 septembre a interrompu la belle carrière politique qui s'ouvrait devant lui;

mais cette révolution ne l'a pas découragé, il attend Napoléon IV et travaille habilement à son retour. Si vous passez le soir sur le boulevard, entre cinq et six heures devant le café de la Paix (l'empire c'est la paix), vous le verrez entouré de ses amis. Si vous ne le reconnaissez pas, cherchez celui qui regarde la foule avec le plus d'arrogance et de mépris : c'est le vicomte de Sainte-Austreberthe.

N'ayant pas d'ambition politique ni de besoins, Philippe a mené une vie plus calme ; il est l'associé de son beau-père et son temps se partage entre le comptoir des Chartrons et Château-Pignon.

Les années ont passé sur la douleur de M. Donis, qui pour consolation a eu deux enfants à aimer. Malheureusement pour lui, ce sont deux garçons, et il voudrait une fille qu'il pût appeler Éléonore. Marthe est enceinte et il reprend espérance. Marthe au contraire s'effraye, car ce nom donné à sa fille la désolerait dans le présent et l'épouvanterait pour l'avenir ; Philippe la rassure et lui affirme qu'elle aura un troisième garçon, — il en est certain.

FIN

NOTICE
SUR
UN MARIAGE SOUS LE SECOND EMPIRE
ET
LA BELLE MADAME DONIS

— Janvier de La Motte.

Ce fut lui qu'on reconnut dans mon préfet. Tout le monde dit son nom quand le roman parut. Je ne répondis rien. Je ne pouvais pas plus nier qu'avouer; car, s'il y avait du Janvier de La Motte dans M. de Cheylus, d'autres avaient servi avec lui à composer ce personnage, dont j'avais eu la prétention de faire le type « préfet du second Empire »; et l'un de ceux qui m'avaient fourni le plus de traits était un journaliste que tout Paris a connu au *Constitutionnel*, et dont la France entière s'est amusée quand, à son tour, il a été bombardé préfet, Paulin Limayrac, le Gascon le plus drôle, le plus original, le plus cocasse que la Garonne ait envoyé à Paris, et que Paris a eu le tort de renvoyer dans son pays, où il ne devait pas réussir, par cela même qu'il était trop Gascon pour des compatriotes.

Un jour que je lui avais demandé l'insertion d'une simple réclame de librairie, il l'avait remplacée par une note aimable qui me semblait mériter une visite.

— Eh bien ! quoi ? me dit-il.

— Je viens vous remercier.

Il se précipita sur ses sonneries, et deux ou trois rédacteurs arrivèrent, effarés.

— Regardez monsieur, dit-il en me montrant. Regardez-le ; il remercie. On lui a été agréable et il ne trouve pas au-dessous de lui de reconnaître qu'on lui a fait plaisir.

Un autre jour, pendant que je cause avec lui, son garçon de bureau lui apporte une carte qu'il lit :

— Encore lui ! Il me rendra fou. Renvoyez-le. Jetez-le à la porte. A coups de pied faites-lui descendre l'escalier.

Le garçon ne broncha pas, habitué bien évidemment à ces violentes sorties.

— Au fait, puisqu'il est là, introduisez-le.

Je veux partir ; il me retient.

Le fâcheux entre. Limayrac court à lui les deux mains tendues :

— Cher ami, que votre premier mot soit pour me demander un service !

Et il n'a même pas conscience que je suis témoin de son revirement, ou, s'il en a conscience, c'est pour en rire.

Pendant qu'un roman de moi paraissait dans son journal, il m'envoie une dépêche : « Accourez vite. »

J'arrive.

— Malheureux !

— Qu'est-ce qu'il y a ?

— Comment, ce qu'il y a ? Vous avez un curé qui fait la fête avec ses pénitentes, ou va la faire !...

— Où avez-vous vu ça ?
— Je n'ai pas vu, on m'a dit.
— On vous a dit une niaiserie.
— Ce n'est pas vrai ?
— Il ne la fait pas, il ne la fera pas.
— Vous m'enlevez un poids !... Je voyais déjà la tête de l'Impératrice.

Et avec une bouffonnerie délirante, il mima les façons de l'Impératrice, si faciles à singer.

Moins exubérant, moins en dehors, mais tout aussi inconscient, Janvier de La Motte était aussi un curieux personnage, avec assez de traits propres pour personnifier une époque et une profession. Sans doute, tous les préfets de l'Empire n'étaient pas des Janvier, mais nombreux étaient ceux qui avaient des points de ressemblance avec lui : il semblait que ce fût une sorte de tenue ; c'est pourquoi j'ai représenté le mien tel qu'on le voit dans mon roman, qu'il mène et qu'il marque à son image.

Ce fut à l'inauguration d'un pont sur la Seine, à Saint-Pierre-de-Louviers, avec revue de pompiers que je le connus. Pourquoi des pompiers à l'inauguration d'un pont ? Simplement parce qu'il s'était nommé lui-même « Père des pompiers », ce qui était une manière comme une autre, et pas la plus maladroite, de se rendre populaire. Ne sont-ils pas une élite, « ces bons pompiers ? » Et quand on est l'agent électoral d'un gouvernement populaire, il n'est pas indifférent d'avoir des fils dévoués dans chaque village. Un samedi, à l'*Opinion nationale*, A. Guéroult demandait qui, le lendemain, voulait représenter le journal dans l'Eure, à l'inauguration d'un pont présidée par Janvier de La Motte. Inauguration d'un pont... personne ne fut alléché : « Crevant. » Mais, comme j'avais déjà l'idée d'un préfet compère de revue, je me proposai.

C'était un de ses mérites de se faire irrésistible avec les nouveaux venus. Il m'accueillit avec une bonne grâce qu'il n'eût certainement pas eue pour un vieil ami.

— Au banquet, votre place sera à ma gauche, me dit-il ; et pendant mon discours, improvisé bien entendu, quand je ne serai pas assez gaga, vous m'avertirez d'un coup de coude ; ça me remettra dans la bonne voie.

Il ne fut pas du tout gaga, son discours ; très curieux, au contraire, par son art de plaire à ses auditeurs, de les enthousiasmer en les flattant et en leur laissant entrevoir des promesses vagues comme des contes pour des enfants, qui, au fond, ne promettaient rien du tout.

Je lui fis mes compliments dans ce sens, et il en fut content.

— N'est-ce pas toute la politique ? dit-il, se blaguant lui-même. Puisque la mienne vous intéresse, venez me voir à Évreux ; je vous montrerai un fumoir meublé avec les fonds des enfants trouvés, et vous apprendrez par cet exemple à quoi servent les virements entre des mains intelligentes.

Bien qu'à cette époque j'allasse très souvent à Lisieux, ce qui me faisait passer à Évreux, jamais je ne me rendis à l'invitation du préfet : mais très souvent je le rencontrais en chemin, car je crois bien qu'il vivait plus en wagon, entre Évreux et Paris, qu'à sa préfecture. Si, après avoir passé la visite du train, il constatait qu'il n'y avait pas de femme à son goût, devant laquelle il aurait plaisir à parader, il me faisait l'honneur de monter avec moi, et nous causions.

— Vous ne voulez donc pas venir me voir? me disait-il.

Un jour, comme il insistait, je lui répondis que je me faisais scrupule d'accepter les invitations de ceux que je voulais mettre dans mes romans.

— Alors, ça sera dur, dit-il en riant. Ne vous gênez pas ! Pourvu que ce soit drôle, je serai content.

Dans la notice pour *Un Beau-Frère*, je dirai comment je ne pus pas publier, sous le gouvernement qu'il servait si drôlement, un roman où je voulais lui faire jouer le premier rôle, et comment je fus obligé d'attendre la chute de l'Empire.

C'est que s'il était homme à s'amuser de son personnage et de son rôle — il a ri de celui que je lui ai donné dans *Madame Obernin*. — il y avait des gens qui n'auraient pas accepté la publication de ce roman, et des plus hauts, des plus puissants.

Car cette tentative de mariage d'une riche héritière avec un aventurier de la cour est fondée sur la réalité, et ceux qui avaient eu l'idée de ce mariage et y avaient employé leur influence « auguste » auraient fait payer au journal publiant ce roman, sinon au romancier lui-même, la divulgation de leurs intrigues.

Quand on arrive au pouvoir à la suite d'une aventure, et que, par faiblesse, ignorance ou autrement, on ne commence pas, suivant le précepte de Machiavel, par se débarrasser des complices qui vous y ont porté, on devient leur prisonnier : il faut leur payer les services qu'ils vous ont rendus, — et cela sans s'acquitter jamais envers eux. Ce fut ainsi qu'un Sainte-Austreberthe en chair et en os, bien vivant, bien réel, voulut, pour remettre de l'ordre dans ses affaires dérangées, épouser Marthe, la fille d'un père très riche, armateur dans une ville qui n'était pas Bordeaux. Et, de même que dans le roman qui a suivi la réalité, ce fu ainsi que toutes les influences dont peut disposer un gouvernement irresponsable furent mises en jeu pour enlever ce mariage qui non seulement assurait la fortune d'un ami des mauvais jours, mais encore enlevait la riche héritière à l'un des plus dangereux représentants du parti orléaniste qu'elle aimait.

Mon préfet aura-t-il trouvé drôle le rôle que je lui ai donné dans cette histoire? Je n'en sais rien, car je ne l'ai pas revu depuis qu'elle a paru. Mais des amis à lui ont bien voulu le trouver fidèlement peint.

— C'est bien lui, dit une personne de son intimité; seulement, il n'aurait jamais eu cet esprit de suite.

H. M.

ÉMILE COLIN — IMPRIMERIE DE LAGNY